本专著是2022年度广东省教育科学规划课题（高等教育专项）：基于产业学院建设的高水平高职院校人才培养改革研究【2022GXJK634】和2023年度普通高校重点科研平台和项目：数字商贸产教融合创新平台【粤教科函〔2023〕9号】的阶段性成果。

# 企业参与治理：现代产业学院建设的必由之路

伍百军　赵明凤　著

辽宁大学出版社　沈阳

## 图书在版编目（CIP）数据

企业参与治理：现代产业学院建设的必由之路/伍百军，赵明凤著. --沈阳：辽宁大学出版社，2024.12. --ISBN 978-7-5698-1820-8

Ⅰ.G718.5

中国国家版本馆 CIP 数据核字第 20249PN010 号

---

企业参与治理：现代产业学院建设的必由之路
QIYE CANYU ZHILI：XIANDAI CHANYE XUEYUAN JIANSHE DE BIYOUZHILU

| | |
|---|---|
| 出 版 者： | 辽宁大学出版社有限责任公司 |
| | （地址：沈阳市皇姑区崇山中路 66 号　邮政编码：110036） |
| 印 刷 者： | 鞍山新民进电脑印刷有限公司 |
| 发 行 者： | 辽宁大学出版社有限责任公司 |
| 幅面尺寸： | 185mm×260mm |
| 印　　张： | 13.25 |
| 字　　数： | 240 千字 |
| 出版时间： | 2024 年 12 月第 1 版 |
| 印刷时间： | 2024 年 12 月第 1 次印刷 |
| 责任编辑： | 李天泽 |
| 封面设计： | 韩　实 |
| 责任校对： | 郝雪娇 |

---

书　　号：ISBN 978-7-5698-1820-8

定　　价：75.00 元

联系电话：024-86864613
邮购热线：024-86830665
网　　址：http://press.lnu.edu.cn

# 前　言

　　党的二十大报告强调，要深化产教融合，推动教育与产业深度结合，促进教育链、人才链与产业链、创新链的有机衔接。这为现代产业学院建设指明了方向。在全球教育与产业迅猛发展的今天，职业教育的转型升级显得尤为重要。现代产业学院的兴起，不仅是对传统职业教育模式的一种补充和完善，更是产业需求与教育供给之间的一种融合、创新。《企业参与治理：现代产业学院建设的必由之路》一书以习近平时代中国特色社会主义思想为指引，旨在探索和解析企业如何通过参与现代产业学院的建设与治理来实现教育资源与产业发展的双赢。

　　现代产业学院作为职业教育和产业实践协同发展的有效载体，其治理结构和运营模式的优化需要吸引企业广泛地参与。企业不仅是现代产业学院的支持者，更是合作伙伴。企业参与治理的方式多样，包括但不限于提供教育资源、设计课程、提供实习场所、共同研发新技术等，极大地丰富了教育的内容与形式，提升职业教育的适应性和实用性。

　　本书"基础篇"，详细介绍了现代产业学院的概念、内涵、发展历程，以及企业在其中的作用。企业在现代产业学院中不只是资源的提供者，更是教育质量与创新的驱动者。本篇详细阐述了现代产业学院的核心竞争力如何通过企业的参与得以强化，涉及资源整合、专业集群建设，以及高质量人才培育。

　　本书"运行篇"深入分析了企业参与现代产业学院治理的具体

机制，包括资源依赖、权利诉求与组织结构、运行机制、治理模式、治理体系与评价等。同时，通过对现代产业学院治理总体架构和职能的细致划分，向读者展示了一种多元化和协同化的治理模式。

本书"趋势篇"将研究视角转向未来，探讨企业参与现代产业学院治理的未来发展，特别是在数字化治理方面的应用与创新。随着数字技术的快速发展，企业如何利用数字化工具与方法优化教育治理已成为一个前沿话题。本篇不仅讨论了数字化治理的必要性和优势，还提出了具体的实施策略。

本书力图构建一个全面的视角来审视企业在现代产业学院中的角色与作用，通过理论与实践的结合，为政策制定者、教育工作者，以及企业决策者提供参考和借鉴。希望读者能通过本书，深刻理解并有效参与到现代产业学院的治理中，共同推动职业教育的高质量发展。

作 者

2024 年 9 月

# 目录 CONTENTS

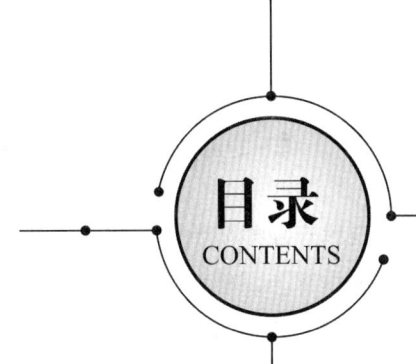

## 上篇 基础篇

**第一章 现代产业学院概述** 3
第一节 现代产业学院的兴起 3
一、职业教育产教融合的演变 3
二、现代产业学院兴起背景、动因与
　　发展历程 6
第二节 现代产业学院概述 15
一、现代产业学院内涵与建设逻辑 15
二、现代产业学院核心竞争力的基本要素 19
三、现代产业学院发展特征、基本功能及
　　其作用 23

**第二章 企业参与现代产业学院治理理论与
　　　　现实依据** 41
第一节 企业参与现代产业学院治理 41
一、治理相关解释 41
二、企业参与治理特征 46
第二节 企业参与现代产业治理的理论基础 48
一、企业参与治理理论 48
二、参与治理要素构成 52
第三节 企业参与现代产业治理的现实基础 56

一、企业参与现代产业学院治理的相关政策　56
二、企业参与现代产业学院治理的现实需求　60

## 中篇　运行篇

**第三章　企业参与现代产业学院治理的资源依赖、权利诉求与组织结构**　71
第一节　企业参与现代产业学院治理的资源依赖与主体权利诉求　71
一、企业参与现代产业学院治理的资源依赖　71
二、企业参与现代产业学院治理的主体诉求　73
第二节　企业参与现代产业学院治理的结构　76
一、企业参与治理的总体组织架构　76
二、企业参与治理组织结构的职能　79
第三节　企业参与现代产业学院治理中的角色　83
一、企业参与治理中的角色　83
二、企业参与治理结构中的层级关系　87

**第四章　企业参与现代产业学院治理运行机制**　91
第一节　企业参与现代产业学院治理的运行机理　92
一、企业参与治理的价值追求　92
二、企业参与治理的职能　101
第二节　企业参与现代产业学院治理的内部运行机制　104
一、横向参与运行机制　104
二、纵向参与运行机制　106
第三节　基于协同治理理论的企业参与现代产业学院治理的运行机制　107
一、协同治理理论核心要素　107

二、协同治理的功能　110
三、基于协同治理理论的企业参与现代产业学院治理运行机制　111

## 第五章　企业参与现代产业学院治理模式　117
### 第一节　企业参与现代产业学院治理模式　117
一、内部治理模式　117
二、外部治理模式　119
三、半内部治理模式　120
### 第二节　企业参与现代产业学院治理模式的挑战与应对　120
一、企业参与现代产业学院治理模式的挑战　120
二、企业参与现代产业学院治理模式的应对　132
### 第三节　企业参与现代产业学院治理模式的成功案例　146
一、三个成功案例简介　146
二、价值与启示　148

## 第六章　企业参与现代产业学院治理体系与评价　155
### 第一节　企业参与现代产业学院治理体系　155
一、治理体系　155
二、现代产业学院治理体系适应性问题　158
三、现代产业学院治理体系优化的逻辑系统　162
### 第二节　企业参与现代产业学院治理的评价　165
一、搭建企业参与治理的评价框架　165
二、构建企业参与现代产业学院治理的评价体系　167
三、优化与完善企业参与治理的评价路径　174

# 目录 CONTENTS

## 下篇 趋势篇

**第七章 企业参与现代产业学院治理的挑战与应对** 183

第一节 企业参与现代产业学院治理的发展趋势 183
一、治理专业化 183
二、治理创新化 184
三、治理数据化 185
四、治理跨界化 186
五、治理可持续化 186

第二节 企业参与现代产业学院建设的未来：数字化治理 187
一、数字化治理 187
二、企业参与现代产业学院数字化治理的演变阶段与基本逻辑 190
三、企业参与现代产业学院数字化治理的构成要素与推进路径 194

参考文献 201

# 基础篇

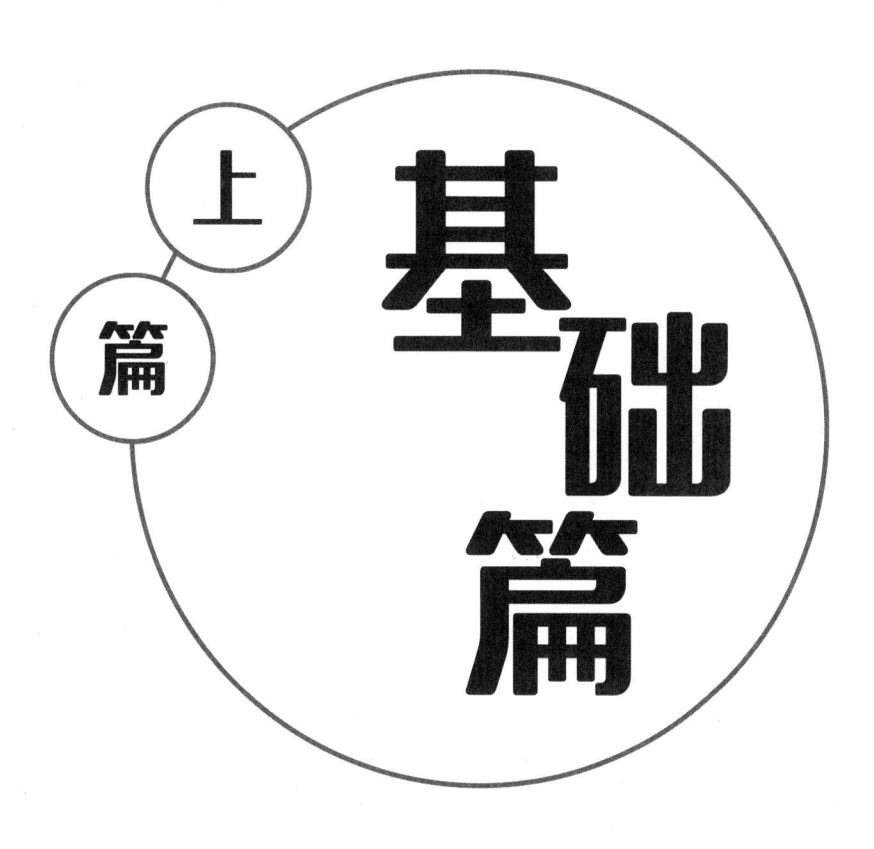

上篇

# 第一章 现代产业学院概述

## 第一节 现代产业学院的兴起

### 一、职业教育产教融合的演变

（一）职业教育发展阶段

1. 新中国成立前的起步阶段

19世纪60年代，我国职业教育最早被称为"实业教育"，被看作学校教育的一部分。然而，1917年，黄炎培先生在上海创立了中华职业教育社，并提出了大职业教育观。他强调职业教育不仅是学校教育的一部分，更是与社会经济发展紧密相关的。他认为，仅依靠职业学校的努力不能促进职业教育的发展，只依靠教育界或职业界的努力也不足以推动职业教育的进步。因此，发展职业教育需要各方共同努力，协同推动职业教育的发展。

2. 新中国成立后至改革开放前的确立阶段

一是为满足国家经济建设的需求，培养中等技术人才，特别是在重工业和国防建设领域。1951年，第一次全国中等技术教育会议在北京召开；1952年，《关于整顿和发展中等技术教育的指示》和《中等技术学校暂行实施办法》等政策文件相继出台，推动了中等技术教育的发展。这些举措旨在培养适应国家经济建设需要的中等技术人才，为国家的工业发展和国防建设做出贡献。二是在建设中等职业教育体系方面，中国采取了以中等专业教育和技工学校为主体，并结合农业中学和职业中学等培训形式的综合性中等职业教育制度。根据生产发展需要，国家劳动管理部门于1953年对技工训练班和技工学校进行调整，改变了原来主要培训失业人员就业的功能，转而将其发展成为以培养中级

**企业参与治理**
**——现代产业学院建设的必由之路**

技术工人为目标的技工学校。1958年，中共中央、国务院发布《关于教育工作的指示》文件，提出了"两条腿走路"的办学方针，加快培养各行各业亟需的人才。为此，全国各地相继设立了农业中学。此外，针对当时许多城市初中毕业生面临升学困难、就业准备不足及缺乏实际技能培训的问题，中共中央和国务院要求在城市建立各类职业学校。这包括将普通中学改建为职业学校，以工厂为依托设立学校，并在工厂、企业、事业单位举办职业学校等形式。

3. 改革开放以来至20世纪末的发展阶段

改革开放推进了我国经济社会发展，也催生了技术技能人才需求。为此，中国出台了一系列重要政策和法规。1985年5月，中共中央发布了《关于教育体制改革的决定》，为职业教育的改革提供了指导和支持。1991年10月，国务院发布了《关于大力发展职业技术教育的决定》，进一步推动职业技术教育的发展和提升。1993年2月，中共中央、国务院印发了《中国教育改革和发展纲要》，提出了全面推进教育改革和发展的重要思路和目标。而更具有里程碑意义的是1996年5月颁布实施的《中华人民共和国职业教育法》，它为职业教育的法律地位和发展提供了重要依据。此后相继召开的1986年、1991年和1996年全国职业教育工作会议，进一步推动了我国职业教育的改革和发展。

在此阶段颁布的一系列政策法规，使我国职业教育取得了显著成就。针对职业教育的初期发展阶段，创立了职业教育法制建设目标，并为职业教育的良好政策环境营造了条件，推动了中等教育结构的调整和高等职业教育的兴起。

4. 进入21世纪以来的调整和振兴阶段

2002年8月，国务院发布了《关于大力推进职业教育改革与发展的决定》，提出了在"十五"期间初步建立现代职业教育体系的目标。这一体系旨在适应社会主义市场经济体制，与市场需求和劳动就业密切结合，具有合理的结构、灵活的开放方式、鲜明的特色和自主发展能力。2005年，国务院发布了《关于大力发展职业教育的决定》，进一步强调建立和完善现代职业教育体系的重要性。这个体系旨在适应社会主义市场经济体制，满足人民群众终身学习的需求，与市场需求和劳动就业紧密结合，促进校企合作和工学结合，具有合理的结构、丰富的形式、灵活的开放方式，并具有自主发展的能力。它将是一个具有中国特色的现代职业教育体系。这一时期，我国职业教育经历了由发展停滞到顺利转型的过程。

5. 党的十八大以来职业教育迅速发展阶段

《国务院关于加快发展现代职业教育的决定》指出："到 2020 年，形成适应发展需求、产教深度融合、中职高职衔接、职业教育与普通教育相互沟通，体现终身教育理念，具有中国特色、世界水平的现代职业教育体系。"党的十九大报告中强调，要"完善职业教育和培训体系，深化产教融合、校企合作"。全国职业教育大会进一步明确了今后职业教育的发展定位、发展方向，也标志着职教发展必然进入新阶段、新格局、新高度。2022 年，党的二十大报告指出，"统筹职业教育、高等教育、继续教育协同创新，推进职普融通、产教融合、科教融汇，优化职业教育类型定位"，再次明确了职业教育的发展方向。

（二）职业教育产教融合演化

1. "教育与生产劳动相结合"时期（1949—1977 年）

1949 年 12 月，全国第一次教育工作会议确立了"为工农服务，为生产建设服务"的教育工作方针。这一方针强调将教育与生产实践紧密结合起来。20 世纪 50 年代初期，中国借鉴了苏联在教学上注重与生产实际结合的经验，广泛建立了校内外的生产实习基地。1958 年 9 月，中共中央和国务院发布了《关于教育工作的指示》，正式确立了"教育必须与生产劳动相结合"的指导思想。根据这一指示，当时的办学方向主要包括学校办工厂、农场，或者农场合作社办学校。这种半工半读的制度是当时情况下对产教融合的一种探索，同时也为进一步深化产教融合提供了实践经验。这一阶段的教育方针和实践探索，强调了教育与生产劳动相结合，为实现产教融合提供了重要的借鉴和经验。

2. 产教结合时期（1978—2013 年）

1978 年党的十一届三中全会后，我国职业教育迎来了新的发展时期。在这一时期，主要任务是进行调整、整顿和恢复，职业教育逐渐面向基层和生产、服务的第一线。20 世纪 90 年代，"产教结合"和"校企合作"成为新的产教关系模式。其中，1991 年发布的《国务院关于大力发展职业技术教育的决定》首次正式提出了"产教结合"的概念，这意味着"产教结合"在国家层面上得到了重视，标志着产教关系进入了新的发展阶段。此后，在一系列相关文件中都出现了"产教结合"的表述，如 1998 年发布的《面向 21 世纪教育振兴行动计划》提出了"职业教育和成人教育要走产教结合的道路"。通过推进"产教结合"，我国职业教育开始更加注重与企业和市场需求的对接，推动学校与企业之间的紧密联系和合作办学，以提高职业教育质量和就业率。

3. 产教融合时期（2014年至今）

随着时代的发展，职业教育与社会经济和生产的联系越来越紧密，产业对于深度融合的呼声也越来越高。而要实现产教深度融合，需要有国家层面的政策制度设施的"顶层设计"。2014年，《国务院关于加快发展现代职业教育的决定》提出了"产教融合、特色办学"的要求，强调职业教育需要与产业密切结合，并且要注重特色办学。2017年，《国务院办公厅关于深化产教融合的若干意见》明确指出要深化产教融合，促进教育链、人才链与产业链、创新链有机衔接，推动产教融合的全面发展。2019年，《国家职业教育改革实施方案》强调了促进产教融合和校企"双元"育人的重要性。2023年，国家发改委等多部门印发《职业教育产教融合赋能提升行动实施方案（2023—2025）》的通知，统筹推动教育和产业协调发展，创新搭建产教融合平台载体，接续推进产教融合建设试点，完善落实组合式激励赋能政策体系，将产教融合进一步引向深入。这些政策文件的出台，对于推进产教融合发挥了重要作用，标志着产教融合成为顺应时代要求的职业教育发展的重要方向。通过深化产教融合，职业教育能够更好地满足社会经济的需求，培养适应产业发展的高素质人才，促进教育和产业的协同发展。

**二、现代产业学院兴起背景、动因与发展历程**

（一）兴起背景

1. 政策支持和社会需求

政府政策支持和社会对高素质人才的需求共同推动了现代产业学院的兴起。政府政策支持为现代产业学院提供了良好的发展条件，而社会对高素质人才的需求推动现代产业学院培养与产业需求对接的专业人才，填补了职业教育与产业需求对接的空白。

（1）政府政策支持。政府在教育领域通常出台相关政策，以促进现代产业学院的创办和发展。这些政策包括鼓励职业院校设立现代产业学院和相关专业学科、提供资金支持和奖励措施，以及为现代产业学院提供办学自主权和政策优惠等。政府政策支持为现代产业学院提供了良好的发展环境和资源保障，激励了更多职业院校创办现代产业学院。

（2）资金支持和优惠政策。政府为现代产业学院提供资金支持和优惠政策，以帮助现代产业学院建设和运营。这些支持可以包括专项经费拨款、创业基金、科研项目资助等。此外，政府还可能提供税收减免、贷款优惠和用地政策等方面的优惠政策，降低现代产业学院的经济负担，鼓励其发展和创新。

（3）社会对高素质人才的需求。随着经济社会的发展，对具备高素质、实践能力强的专业人才的需求不断增长。现代产业对于具备先进技术、管理能力和创新思维的人才的需求尤为迫切。这些人才能够适应产业发展的需求，推动技术创新和产业升级。社会对高素质人才的需求成为现代产业学院兴起的动力，现代产业学院以培养与产业需求对接的人才为目标。

2. 经济转型和产业升级

现代产业学院致力于培养适应现代产业发展的高素质人才，提供与新兴产业和高技术领域相关的教育，为经济转型和产业升级提供人力资源支持。通过注重实践教育与产业的紧密合作，现代产业学院成为培养适应经济转型需求的专业人才的重要载体。

（1）传统产业在经济转型过程中面临着许多困境和挑战。这些传统产业通常以劳动密集型为主，生产模式相对陈旧。但信息技术、生物技术、新能源、新材料等新兴产业和高技术产业的崛起，使得这些传统产业面临着竞争力下降、资源短缺和环境压力等问题。

（2）为了实现经济转型和产业升级，培养适应现代产业发展的高素质人才成为当务之急。这些人才需要具备与新兴产业和高技术领域相关的专业知识和技能，能够适应快速变化的市场需求和技术发展。现代产业学院的兴起正是为了满足这一需求而诞生的。

（3）现代产业学院注重培养学生的实践能力和创新精神，以应对经济转型和产业升级的挑战。现代产业学院提供与新兴产业和高技术领域相关的专业课程和实践机会，帮助学生了解行业趋势、掌握先进技术，并培养解决实际问题的能力。通过与相关行业企业和项目合作，现代产业学院将学生与产业紧密结合，促进知识的应用和技能的实践，为产业的发展提供有力的支持。

3. 技术创新和科学发展

现代产业学院致力于培养具备创新能力和科学素养的人才，以推动技术创新和科学发展。通过提供前沿科技知识和实践技能的教育，与研究机构和企业的合作，现代产业学院为学生提供了掌握最新科技和应对实际挑战的机会，培养了具备实际问题解决能力的专业人才，为产业创新和科学发展做出贡献。

（1）现代产业学院注重提供前沿科技知识和实践技能的教育。现代产业学

企业参与治理
——现代产业学院建设的必由之路

院开设与技术创新和科学发展相关的专业课程，培养学生对新兴技术的理解和应用能力。学生在学习过程中接触到最新的科研成果和技术进展，了解行业趋势和创新方向。通过实践教学和实验室训练，现代产业学院提供学生创新实践的机会，培养解决实际问题和应对挑战的能力。

（2）现代产业学院通常与研究机构和企业建立紧密的合作关系。现代产业学院与科研机构合作开展科研项目，共同探索前沿科技领域的新知识和技术。通过科研项目的实施，学生有机会参与科学研究，深入了解科学方法和科学思维的应用。此外，现代产业学院与企业合作开展实践活动，提供学生与产业实践结合的机会。学生可以参与企业的创新项目、技术转化和应用研究，促进科研成果的转化和商业化。

（3）通过与研究机构和企业的合作，现代产业学院促进了科研成果的应用和转化，培养了具备实际问题解决能力的专业人才。现代产业学院教育模式注重理论与实践的结合，使学生能够将所学知识和技能应用到实际工作中，从而推动技术创新和科学发展。

4. 产学研结合和实践教育

现代产业学院能够提供更具实践性和应用性的教育模式，这有助于学生在学习期间获得真实的工作经验和技能，提高他们的就业竞争力。学生毕业后能够更好地适应现代产业的需求和挑战，为产业发展和创新提供人力资源支持。同时，产学研结合也促进了知识的交流与转移，加强了现代产业学院和产业之间的合作与合作创新，推动了产业的发展和升级。

（1）现代产业学院与产业建立紧密联系。现代产业学院与各类企业、行业协会，以及政府机构等合作伙伴开展合作，建立产学研合作关系。通过与相关企业的交流与合作，现代产业学院能了解产业发展的最新趋势和需求，将这些信息反馈到教育教学中，确保培养出符合产业需求的人才。

（2）现代产业学院开展实习、实训和项目合作等实践活动。学生在学习期间有机会参与企业实习、实训课程和产业项目，与实际工作场景接触并应用所学知识和技能。这些实践活动使学生能够从实际操作中学习，解决实际问题，提高实践能力和专业素养。通过与真实工作环境的接触，学生能够更好地理解产业运作的要求和挑战，为未来的就业做好准备。

（3）现代产业学院还注重项目合作与实践导向的教学方法。现代产业学院与企业合作开展研究项目，让学生参与科研和创新活动，培养科学研究能力和创新精神。这种合作模式有助于将学术研究成果应用到实际生产中,加速科研成果的转化和应用。现代产业学院还与企业共同组织行业培训、专题讲座等活动,提供行业专家的指导和实践经验分享,让学生与业界的顶尖专业人士互动交流。

(二)兴起动因

职业教育作为一个复杂系统,其发展受到内外部因素的相互作用和制约。潘懋元先生提出的高等教育内外部关系原理中指出,外部因素,如社会需求和产业发展对高等教育发展具有重要影响。我国高等教育发展环境正处于不断变化之中,社会需求、产业发展、国际交流与合作,以及科技创新等外部因素对高等教育产生深刻影响。现代产业学院应当积极应对这些挑战和机遇,不断创新和发展,以满足当今社会对高等教育的多样化、国际化和创新化需求。随着改革开放的不断深化,我国职业教育发展环境发生较大变化,主要体现在四个方面。

1. 职业教育人才供求关系由高校主导转变为市场主导

随着知识更新速度和科技进步的加快,我国产业转型升级的周期不断缩短,从而导致职业教育人才供求关系发生深刻变化,由职业教育主导的人才"卖方"市场逐渐转向以社会主导的人才"买方"市场。这意味着过去职业院校自主决定人才培养规格和模式,而现在必须更加尊重产业对人才规格的要求,并根据需求侧的需要进行人才培养结构的改革。

在这种变化下,职业教育发展面临着新的挑战和机遇。首先,职业院校需要与产业密切合作,了解产业发展的需求和趋势,以便调整和优化人才培养方案。职业教育应当与企业、产业组织建立紧密的合作关系,开展产学研融合,使教育更加贴近实际应用,培养出符合产业要求的高素质人才。其次,职业院校要灵活调整人才培养模式,推动多样化的培养类型。传统的学科专业培养模式不能完全适应产业发展的需求,因此职业教育应当开设交叉学科、跨学科的专业课程,培养具有综合素质和跨学科能力的人才,以适应不断变化的产业发展需求。此外,职业院校还应当加强与企业的合作,建立双向沟通的渠道,让企业参与到人才培养中来。企业可以提供实习机会、项目合作,让学生在实际工作中学习和实践,培养解决问题和创新的能力。同时,职业教育应当积极开展职业教育和继续教育,不断提高学生和在职人员的终身学习能力,使其能够适应产业发展的快速变化。

企业参与治理
——现代产业学院建设的必由之路

职业教育发展必须顺应产业发展的要求，从职业教育主导转变为市场主导，以适应现代产业对人才的多样化需求。职业教育应当与产业密切合作，灵活调整人才培养模式，加强与企业的合作，提供多样化的培养类型，并注重培养学生的创新能力和实践能力，以推动职业教育与产业发展的深度融合。

2. 社会对职业教育的角色预期发生了改变

长期以来，职业教育发展受到"适应论"的影响，即职业教育主要是为了适应社会和产业的需要，培养符合市场需求的人才。然而，随着知识经济的兴起，创新成为推动经济社会发展的主要方式，而这种创新驱动发展的核心在于人才驱动。在当今的产业交会与融合的时代，产业急需应用型和复合型的人才来支撑发展。这些人才必须具备跨学科的知识和技能，能够将不同领域的知识结合应用，解决复杂问题，推动产业创新和发展。因此，社会对职业教育提出更高的要求，希望职业教育成为引领产业发展的"发动机"，培养面向产业复杂需求的优秀人才。

为了实现这一目标，职业教育需要进行改革和创新。首先，职业院校应当加强与产业的合作，建立紧密的产学研合作机制，将教育与产业需求有机结合。其次，职业教育应当注重培养学生的创新能力和创业精神，激发他们的创新意识，培养他们解决实际问题的能力。同时，职业教育还应当重视跨学科教育，打破学科壁垒，培养具有多领域知识和技能的复合型人才。高等教育作为人才培养的重要阵地，必须顺应时代潮流，成为创新驱动发展的引领者。只有培养出适应产业发展和社会变革的优秀人才，职业教育才能成为推动社会进步和经济繁荣的强大动力，为国家的发展贡献更多智慧和力量。

3. 职业教育发展方式的转变

我国职业教育长期以来一直是在政府的指导和支持下发展。然而，随着市场经济体制的确立，职业院校逐渐成为独立的市场竞争者。在这个过程中，职业教育的发展动力越来越离不开具体的产业链和创新链的支持和推动。

传统的封闭保守模式不再适应当前职业教育的发展需求。职业教育需要更加开放与包容的发展环境，以吸纳来自产业和创新领域的新思想、新技术和新方法。在这个背景下，产教融合或校企合作成为高校新型的发展方式，有助于将学校的教育与产业需求更加紧密地结合在一起，提高学生的就业竞争力和创业能力。

对于高职院校来说，转型模式必须兼顾内涵发展与精准发展。内涵发展是指提高教学质量，加强学科建设和师资队伍建设，推动学术研究和学科创新。而精准发展则是指根据地区和产业需求，调整专业设置，加强与企业合作，培养适应市场需求的高素质人才。这两者相辅相成，共同推动职业院校发展向着更加开放、创新和适应市场的方向发展。

在市场经济体制下，职业院校必须进行变革和创新，积极探索适合自身特点和发展需求的新型发展方式。只有在不断适应和引领产业发展的同时，职业院校才能实现可持续的发展，为国家和社会培养更多优秀人才，为经济社会发展作出更大的贡献。

4. 职业教育面临全面的深层次改革

在当前我国产业转型升级的背景下，职业教育面临着深刻性、多元性和全面性的挑战，需要实现整体变革。这种转型不仅涉及学科发展与人才培养，还包括师资队伍建设和科研服务等方面。职业教育必须进行革命性的突破，以适应不断变化的产业需求和社会发展。

首先，职业教育需要在学科发展与人才培养方面实现革命性突破。随着产业结构的不断变化，高等教育必须调整学科设置，加强前沿科学研究，推动学科交叉融合，培养适应新兴产业和新技术需求的复合型人才。这需要高校加大投入，优化教学资源配置，建设与产业需求紧密对接的专业课程和培养方案。

其次，职业教育要在师资队伍建设与科研服务方面实现革命性突破。教师队伍是职业教育的核心力量。因此，职业院校需要吸引更多高水平的科研人才加入，鼓励教师参与前沿科研，推动科研成果向产业转化。同时，职业教育还应该加强与产业的合作，为产业提供高水平的科研服务，从而解决实际问题，促进产业创新和发展。

最后，职业教育与社会、产业之间需要构建深度协同、灵活高效的体制机制。传统的高等教育体制可能会成为阻碍高校与产业协同发展的障碍，因而需要进行体制创新。政府应当加大对职业教育的支持力度，为职业院校提供更多的自主权和灵活度，鼓励职业院校与产业开展更加紧密的合作，构建真正意义上的产教融合体系。

职业教育必须以开放和创新的态度面对产业转型升级带来的挑战，实现整体变革。只有通过不断革新和改进，职业教育才能更好地为产业升级和社会发展做出贡献，培养更多适应未来社会需求的优秀人才。

### (三)发展历程

自2005年,我国产业学院实践探索与理论研究历经试点探索、转型发展、提质增效三个阶段。

#### 1. 试点探索阶段(2005—2014年)

在我国,产业学院的建立是为了促进产教融合、提高人才培养质量,以适应快速发展的现代产业需求。其中,浙江经济职业技术学院与物产中大集团在2005年率先成立的产业学院被视为该领域的标志性事件。这一创新举措构建了具有示范性和先锋性的"产业学院"框架,为我国其他产业学院的建设提供了宝贵的经验和借鉴。

在浙江经济职业技术学院与物产中大集团合作建立的产业学院中,产业学院成为学校与企业深度融合的平台。它以产业为导向,紧密结合实际产业需求,开展人才培养和技术创新工作。这种模式的建立充分利用了企业的资源优势和学校的教育优势,实现了产教融合的良好效果。随着这一成功案例的出现,中山职业技术学院、常熟理工学院等本、专科院校也相继建立了自己的产业学院,进一步推动了产业学院建设的发展。

这一时期,产业学院的建立具有以下几个重要意义。

第一,产业学院的建立促进了产教融合。通过与企业的紧密合作,产业学院将学校的教育资源和企业的实践经验有机结合,打破了传统教育与产业之间的壁垒,使学生能够在实际产业环境中学习和实践,增强了他们的就业竞争力和适应能力。

第二,产业学院的建立提高了人才培养的质量。产业学院根据实际产业需求,调整和优化专业设置,开展产业导向的课程和实训项目,培养具有实践能力和创新精神的高素质人才。学生通过与企业的深度合作,能够更好地掌握行业知识和技能,更好地适应职业发展的要求。

第三,产业学院的建立还推动了科技创新与产业升级。通过与企业的合作,产业学院能够获取最新的科技成果和行业动态,并将其融入到教学和科研中。学校与企业的紧密合作促进了科技成果的转化和应用,推动了产业的创新和升级。

然而,这一时期产业学院在发展过程中也面临诸多如下挑战。

一是产业学院需要与企业建立紧密的合作关系。这需要学校与企业之间建立起长期稳定的合作机制,并加强沟通与协调。同时,学校还需要充分了解企业的需求，不断调整专业设置和课程内容，以适应产业发展的变化。

二是需要对传统学校教育模式进行转型。传统的学校教育模式注重理论教学，而产业学院更强调实践和应用能力的培养。因此，学校需要进行课程改革和师资培训，培养具有产业背景和实践经验的教师队伍，为产业学院的发展提供支持。

三是产业学院还需要解决资源配置和利益分配的问题。学校与企业在资源共享和利益分配方面需要进行合理的规划和协商，确保双方的合作关系稳定和可持续发展。

2. 转型发展阶段（2014—2020年）

转型发展阶段以2014年国务院在《关于加快发展现代职业教育的决定》中要求"探索发展股份制、混合所有制职业院校"为标志，开启了职业教育混合所有制办学改革的序幕。此后，我国进一步加大了混合所有制产业学院建设的力度，以推进产教融合、校企合作为目标。党的十九大报告中提出了深化产教融合、校企合作的重要指导思想，而国务院也在《关于深化产教融合的若干意见》中明确强调了推进职业学校股份制、混合所有制改革的重要性，为混合所有制产业学院建设提供了重要的机遇。

混合所有制产业学院的建设具有以下几个方面的机遇。

第一，混合所有制产业学院能够充分利用企业资源，实现资源共享和优势互补。引入民营资本和企业参与现代产业学院的治理，可以使产业学院获得更多的资金和技术支持，提高办学条件和教学质量。企业作为参与方，能够提供实践教学基地、行业专家和实际案例等资源，为学生提供更多实践机会和丰富的实际工作经验。

第二，混合所有制产业学院能够更好地满足产业发展需求，提高人才培养的针对性和实效性。通过与企业的深度合作，现代产业学院获得行业的最新需求和变化，及时调整专业设置和课程内容，培养符合产业要求的人才。学生在学习过程中能够接触到真实的工作场景，增强实践能力和就业竞争力。

第三，混合所有制产业学院能够促进教师队伍的专业化和实践能力的提升。企业参与现代产业学院治理，引进企业专业人才和行业专家担任教师，能够提高教师队伍的专业水平。同时，教师也能够更好地了解行业动态和最新技术，将实际工作经验融入教学中，提高教学的实践性和针对性。

然而，混合所有制产业学院建设也面临多重挑战。

企业参与治理
——现代产业学院建设的必由之路

一是混合所有制的治理结构和利益分配需要合理规划。学校与企业之间需要建立起稳定的合作关系和利益共享机制，以确保各方利益的平衡。同时，要防止利益冲突和权力滥用的问题，确保学校的办学方向和教学质量不受企业利益的影响。

二是混合所有制产业学院需要解决管理机制和运营模式的问题。现代产业学院所有制结构的变化，需要其调整现有的管理机制和运营模式，以保证现代产业学院的正常运转和发展。同时，现代产业学院还需要加强内部管理，提高治理能力和水平，保证现代产业学院发展方向与企业发展保持一致。

三是混合所有制产业学院还需要加强与政府部门的协调和支持。政府在政策制定、资源配置和监管等方面发挥着重要作用，需要为混合所有制产业学院提供支持和指导，营造良好的发展环境。

3. 提质增效阶段（2020年至今）

2020年教育部颁发的《现代产业学院建设指南（试行）》和《职业教育提质培优行动计划（2020—2023)》标志着我国产业学院建设正式进入了"提质增效"新阶段。这两个文件提出了一系列的指导意见和举措，旨在推动产业学院的发展，提高教育质量和培养能力。其中，《现代产业学院建设指南（试行）》明确了产业学院的定位、任务和建设要求，提出了建设目标、发展路径和支持政策。它强调产业学院要紧密结合产业发展需求，深度融合校企资源，推动教学改革和人才培养创新。同时，指南还提出了建设的具体指导原则和步骤，包括校企合作机制建设、课程体系建设、师资队伍建设等方面。而《职业教育提质培优行动计划（2020—2023)》则进一步明确了职业教育提质增效的目标和任务，提出了一系列的政策措施和支持举措。其中，对产业学院的建设提出了明确的要求，要求产业学院要紧密结合行业特点，注重教学实践能力培养，提高就业质量和学生创业能力。此外，计划还提出了加强师资队伍建设、加强校企合作、推动教育教学改革等方面的具体举措。

同时，中共中央、国务院在2020年的《深化新时代教育评价改革总体方案》中提出要形成"彰显中国特色、体现世界水平的教育评价体系"。这为混合所有制产业学院的运行质量评价提供了明确的指导。这个方案强调要注重评价的多维度、多层次特点，充分考虑学生综合素质和能力的培养。中共中央办公厅在2021年发布的《关于推动现代职业教育高质量发展的意见》中强调了推动校企共建共管产业学院、企业学院，延伸职业学校办学空间的重要性。这为混合所有制产业学院的发展提供了新的机遇和发展空间。同年,《中华人民共和国职业教育法》也明确鼓励企业举办高质量职业教育,进一步加强了产业学院与企业之间的合作与交流。

党的二十大报告也提出了推进产教融合、优化职业教育类型定位的要求,为混合所有制产业学院由"数量扩张"向"质量提升"转变拓展了研究空间。这意味着未来混合所有制产业学院将更加注重质量和特色的发展,提高教育教学水平和人才培养质量。

随着相关政策的制定和落实,我国混合所有制产业学院建设迎来了新的发展机遇。未来,围绕提升教育质量、加强校企合作、完善评价体系等方面的研究将成为重要的课题。高职院校教师在相关行业企业参与现代产业学院治理研究中扮演着重要角色,他们深入研究和实践,为混合所有制产业学院的发展和优化提供理论支持和实践经验,为提高职业教育质量和服务国家发展贡献力量。

## 第二节 现代产业学院概述

### 一、现代产业学院内涵与建设逻辑

(一) 内涵诠释

1. 现代产业学院内涵溯源

产业学院最早可追溯到英国教育与就业部所策划和倡导的"产业大学"概念。这一概念将学习个体与学习产品之间的中介机构作为核心,通过搭建网络学习平台,以现代化的网络和通信技术为支持,向个体和企业提供高质量的开放式远程学习方式,旨在提高个体的就业能力和企业的竞争力。这种英国的网络产业学院强调灵活学习和职业技能培养,以满足快速变化的劳动市场需求。

相较而言,中国的产业学院与英国的网络产业学院有所不同。中国的产业学院采取的是实体组织的形式,类似于职业技术学院,面向广大人群提供教育服务。中国对于"产业学院"这一概念最早的论文是由覃晓航于1988年撰写,这也是中国最初对产业学院的概念阐述。现代产业学院则是在国家"十四五"时期经济社会发展的六大主要目标对人才需求日益增长的背景下,提出的一种

> 企业参与治理
> ——现代产业学院建设的必由之路

高等教育发展理念。

随着政策的不断推进和大量高水平职业院校及应用型本科高校的积极参与,中国的现代产业学院研究逐渐成为产教融合领域研究的新方向。这一研究方向关注如何更好地实现产业需求与高等教育之间的对接,以培养适应现代产业发展要求的高素质人才为目标。通过产教融合的方式,现代产业学院致力于提供与产业需求相匹配的教育和培训,以增强个体的就业能力和企业的竞争力。

通过进一步梳理,本书认为,现代产业学院是一种针对现代产业发展需求而设立的产教融合校企合作的有效载体,旨在培养适应现代产业要求的高素质人才。现代产业学院通常与产业紧密合作,注重产学研结合和实践教育,以提供与新兴产业和高技术领域相关的专业知识和技能。现代产业学院的教育模式和课程设置以产业需求为导向,强调实践能力的培养和创新精神的培养,以满足社会对于高素质人才的需求,促进经济的转型、升级和可持续发展。

2. 现代产业学院深度阐释

现代产业学院与传统的产业学院相比较,它具备高效的校企融合性,建设过程更加深入,强调现代化系统之间的相互吸引和补充,要求校企协同共生,实现需求对接。具体来说,现代产业学院与相关行业企业合作,参与院校的专业设置和课程建设,并且接收师生参加实习和培训,以完善人才培养路径。同时,现代产业学院还加强了师资团队和学生的创新创业教育。通过与企业的互动,共建技术创新基地和技术成果推广中心,发展创造性产业,实现资源整合。总的来说,现代产业学院实现了合作双方的互相融合和相互沟通,各自获取所需,在专业教学、人才培养、科技研发和企业服务等方面,实现了专业和产业的共同发展和双向循环。

(1) 新产业。随着我国进入新的发展阶段,产业结构转型升级和经济结构优化调整的需求日益迫切,这就要求培养一批符合社会需求的高素质复合型人才。在这一背景下,现代产业学院应立足产业前沿,紧跟前沿产业的发展趋势,在新能源、人工智能、量子信息、高端装备制造、大数据等领域发展壮大,以数字化技术引领产业现代化。新产业的崛起也催生了现代产业学院的建设升级,使其成为应用型人才培养的重要基地。现代产业学院紧密结合前沿产业的需求,将其作为教学研究的重点和方向,以培养掌握先进技术和专业知识的复合型人才为目标。它通过与企业密切合作,开展产学研一体化的人才培养模式，使学生能够在实践中学习并掌握最新的产业技术和管理知识，提高应用能力和创新能力。

（2）新教育。在信息化进程不断加快的背景下，现代产业学院以数字经济为发展基调的关联领域成为重点关注对象。为适应这一趋势，现代产业学院应明确人才培养标准和培养路径，落实产业与学校教育的双向跟进，实现教育主体多元化，构建专业师资队伍，合理设置课程，优化人才培养全过程。在实现产业与学习教育的双向跟进方面，现代产业学院应紧密关注产业的变化和发展趋势，及时调整教学内容和课程设置，以培养与数字经济需求匹配的人才。同时，教育主体的多元化也十分重要，现代产业学院应引入更多企业和行业资源，实施产学合作，加强实践教学环节，提高学生的实践能力和职业素养。现代产业学院还需通过专业的师资队伍和课程设置，培养学生的数字化能力和创新精神；在招生、教学、实践和就业服务等环节提供全方位的支持和指导，助力他们提升职业能力，更好地适应数字经济的发展。

（3）新机制。现代产业学院协同共建是通过主体协同、多机制联动、多要素协调和多模式推动形成的一种互惠共生关系，展现了不同利益诉求的多元主体之间良性互动的长期合作机制。这种合作机制旨在适应现代产业的发展需求，建立产学研协同服务创新平台，实现市场和高校资源的实时对接，并将产业需求作为目标。同时，它也致力于确保现代产业学院对人才的优质高效培养，将人才培养共同体作为核心价值追求，坚持以校企合作为主导、以行业引导为指导，并强化政府在协同育人中的重要作用。

（二）建设逻辑

现代产业学院的快速发展源于政策推动和校企合作的双重驱动力。政策的支持和引导为现代产业学院提供了机遇和支持，而与企业的合作则实现了教育资源与实际需求的有效结合。这种建设逻辑有助于打造备受行业认可、社会赞誉和市场接纳的教育品牌。

1. 职业教育发展的政策驱动

近年来，从国家到地方相继出台了一系列的政策，推动现代产业学院的建设。2014 年颁布的《国务院关于加快发展现代职业教育的决定》和 2017 年的《国务院办公厅关于深化产教融合的若干意见》均指出，"鼓励有条件的地区探索推进职业学校股份制、混合所有制改革"。2019 年《国务院关于印发国家职业教育改革实施方案的通知》的 20 条举措中提及校企合作共 7 条，更是明确

## 企业参与治理
### ——现代产业学院建设的必由之路

提出,"支持和规范社会力量兴办职业教育培训,鼓励发展股份制、混合所有制等职业院校"。2020年,《现代产业学院建设指南(试行)》,强调以区域产业发展急需为牵引,面向行业特色鲜明、与产业联系紧密的高校,重点是应用型高校,建设一批现代产业学院。现代产业学院建设已成为各省级政府和教育主管部门推动产教融合和校企合作的重要举措,这体现在各省自行制定的政策上。从中央到地方,各级政策的共同为现代产业学院建设提供了有利条件,有效地促使政府、企业、学校等各方共同组建现代产业学院。

2. 区域产业发展的必然要求

区域产业发展对职业教育提出了两个主要方面的需求,一方面是对高素质技术技能人才的需求,另一方面是对技术创新或产业升级的需求。区域产业对高素质技术技能人才的需求意味着职业院校需要注重培养学生的实践能力,使他们能够快速适应和应用新的技术和技能。产业升级和技术创新的需求则要求职业院校不仅要传授学科知识,还要培养学生的创新思维和问题解决能力,使他们能够应对快速变化的技术和市场需求。为满足这些要求,职业院校需要与行业企业密切合作,了解其产品的生命周期和技术问题,将这些实际问题融入教学内容和实践项目中,让学生能够提供针对产品的技术服务。这种与产业紧密结合的教育模式有助于确保学生具备实际应用能力和适应能力,在区域产业发展中发挥积极作用。因此,现代产业学院的设立要求职业院校具备人才培养和技术服务能力,同时要求合作的企业在行业中具有较大的影响力和雄厚实力。只有这样的校企双方合作,才能共同支撑现代产业学院的人才培养和技术研发过程,有效促进区域内的产业链、创新链与现代产业学院的专业链、教育链紧密对接。

3. 院校特色发展的重要途径

职业院校需要主动适应区域产业发展需求,并通过创新发展来塑造自身的教育品牌。产教融合和校企合作是职业院校创新发展的生命线,办学特色是塑造品牌的核心竞争力。与区域主导产业的典型企业代表共同组建现代产业学院可以实现职业教育"专业建在产业上,学校办在车间里"的目标。这样的合作模式可以促进新技术、工艺、标准和规范及时融入教学,提升教学质量和人才培养质量,增强院校对产业发展的支撑作用。同时,学校需要主动开展教育教学创新改革,打破按照专业目录组建专业群的传统格局,从产品全生命周期或企业技术领域的组群逻辑从手组建专业群,并构建模块化的课程体系,根据岗位需求构建相应的能力培养模块。学校还需根据企业产品的升级迭代不断更新教学内容，最大限度地激发产业学院的办学活力，提升教学效能。

## 二、现代产业学院核心竞争力的基本要素

核心竞争力是指组织在特定产业或市场中具有持续优势的能力，使其能够在激烈的竞争环境中取得成功并保持竞争优势。普拉海拉德和海默从知识的角度将"核心竞争力"定义为："组织中的积累性学识，特别是如何协调不同的生产技能和整合多种技术的学识。"定义侧重知识的角度，将核心竞争力视为组织内部的积累性学识，特别是协调不同生产技能和整合多种技术的学识。这意味着核心竞争力不仅涉及组织所拥有的特定资源和能力，还包括如何有效地组织与整合这些资源和能力，以创造独特的价值。

根据普拉海拉德与海默的定义，核心竞争力确实具有通过长期学习、经验积累和文化传承来完成对资源、知识和技术的积累与整合的特征，这是核心竞争力的主要来源之一。此外，他们也强调了核心竞争力是多重技能与技术的复数概念，即核心竞争力不是一个单一的要素，而是由多个技能和技术相互作用形成的综合能力。这些特征使得现代产业学院能够提供有竞争力的教育服务，培养出能够适应变化的产业环境和市场需求的专业人才。

### （一）具有高效的资源整合能力

美国学者巴顿（Dorothy Leonard－Barton）在谈论公司的核心竞争力时，指出其主要源于自身的创造性工作，而非仅取决于其经营资源的体量。他认为，核心能力不仅是简单的技术与人力技能，还是一种制度化的、系统化的知识体系，涵盖了所有的技术与技能、管理体系、实物体系、价值观等，通过彼此联系、依存与互补的关系形成。这种整合型知识体系为组织带来竞争优势。巴顿强调核心竞争力的制度化和长期性，它不是一时之功，而是通过长期的积累和创造性工作形成的。制度化的知识体系使得核心竞争力为组织带来持久的竞争优势，体系化的核心能力使得组织的竞争优势更易于被外界所识别和认知。

在巴顿的观点中，核心竞争力不再是简单的资源积累，而是一种复杂的、包含多个方面的知识体系，它将技术与技能、管理体系与价值观等有机地结合在一起，形成了一个相互支持、相互依赖的整合性系统。这样的核心竞争力能够在市场竞争中脱颖而出，为组织带来持续的竞争优势。巴顿的观点强调了核

企业参与治理
——现代产业学院建设的必由之路

心竞争力的复杂性和长期性,为组织在知识经济时代的竞争中提供了重要的理论指导。

普拉海拉德与海默等学者认为,组织的核心竞争力主要源自于将各种资源与技能进行优化整合与高效配置的能力,包括组织在战略管理、技术、业务拓展、组织治理等方面的能力。这种整合能力不仅体现在组织内部,还体现在对外部知识与技能的学习与吸收。核心竞争力的形成不是单一因素的作用,而是依赖于多种要素相互融合。组织必须在多个领域和多个层面进行协调配置,以实现资源与技能的最优组合。在组织内部,核心竞争力可以表现为对优质资产、认知能力、制度、组织架构、组织行为与组织文化等方面的协调配置。对外部知识与技能的学习与吸收也是构建核心竞争力的关键。

这种整合能力使得组织能够在复杂多变的市场环境中持续保持竞争优势。核心竞争力不仅依赖于资源的数量,更重要的是如何将资源进行整合和配置,以适应不断变化的市场需求和竞争挑战。通过优化整合各项资源与技能,组织能够在激烈的竞争中脱颖而出,实现持续增长与发展。这一观点为组织在知识经济时代的竞争提供了重要的指导思想。

现代产业学院作为一种新型组织,是职业院校优质资源与企业优质资源的有机整合体。这种创新型模式为现代产业学院核心竞争力的形成奠定了组织基础。现代产业学院所拥有的优质知识性资源与高效制度性资源相辅相成,为其在竞争中脱颖而出提供了强大动力,特殊的组织架构和运行机制使其能够更加灵活地适应产业发展的需求。现代产业学院以产业需求为导向,与行业企业建立紧密的合作办学架构,有效地融合了学校教育资源与企业实践需求,使培养方案和课程更加贴近产业发展的实际需要。多元协同治理理念指导下的运行管理机制能够促进现代产业学院内外资源的协同合作。现代产业学院借助合作企业的丰富经验和资源,为学生提供更多实践机会和实际项目,从而培养出更适应产业发展的高素质人才。现代产业学院的核心竞争力也在于其聚集优质的社会资源,这些资源包括企业的专业知识、先进技术以及产业发展的最新动态。通过整合这些优质社会资源,现代产业学院为学生提供更加丰富的学习和实践机会,提升他们的实践能力和竞争力。

(二)拥有独特的专业集群

巴顿的观点非常有启发性,他将组织技术扩展为同时包含了硬技术和软技术,这是对核心竞争力的更为全面的认识。核心竞争力不仅限于硬技术,也包括组织成员的技能、组织的管理水平和组织文化等软技术方面。巴顿的观点强调了核心竞争力的多样性与全面性，这对于现代产业学院尤为重要。现代产业学院核心竞争力应当包括其核心技术，即硬技术和软技术，这些因素共同决定了现代产业学院在产业链和创新链上的地位和影响力。只有在这些方面不断创新与发展，现代产业学院才能持续保持竞争优势，并为产业发展和社会进步做出积极的贡献。

技术的竞争力主要体现在技术的难以模仿或难以复制性上。美国学者巴尼（Jay B. Barney）的观点强调了技术竞争力的特殊性，尤其是软技术方面的重要性。在现代产业学院的视角下，这一观点非常适用。技术的竞争力不仅仅在于硬技术，也包括了软技术，如团队工作、文化和组织程序等。这些软技术的形成需要长时间的积淀和组织的持续努力，因此，它们对于组织的竞争优势具有重要意义。这些软技术往往具有难以模仿或复制的特点，因为它们涉及到组织的行为、决策和文化等方面，是组织的特质。

团队协作和跨部门协作等软技术对于现代产业学院的核心竞争力具有重要影响。优秀的现代产业学院可通过良好的团队激励机制和协作机制，将技术和知识应用于不同的产业和领域，并实现资源的充分整合和配置优化。这样的优势是其他竞争对手很难模仿的，因为它涉及到现代产业学院内部的文化、价值观和组织程序等方面。以巴尼提到的惠普公司为例，其核心技术不仅仅是产品技术，更重要的是团队协作和文化软技术。这种软技术使得惠普可以将技术应用于多个产品，并实现产品之间的兼容性，从而形成了独特的竞争优势。

因此，现代产业学院应该注重发展软技术，包括团队协作、文化建设、组织程序等方面，这些软技术的形成需要长期积淀和持续发展，是现代产业学院核心竞争力的重要组成部分。只有在软技术方面实现创新与提升，现代产业学院才能在产业链和创新链上保持竞争优势，实现持续的发展与成长。现代产业学院的核心竞争力的确不仅仅体现在物质资源等硬技术方面，更重要的是独特的软技术，特别是独特的专业集群和人才培养体系。首先，现代产业学院的专业集群是其核心竞争力的重要体现。这些特色专业或专业群的定位清晰、准确，聚焦于特定的新产业、新业态。这种专业集群的形成需要长期的积累和经验沉淀，它使得现代产业学院在特定领域具有较高的专业水平和竞争优势。这些专业集群不仅对学生的专业学习提供了优质资源，同时也为产业的发展提供了有力的人才支撑。其次，现代产业学院的人才培养体系是其核心竞争力的另

企业参与治理
——现代产业学院建设的必由之路

一个关键方面。通过与行业企业共建人才培养体系，现代产业学院将行业企业的需求与高校的知识优势结合起来，使得人才培养更加符合实际需求。行业企业的参与可以优化各类人才培养要素的组合，提高培养的针对性和实效性。同时，优质的内部运作使得资源优势得以转化为人才培养优势，从而形成核心竞争力。

这些软技术，如独特的专业集群和人才培养体系，具有很强的排他性、难以模仿性和长期性，使得现代产业学院在竞争中具有明显的优势。竞争对手可以模仿某些方面，但很难复制或超越现代产业学院所形成的整体竞争优势。因此，现代产业学院应当重视并发展这些软技术，不仅要关注硬技术的建设，更要注重专业集群的培育和人才培养体系的优化，使其成为现代产业学院持续竞争优势的重要驱动力。

（三）拥有高质量的毕业生

市场是企业竞争的擂台和裁判，是企业核心竞争力的重要指标。企业的核心竞争力最终要体现在产品与组织业绩方面，而市场就是企业核心竞争力得以实现的关键平台。

在竞争激烈的市场中，企业必须通过提供优质的产品和服务来吸引客户并赢得市场份额。这些产品和服务是企业核心竞争力的具体体现，是企业与竞争对手区分开来的重要因素。优秀的产品平台支撑企业在市场中取得成功，获得客户的认可和信任。市场的认可度是企业核心竞争力的直接反映。企业的产品在市场上得到广泛认可并获得良好的口碑，说明企业在竞争中具有较强的核心竞争力。市场的认可度体现在企业的销售额、市场份额、用户满意度等指标上。市场反馈也是企业调整和优化核心竞争力的重要依据，通过不断改进产品和提升服务质量，企业进一步提高在市场上的竞争地位。除了产品平台，市场也是企业实现核心竞争力的重要平台。企业必须了解市场需求和竞争状况，根据市场的变化来调整和优化自身的竞争策略。市场是一个充满机遇和挑战的环境，企业需要不断地进行市场调研和分析，灵活应对市场的变化，以保持竞争优势。

人才培养、科研和社会服务的质量是职业院校的核心竞争力，同时也是其"产品"的表现。在现代产业学院建设中，高质量的毕业生是其最重要的外在显现，也是现代产业学院的核心竞争力之一。人才培养质量可从人才与社会需求的吻合度、毕业生的职业满意度和用人单位的满意度等多个方面来衡量。成功的现代产业学院应当能够培养出与新产业、新业态需求紧密对接的毕业生，这意味着现代产业学院的课程设置、教学方法和实践环节都需要与产业发展相结合。同时，毕业生对职业发展的满意度以及用人单位对毕业生综合素质的认可程度也是评估人才培养质量的重要指标。另外，现代产业学院的服务面向行业和企业的研发需求，有着直接开展科技项目对接和技术成果转化的特点，这就要求现代产业学院能够敏锐地洞察市场需求和行业发展动态，与企业紧密合作，开展科技创新和技术研发，将现代产业学院的科研成果转化为实际应用，为产业发展提供有力支持。

上述这些指标是衡量产业学院核心竞争力的重要标准，也是判断其是否具有持久价值性和对产业发展的影响力的关键要素。

一个具有核心竞争力的产业学院应当与时俱进，密切关注新兴产业和业态的发展趋势，并将学科研究方向和教学内容与之紧密对接。这意味着现代产业学院的学科实力应当与新产业和新业态发展相匹配，具有切实的应用价值。现代产业学院应当鼓励教师和学生参与高水平的学术研究，并促进科研成果向实际应用转化。高水平的学术研究和技术应用成果可以为现代产业学院建立良好的学术声誉和品牌形象，也为产业发展提供有力支持。学科研究成果的转化是产业学院的重要使命之一，现代产业学院应当积极推动科研成果向教学转化，将前沿的学术研究成果应用到教学中，提升教学质量和学生的实践能力。现代产业学院应当培育特色学科，形成自身的优势和特色。这些特色学科应当具有较强的竞争实力，能够在学科领域内与其他高校和研究机构展开竞争，同时也应当具有一定的学术和社会影响力，为现代产业学院树立品牌形象和优势地位做出贡献。

这些指标共同反映了现代产业学院的综合实力和影响力，也成为了衡量其核心竞争力是否具有持久价值性的重要依据。现代产业学院应当持续关注产业发展的需要，紧密对接产业需求，不断优化自身的学科布局和教学内容，培养出高质量的毕业生，并在科研和技术应用方面取得突出成果，为产业发展和社会进步做出积极贡献。

### 三、现代产业学院发展特征、基本功能及其作用

（一）现代产业学院发展特征

现代产业学院是高等教育的组织结构创新，其内部发展动力与知识生产组

**企业参与治理**
**——现代产业学院建设的必由之路**

织变革、学科知识结构发展趋势以及新技术在教育教学领域的应用与推广密切相关。这种创新受学校学科专业建设历史和文化沉淀的影响，同时也受到外部因素的影响，包括社会经济发展和产业结构调整对高等教育的需求，以及新业态的发展和新技术的创新与应用。现代产业学院在组织创新中不仅具有深厚历史文化积淀，还展现出鲜明的时代特征，主要表现为特色传承、产业导向、区域共生、学科交叉融合和跨界发展等。这样的发展使得现代产业学院成为培养创新创业型人才和推动产业创新发展的重要组成力量。

1. 坚持特色传承发展

近20年来，一些行业划转院校经历了从"去行业化"到"回归行业"的路径变化。这种路径依赖现象表现在两个方面。

首先，投入的专用性资源可能成为"沉没成本"。当学校进行"去行业化"转变时，曾经为特定行业设立的专用实验场地、设备和师资队伍等投入会因为路径变更而失去原本的价值，成为沉没成本。这可能导致学校面临资源浪费的管理困境。其次，长期建立的信任关系可能失效。学校与行业企业之间通过长期的教学科研合作和学生实习实践活动建立了相互信任的关系，这种信任关系为学校与企业进一步发展合作提供了基础。当学校转向"去行业化"时，这种信任关系可能会失效，影响后续的合作机会。

然而，首批现代产业学院建设的高校中，有相当比例的学校具有行业办学背景，并坚持服务原行业，不断进行改革创新，形成了自身的优势和特色。如中南大学现代轨道交通产业学院的源起可以追溯到中南土木建筑学院铁道运输专业的创立时期，该专业创立于1953年，是学院的七个始创专业之一。经过近70年的发展，该学院以铁道运输专业为基础，整合了交通运输（轨道交通）、机车车辆工程、轨道工程机械等相关学科专业，配合高速列车研究中心，形成了以轨道交通为核心的学科体系。中南大学现代轨道交通产业学院针对轨道交通建设中的隧道、桥梁等复杂工程需求，与土木工程一级学科及高速铁路建造技术国家工程研究中心合作，联合进行大型工程机械的开发，如盾构机、架桥机等。这种协同与合作旨在服务国家铁路的建设发展，不忘初心，为其提供有力支持。该学院不断调整和优化学科专业布局，以适应铁路建设发展的需求。通过调整和优化，现代产业学院在轨道交通领域形成了一支高素质的人才队伍，并取得了重要的科技创新成果。作为国家轨道交通人才培养和科技创新的高地，中南大学现代轨道交通产业学院在服务铁路建设和发展中发挥着重要作用。

上述例子充分展示了行业划转院校的成功转型，他们不仅能够有效应对路径依赖现象带来的挑战，还能在行业中发挥重要的作用，为产业发展和创新提供宝贵的人才支持和智力支持。在路径变更的过程中，这些学校坚持以服务原行业为己任，不断改革和创新，形成了自身的优势和特色，成功地实现了"回归行业"的转型目标。他们的成功经验为其他行业划转院校提供了有益的借鉴和启示。

2. 坚持产业发展为要

产业发展是一个连续不断的动态演变过程，而职业教育作为服务产业发展的重要力量，应该持续适应和引领产业发展变化的要求，如组织人才培养改革、推进科技创新等，以适应不断变化的产业需求和技术进步需求。

首批现代产业学院的案例中，每个产业学院都以不同程度适应和引领产业要求为目标。以福建工程学院智能制造产业学院为例，近20年来，该学院紧跟区域制造业的发展和产业转型升级的需要，进行了改革实践探索，并经历了三个阶段的发展。

在初步探索阶段，产业学院注重培养精细化、专门化的机械加工制造人才。这一阶段的重点是为制造业提供基础技能型人才，以满足当时产业的基本需求。在提升阶段，它加入了教育部首批卓越工程师教育培养计划，开始强调培养具备"机械加工＋设计创新"能力的学生，使他们能够更好地适应产业创新和科技开发的需求。这一阶段的发展使得学生不仅掌握了传统的机械加工技能，还拥有了设计和创新的能力，能够更好地满足产业的高级需求。在新模式阶段，它开始承担区域制造业产业转型升级和科技开发创新研究，重点转向"智能制造"高素质人才的培养。智能制造是当前产业升级和发展的重要趋势，产业学院的转型使得它们能够培养适应智能制造时代需求的高素质人才，为产业的未来发展提供有力支持。

首批现代产业学院的发展案例表明，职业教育应持续适应和引领产业发展的变化要求。通过组织人才培养改革和推进科技创新，产业学院能够更好地满足产业不断变化的需求，为产业发展提供有力支持，并在不同阶段适应和引领产业的发展要求。

3. 坚持区域共生发展

职业教育与区域产业之间的共生关系在广东省得到了明显的体现。广东省

## 企业参与治理
## ——现代产业学院建设的必由之路

作为中国经济最发达的省份之一,在广州、深圳、佛山、东莞等核心城市周围布局了十大战略性支柱产业集群和十大战略性新兴产业集群。这些产业集群的发展需要大量高素质的人才支持,而职业院校正是培养这些人才的主要场所。

为促进产业与高等教育的深度融合,广东省发改委、教育厅、工信厅等六部门联合制定了《广东省产教融合建设试点实施方案》,推动产教融合型城市的建设。该方案提出了一系列建设任务,包括健全需求导向的学科专业动态调整机制、构建市场导向的协同创新机制、创新人才分类评价制度、降低校企合作制度性交易成本等。这些举措旨在更好地结合产业需求和高等教育,使高等学校的培养和科研更加贴近产业发展实际需求。

从首批现代产业学院与区域产业关系看,其共生关系明显。在广东省,针对十大战略性支柱产业集群和战略性新兴产业集群的发展,政府采取了一系列政策和举措来推动产业与高等教育的融合发展。第一,政府联合发改委、教育厅、工信厅等部门制定了产教融合建设试点实施方案,明确了推动产教融合型城市建设的目标和任务。这包括建立需求导向的学科专业动态调整机制,促进高校与企业的协同创新机制,改革人才评价制度和校企合作机制等方面。第二,通过引导高校整合多方资源,聚焦战略支柱产业和战略新兴产业,推进示范性产业学院的建设,发挥行业企业的重要教育主体作用。这种模式可以使高校与产业密切结合,紧跟产业发展趋势,培养符合产业需求的高素质人才。第三,广东省入选的现代产业学院与双十产业核心城市和国家级先进制造业集群的分布高度匹配。这种区域布局可以更好地满足产业发展的需求,为产业提供有针对性的人才培养和科研支持。

这些举措和政策的制定,旨在促进职业教育与区域产业的互动和合作,推动产业发展的高质量和创新驱动。通过产教融合的方式,现代产业学院与广东省的双十产业形成了紧密的联系,为区域经济的发展提供了有力支持。这种共生关系的建立有助于提升高等教育质量、培养适应产业需求的人才,同时也促进了区域产业的优化升级和创新发展,实现了区域效益的递增和竞争实力的提升。

这种产教融合的共生关系不仅使职业院校能够更好地为产业提供合适的人才,同时也使得产业发展能够为职业院校提供更多的资源和机遇。职业院校与产业的紧密合作促进了知识和技术的交流,推动了产学研结合,促进了科技创新,为广东省乃至整个国家的经济发展和社会进步做出了积极贡献。

4. 实现学科交叉融合发展

随着以新一代信息技术为代表的创新科技不断迭代发展，未来人类社会的知识结构也将经历从传统"物理—人类社会"二元空间向"信息—物理—人类社会"三元空间的跃迁。这个过程将呈现出"集成与融合"以及"智能与创新"的新特征。

从首批现代产业学院看，绝大部分学院都服务于某个领域的多学科融合。以东华大学新材料产业学院为例，他们以纤维科技研究为核心，融合了纳米学、生物学、仿生学等多个学科领域的知识和技术。通过这种跨学科的合作，他们能够为航空航天、生命科学、信息和环保、新能源等领域提供创新的解决方案和支持。该学院还采用了"1＋3＋5＋X"的管理模式，即以学校为主体，与3个专业协同合作，与5家大型企业进行开放式合作。这种合作模式促进了政府、产业、教育和研究的融合，为人才培养和科技创新提供了良好的平台和资源支持。

这种多学科融合的模式使得现代产业学院能够更好地满足特定产业的需求，培养符合产业发展要求的人才，并在科技创新和产业发展中发挥重要作用。同时，学科融合也为学生提供了更广泛的学习和研究机会，拓宽了他们的知识领域，提升了他们的综合能力。因此，通过学科融合的方式，现代产业学院能够更好地服务产业发展，推动创新和进步。这也是现代产业学院在产业环境中不断发展和适应变化的一种重要策略和特点。

5. 实现跨界发展

信息技术和"互联网＋"科技的发展为教育带来了更多的可能性。通过在线教育平台和数字化教学资源，学生可以在任何地方、任何时间获取教育内容。这使得教育的传播和传授更加高效灵活，打破了时空限制。技术进步推动了教育的个性化和定制化。通过人工智能和大数据分析，教育者更好地了解学生的学习特点和需求，为每个学生提供个性化的学习计划和资源，使学生能够在自己的兴趣和能力上获得更好的发展。技术融合还促进了教育与产业之间的紧密联系。院校和产业之间的合作越来越密切，产业提供实际案例和问题，为教育提供更加贴近实际的教学内容和实践机会。这种产学合作也有助于学生更好地掌握实用技能，提升就业竞争力。

现代产业学院的特点包括以人才培养为中心、功能综合、治理创新、跨界协同等，这些特点使得现代产业学院在教育链、创新链和产业链的交叉区域能

**企业参与治理**
**——现代产业学院建设的必由之路**

够产生混合组织和衍生组织,实现了科技领域、教育领域和产业领域的有效结合。

以佛山科学技术学院为例,该学院以多主体性为主要特征,对内部组织管理进行深层调整优化。它通过组合了以产业为导向的半导体光学工程学院和以学科为导向的物理与光电工程学院,形成了"双学院制"的工程教育新组织模式。这种模式使得学院能够更好地融合不同学科和产业需求,为产业发展提供了更加全面的支持。另一方面,东莞理工学院则发挥学校、政府、企业和协会等多方作用。政府下拨专项建设资金,企业开设独立账户专款管理,现代产业学院实施院长办公会负责的现代企业化管理独立运行模式。这种模式有利于实现产学研合作,保证教育和产业之间的有效合作和协同。西北农林科技大学葡萄酒现代产业学院以传承农业神话人物后稷的农业精神为目标,致力于推动现代葡萄酒产业的发展。该学院建设了完整的从土地到餐桌的产业链学科理论和产业技术体系,涵盖了葡萄学、葡萄酒学、葡萄酒工程学、葡萄酒市场学等多个领域的知识。该学院培养的葡萄与葡萄酒专业技术人才占据了全国葡萄酒行业的大约 2/3 份额,为行业的发展做出了重要贡献。他们通过将科研成果应用于实际生产中,确立了符合中国气候特点的产业区划布局和特色发展思路,实现了小酒庄和大产业的结合。这些举措推动了葡萄酒产业的科技进步和产业发展,使中国成为世界上最大的葡萄酒生产国之一。

这些现代产业学院的特点使得它们能够更好地适应现代社会的需求和发展趋势。通过多学科融合和跨界协同,现代产业学院能够为产业提供更加符合实际需求的专业人才和科研支持。现代产业学院与政府和企业等多方合作,能够更好地将教育与产业需求相结合,促进产学研融合,实现科技、教育和产业的有机结合。

(二)现代产业学院基本功能

2020 年 7 月 30 日,教育部办公厅、工业和信息化部办公厅联合发布《现代产业学院建设指南(试行)》,明确规定现代产业学院是"融人才培养、科学研究、技术创新、企业服务、学生创业等功能于一体的示范性人才培养实体",因此,人才培养、科学研究、技术创新、企业服务、学生创业可以视为现代产业学院的功能。

1. 人才培养功能

现代产业学院致力于培养适应现代产业需求的高素质人才。现代产业学院提供专业课程和实践教育，培养学生的学科知识和实际操作能力。通过全面的人才培养计划，努力培养具备创新精神、实践能力和创业潜力的专业人才。

（1）适应产业需求的专业人才培养

现代产业学院紧密关注产业发展的需求，为此，根据不同产业领域的特点，现代产业学院设计和提供与之紧密对接的专业课程和培养方案，旨在培养具备行业相关知识和实践能力的高素质人才，以满足产业对人才的多样化需求。通过与产业深度合作，现代产业学院了解行业的最新发展趋势和技术需求，将这些信息融入到课程设置和教学实践中，并注重实践教学，为学生提供丰富的实习和实践机会，让学生在真实工作场景中学以致用，提高解决实际问题的能力。现代产业学院不仅注重传授理论知识，更重视培养学生的创新意识和团队合作能力。它鼓励学生参与创新项目和科研活动，培养学生的创新思维和实践能力，使他们能够在产业发展中提供有价值的贡献。

可以看出，现代产业学院的毕业生不仅具备扎实的学科知识，还具有较强的适应能力和创新精神。他们能够快速适应并胜任现代产业中的工作任务和挑战，为产业的创新和发展注入新的活力。因此，现代产业学院成为推动产业进步的重要力量，为社会经济的可持续发展做出积极贡献。

（2）综合素质的培养

现代产业学院以学生的全面发展为目标，注重培养学生的综合素质，其中包括创新思维、团队合作、沟通能力、问题解决能力等。为实现这一目标，现代产业学院开设综合素质课程，注重学科知识与综合能力的结合，培养学生的综合素养。现代产业学院鼓励学生参与团队项目和实践教育，通过团队合作，学生学会有效地与他人协作，培养协调沟通的能力。同时，实践教育和社会实践等活动让学生置身于真实环境中，面对挑战，提升问题解决的能力。除此之外，现代产业学院也注重培养学生的领导力和创业意识。现代产业学院不仅提供丰富的领导力培训和创业支持，让学生学会自主管理和组织，形成独立思考和决策的能力，也强调社会责任感的培养，鼓励学生参与社会公益活动，树立正确的价值观。

这种教育方式培养出来的专业人才不仅具备扎实的学科知识，更具有创新思维、团队合作、领导力和社会责任感等综合素质。他们是未来产业发展的中坚力量，能够适应复杂多变的社会环境，为社会经济的可持续发展作出积极贡献。因此，现代产业学院的综合素质培养成为其独特的优势，也是为社会培养

## 企业参与治理
### ——现代产业学院建设的必由之路

全面发展的专业人才做出的重要贡献。

(3) 实践教育与职业能力培养

现代产业学院高度重视实践教育，认识到了它对学生职业发展的重要性。为此，现代产业学院积极为学生提供丰富的实习、实训、项目合作等实践机会。这些机会使学生有机会在真实的工作环境中应用所学知识，掌握解决实际问题的本领。与企业和产业的紧密合作中，学生能够直接参与实际项目，积累宝贵的实践经验，增强其专业技能和创新能力。除了技术能力的培养，现代产业学院还注重学生职业素养和职业能力的培养，特别重视培养学生的职业道德，让学生明白职业上的责任和道德规范，形成正确的职业态度。同时，它也注重引导学生进行职业规划，帮助他们明确自己的职业目标，为未来的职业发展做好准备。沟通技巧也是现代产业学院重点培养的能力，它鼓励学生主动与同学、老师和企业代表进行交流与合作，提高沟通与协作能力。这种综合素质的培养使得学生在就业市场上具备更强的竞争力和职业发展潜力。

依托实践教育和综合素质培养，现代产业学院努力使学生在毕业时既具备优秀的专业技能，又具有较高的职业素养和综合能力。这样的学生能够迅速适应职场需求，具备解决实际问题的能力，同时在职业发展中更具优势。现代产业学院的这种培养模式为产业提供了高素质人才储备，为社会经济的可持续发展做出了积极贡献。

(4) 国际视野和跨文化能力培养

现代产业的发展常伴随着国际化和跨文化的特征，因此现代产业学院特别注重培养学生的国际视野和跨文化能力。现代产业学院积极开设国际化课程，为学生提供了解国际产业趋势、掌握全球商业模式的机会。这些课程涵盖国际市场分析、跨文化管理等内容，使学生了解全球化背景下的商业运作和经济交流，提高他们的国际竞争力。为了加强学生的跨文化能力，现代产业学院积极推动留学交流项目，学生有机会赴海外知名大学交流学习，亲身感受不同文化环境，拓宽视野，加深对跨文化交流的理解。这些经历让学生能够更好地适应国际化的工作环境，具备处理跨文化合作与交流的技巧与智慧。另外，现代产业学院积极与国际企业和组织合作，举办国际论坛，开展交流活动和实践项目。这些活动不仅让学生与国际产业专家进行面对面交流，还提供了与海外企业合作的机会，为学生打开了走向国际产业的大门。

通过国际化课程和跨文化交流的学习，现代产业学院培养了具有国际视野和跨文化能力的全球化人才。这样的人才不仅能够适应国际化的产业发展，还能够在不同文化背景下进行跨界合作，为产业的国际化发展做出积极贡献。

(5) 终身学习能力的培养

现代产业学院高度重视培养学生的终身学习能力，在不断变化的现代产业中，持续学习和自我发展的能力至关重要。为此，现代产业学院积极提供各种继续教育课程学习、职业培训和学术更新的机会，帮助毕业生跟进产业发展的动态，不断提升专业水平和适应能力。终身学习是一个人在工作和生活中不断学习新知识和技能的过程。现代产业学院鼓励毕业生不断保持对新技术、新趋势的敏感度，并为他们提供继续深造的机会。现代产业学院设立继续教育课程，供校友和在职人员学习最新的产业发展知识。现代产业学院也积极推动与产业的合作，举办职业培训，帮助毕业生不断提升职业技能和能力。现代产业学院提供科研项目和学术研讨会等平台，让学生保持学术热情，不断探索学科前沿，为产业发展做出更多贡献。

利用培养终身学习能力，现代产业学院学生将在竞争激烈的现代产业中保持竞争力，不断适应产业发展的变化。他们将具备不断学习、适应和创新的能力，成为职场中的领军人才。

2. 科学研究功能

现代产业学院积极开展科学研究，推动技术创新和产业发展。现代产业学院与产业、研究机构等合作，共同开展科研项目，探索前沿科技，解决产业问题，通过科学研究提供最新的学科发展动态和知识，促进产业的创新和发展。

(1) 前沿科学研究

现代产业学院在积极开展前沿科学研究方面发挥着重要作用，其专注于探索产业发展的前沿问题并迎接挑战。为了推动学科的创新和发展，现代产业学院精心组建了一支强大的科研团队，汇聚了众多优秀的科研人员。科研团队致力于开展基础研究和应用研究，其研究范畴涵盖了产业发展的各个方面。在基础研究方面，现代产业学院深入探索产业背后的原理和规律，不断推动学科理论前沿的发展。在应用研究方面，现代产业学院将科学成果与产业实际相结合，致力于解决产业发展中的具体问题，并为产业创新提供科技支撑。这些科研成果不仅丰富了学科知识体系，还为产业发展提供了重要的智力支持。现代产业学院的科研团队紧密关注产业发展的动态，保持敏锐的观察力和创新精神，始终站在学科前沿，把握着产业发展的脉搏。

**企业参与治理**
**——现代产业学院建设的必由之路**

依托积极开展前沿科学研究和组建优秀的科研团队，现代产业学院不仅为产业的持续创新和发展做出了重要贡献，同时也为学生的学术研究和综合素质提升提供了良好的学习环境和资源支持。这样的努力使得现代产业学院成为产业和学术界的重要研究力量，推动了学科的不断突破与进步，为社会经济的可持续发展做出了积极贡献。

（2）创新与技术转移

现代产业学院高度注重技术创新和科技成果转化，将科学研究成果与实际应用紧密结合，为产业发展和社会进步提供有力支持。现代产业学院积极鼓励教师和学生参与创新研究和技术开发，创造性地探索解决产业发展中的难题和挑战。在科学研究方面，现代产业学院积极组织和支持教师和学生参与前沿科研项目，推动学术研究的深入发展，也鼓励教师和学生积极投身应用研究，将科学成果转化为实际技术和产品。为了将科研成果应用于产业生产和社会发展，现代产业学院采取了技术转移和科技成果推广等多种方式。现代产业学院积极与产业建立合作关系，开展技术转移活动，促进科学研究成果向产业应用的转化，同时广泛开展科技成果推广活动，将科研成果向社会公众宣传，推动科技创新与社会需求的对接。

利用技术创新和科技成果转化，现代产业学院不仅推动了学科的发展，还为产业发展和社会进步提供了重要的智力支持。现代产业学院的科研成果广泛应用于各个产业领域，推动了产业的升级和转型，助力了社会经济的可持续发展，也为教师和学生提供了实践锻炼的机会，培养了他们的创新意识和应用能力，为他们未来的职业发展奠定了坚实的基础。

（3）学术交流与合作

现代产业学院积极开展学术交流与合作，着眼于与国内外知名高校、研究机构等建立紧密的合作关系。通过这些合作，现代产业学院不仅能汲取国际先进的学术理念和研究成果，也能将自身的科学研究成果与国际同行进行分享和交流。为促进学术交流与合作，现代产业学院组织学术研讨会、国际学术交流等活动，为教师和学生提供了展示研究成果、与同行学者深入探讨的平台。这些学术交流活动不仅营造了学术氛围，还拓宽了研究视野，增强了现代产业学院的学术影响力。通过与国内外知名高校和研究机构的合作，现代产业学院加强了学科交流，促进了学术资源的共享。现代产业学院与国外顶尖大学开展联合研究项目，共同攻克科学难题，推动学科的发展，也与国内高校合作举办学术会议、研讨会等，促进学科之间的交叉融合。

这种积极的学术交流与合作，不仅有助于提高现代产业学院教师和学生的学术水平，也为学科的发展注入了新的活力。通过与国内外优秀学术机构的合作，它不断提升自身的学术地位和影响力，为可持续发展奠定了坚实基础。这种国际化的学术交流与合作也有助于提升现代产业学院的国际知名度，吸引更多的国际学生和教师前来交流合作，进一步推动现代产业学院的国际化进程。

3. 技术创新功能

现代产业学院注重技术创新，培养学生的创新能力和创业意识。现代产业学院提供创新创业相关的教育和支持，引导学生进行创新研究和项目实践，通过创新活动培养学生的创造力、团队合作和解决问题的能力。

（1）技术研发与创新

现代产业学院以科学研究和应用开发为核心，持续推进技术创新。现代产业学院重视科研团队的建设，聚集了众多优秀的科研人员，这些专业团队在产业领域展开基础研究和应用研究，探索前沿的理论和技术。通过这些研究，现代产业学院不断为产业发展开辟新的道路，引领技术创新的浪潮。现代产业学院注重将科研成果与实际产业相结合，将研究成果转化为实际应用，为产业发展提供有力的科技支撑。这种科研与产业的紧密结合，使得现代产业学院的科研成果不再是纸上谈兵，而是真正能够服务于产业升级和创新的实际成果。现代产业学院的科研团队与产业的合作也为学生提供了宝贵的实践机会，让他们在真实产业环境中应用所学知识，培养创新和解决实际问题的能力。

不断推进科学研究和技术创新，使得现代产业学院在各个产业领域展现了强大的学术实力和技术实力。现代产业学院的科研成果和技术应用在产业发展中发挥了重要的作用，为产业创新和升级提供了重要的支持，其科学研究丰富了学科知识，推动了学科的发展和进步。现代产业学院以技术创新为核心，不断开展前沿科学研究和应用开发项目，为产业和学科的发展做出了积极的贡献。

（2）创新教育和人才培养

现代产业学院将培养学生的创新意识和实践能力视为教育的重要使命，为此，它积极开设创新教育课程和实践教育活动课程，旨在激发学生的创新思维，培养他们解决问题和创新的能力。在创新教育课程中，学生接触到创新的理论和实践，了解创新的价值和意义，学习创新的方法和技巧。通过这些课

## 企业参与治理
### ——现代产业学院建设的必由之路

程，学生从传统思维中解放出来，敢于提出新观点，敢于挑战现有的假设和规则。除了创新教育课程，现代产业学院还积极组织实践教育活动，让学生在实际项目中锻炼和应用所学知识。学生参与科技创新项目，不仅能加深对学科知识的理解，更能在实际项目中体验创新的过程和乐趣。现代产业学院为学生提供了丰富的实践机会，让他们在实际问题中发挥创造力和想象力，培养了他们从实践中获取知识和经验的能力。

现代产业学院鼓励学生参与科技创新项目，为他们未来的创新创业奠定坚实基础。这种实践经历不仅能够增强学生的实际动手能力，还能培养学生的创新精神和自主探索的意识。在现代产业中，创新能力是非常重要的竞争优势，而现代产业学院所提供的创新教育和实践机会，正是为了培养学生成为具有创新思维和实践能力的高素质人才，使他们能够在未来的职业生涯中取得成功。现代产业学院通过创新教育和实践教育，培养具备创新意识和实践能力的学生，为他们未来的发展打下坚实的基础。

（3）创业创新支持

现代产业学院积极支持教师和学生的创新创业活动，将科研成果转化为创业项目，并为他们提供相关的创业支持和资源。现代产业学院鼓励教师和学生积极参与创新创业，将研究成果应用于实际产业中，推动科技成果的商业化和产业的创新发展。在现代产业学院，创新创业被视为一种重要的实践活动，不仅能够促进科研成果的应用，还可以培养学生的创业意识和创业精神。现代产业学院为教师和学生提供了创业指导、创业培训、创业基金等创业支持和资金，帮助他们实现科技成果向商业化转化的目标。

利用这种创新创业的实践，现代产业学院不仅推动科研成果的商业化，还推动产业的创新和创业发展。现代产业学院鼓励教师和学生主动将科研成果应用于实际产业中，为产业发展提供新的动力和创新方向，同时，也为教师和学生提供了一个宝贵的实践平台，让他们在创业的过程中积累经验、锻炼能力，为将来的职业发展打下坚实基础。现代产业学院通过支持教师和学生的创新创业活动，促进科研成果的商业化，推动产业创新和创业发展。这种积极的创新创业氛围不仅有助于学院的发展，还为学生提供了广阔的发展空间，培养了更多具有创新创业精神的高素质人才。

（4）创新平台建设

现代产业学院积极建设创新平台，为教师和学生提供丰富的创新创业资源和支持。这些创新平台包括实验室、创客空间、科技园区等，为师生提供了开展技术创新和实践的理想场所和优越条件。

实验室是科研和创新的重要场所，现代产业学院装配了先进的实验室设施，为教师和学生提供了进行科学研究和技术创新的良好条件。在这些实验室里，师生可以进行各种实验和研究，不断探索新的科学问题和创新方向。创客空间是创新创业的孵化地，现代产业学院为师生提供了开放式的创客空间，激发创意和创新灵感。科技园区是现代产业学院与产业合作的重要桥梁，现代产业学院与企业共同打造科技园区，为师生提供与产业深度合作的机会。在这些科技园区中，师生可以参与实际项目，将科研成果应用到产业实践中，推动产业创新和升级。

这些创新平台为现代产业学院的师生创造了良好的科研和创新环境，激发他们的创造力和创新潜能。这些实践和探索让师生不断拓展知识边界，提升科研和创新能力。这些平台也为师生提供了与产业深度合作的机会，促进了产学研融合，将科研成果转化为实际应用，为产业发展提供了有力支撑。

4. 企业服务功能

现代产业学院与产业建立紧密联系，提供企业服务。它通过合作项目、咨询服务等方式，为企业提供专业知识和技术支持，促进产业发展和升级。企业参与现代产业学院建设的同时，也为学生提供实习、就业等机会，增强他们与实际工作环境的联系。

首先，现代产业学院通过与企业建立密切的合作关系，为他们提供定制化的培训和人才储备方案。现代产业学院与各行各业的企业紧密合作，了解其业务需求和发展方向，为其量身定制培训计划，帮助企业提升员工的专业技能和综合素质。同时，它还通过实习、毕业实践等方式，为企业输送具备实战经验的高素质人才，满足他们的用人需求。其次，现代产业学院提供咨询和项目合作服务，为企业解决实际问题，推动创新发展。现代产业学院拥有一支专业的导师团队，他们在各个领域都具备深厚的学术研究背景和丰富的实践经验。企业向学院咨询管理、营销、市场调研等各类问题，并获得专业的解决方案。此外，它还开展与企业的项目合作，共同研发新技术、新产品，推动科技创新和产业转型。再次，现代产业学院致力于搭建企业网络平台，促进合作与共享。现代产业学院将企业资源进行整合，建立起一个企业互动的平台。这个平台旨在为不同行业的企业提供沟通交流的机会，促进合作与共享。企业通过平台分

企业参与治理
——现代产业学院建设的必由之路

享经验和资源，共同探讨行业发展的趋势和问题，开展技术和商务合作，实现互利共赢。最后，现代产业学院还提供企业孵化器和创业支持服务，帮助创新型企业实现快速发展。现代产业学院拥有专业的创业导师和丰富的投资资源，为创业团队提供全方位的支持和指导。现代产业学院为创业企业提供办公场地、项目咨询、资金支持等资源，帮助他们快速成长并实现商业成功的目标。

5. 学生创业功能

现代产业学院作为一所注重创新和创业教育的学院，致力于培养学生的创业精神和创新能力。其"学生创业功能"是自身独特的服务特色之一。该功能旨在为有创业意愿的学生提供全方位的支持和服务，帮助他们实现创业梦想。

第一，现代产业学院通过创业教育课程和项目，为学生提供系统的创业培训。现代产业学院设有专门的创业课程和培训项目，针对学生的创业需求和实际情况，设置了从创新思维到商业计划编写等多个方面的培训内容。学生通过学习这些课程和项目，掌握创业所需的基本知识、技能和方法，了解创业过程中的风险和挑战，并学习如何有效地运用资源和管理团队。

第二，现代产业学院提供创业资源和支持，帮助学生实现创业项目落地。现代产业学院拥有创业导师、投资机构、创业办公场地等丰富的创业资源和关系网络，学生通过现代产业学院的支持，获得专业的创业指导，获取创业所需的资金支持和人力资源，同时也可利用现代产业学院提供的办公场地进行项目孵化和发展。这些创业资源和支持将极大地促进学生的创业项目的实施和发展。

第三，现代产业学院鼓励学生参与创业竞赛和活动，积累创业实践经验。现代产业学院定期组织创业竞赛和活动，为学生提供展示、交流和合作的平台。学生通过参加这些活动，与来自不同背景和领域的创业者进行互动，学习他们的经验和教训，同时还能通过比赛获得奖金、投资机会和知名度，进一步推动自己的创业项目发展。

第四，现代产业学院与社会创业生态系统建立紧密联系，推动学生创业发展。现代产业学院积极与各类创业支持机构、孵化器、投资机构等建立合作关系，搭建创业生态系统。通过现代产业学院的资源和关系网络，学生获得更多的创业机会和资源，与社会创业者、投资者建立联系，寻找合作伙伴和市场机会，实现创业项目的快速发展。

（三）现代产业学院在职业教育中的作用

现代产业学院是高等教育中的一种新型载体，以产业为导向，紧密结合社会和行业需求,为学生提供更加贴近实践和应用的教育培训,并且为企业提供优质的专业人才,并推动技术创新和产业升级。

1. 对提升职业教育水平具有积极意义

随着经济的发展和企业发展的需要,职业教育日益受到重视。但是正如专家所指出的那样,一些职业教育仍然停留在传统的教育方式,没有完全适应社会和产业发展的需求,导致部分毕业生难以找到合适的工作。因此,如何有效地提高职业教育的质量和水平,是职业教育和企业都非常关注的问题。现代产业学院通过其独特的人才培养模式、产学研合作模式、课程建设模式和发展目标等方面的创新点,为提高职业教育的质量和水平做出了重要的贡献。

第一,现代产业学院的人才培养模式具有高度的实践性和应用性。相对于传统的教育方式,现代产业学院注重学生的实践能力与各种专业技能的培养,同时与企业进行深度合作,在教学设计中考虑企业的需求。与此同时,现代产业学院不遗余力地普及先进的思维方式,紧跟时代发展,紧密结合社会和行业需求,为学生提供符合职业需求的教育培训,使学生在真实的职业环境中获取实践经验,更好地为他们未来的关键岗位做好准备。

第二,现代产业学院通过与产业企业紧密合作,有效推动教育与产业的融合。在实践过程中,现代产业学院与行业企业建立起强有力的合作关系,充分了解企业的实际需求和发展趋势,及时调整教学内容。这种与企业的合作意味着现代产业学院能够在教学中更加贴切实际,切实提高学生综合能力和职业素养,使他们为企业和产业做出更大的贡献。

第三,现代产业学院的课程建设模式更加注重实用性。在课程设置上,现代产业学院把实践应用能力提升作为核心目标,重视职业素质的全面提升。它通过产业导向、标本兼治、课程+实践等多种方式,使学生在专业技能和实践能力上有了更大的提高。这种课程建设模式使得学生的课堂学习的实用性得到较大的提升,有效地提高了他们的实践能力。

第四,现代产业学院的持续发展目标明确。现代产业学院在推进产学研合作和人才培养方面具有明确的战略目标,紧密结合未来规划和产业创新的新兴趋势,引领产业发展和变革。这种目标意味着现代产业学院能更好地评估和应对未来的教育需求,更好地贴合社会的需求和产业的发展,为实现职业教育高质量发展提供更多的可能性。

2. 对促进教育与产业融合发展具有重要作用

随着知识经济时代的到来，教育和产业之间的联系不断加深，教育机构和企业之间的合作成为各方追逐的终极目标。现代产业学院是一种新的教育模式，它紧密地结合了教育和产业，以产业为导向，为学生和企业提供专业和实际的培训和服务。现代产业学院对教育与产业之间的融合发展起着重要作用。

第一，现代产业学院是教育和产业之间的桥梁。现代产业学院着重培养学生成为具有实际应用能力的专业人才，这就需要现代产业学院与行业企业紧密合作，现代产业学院必须考虑企业的实际需求和未来发展趋势。同时现代产业学院要为企业提供专业的教学帮助，为其培养合格人才。这种合作模式不仅满足了企业的需求，也为学生提供了更好的教育和职业发展的机会。

第二，现代产业学院通过与产业企业紧密合作，有效推动职业教育与产业的深度融合。这种深度融合实质上是为职业教育发展提供更加实际的基础。现代产业学院与行业企业建立起强有力的合作关系，充分了解企业的实际需求和发展趋势，及时调整教学内容，为学生提供更加符合实践要求的教育和培训。这种深度融合关系还可为学生提供更多的实践经验和深刻感受，从而使他们更好地适应和服务于产业发展的需求。

第三，现代产业学院的课程设置和网络交流平台也极大地促进了教育与产业的深度融合。现代产业学院的课程设置非常贴近实际需求，注重应用性和实践性。并且，它也为企业员工等学习者提供了相应的在线教育和职业技能培训。这样的线上学习和线下培训相结合的教学模式，不仅提升了学习的效率和质量，也便于满足企业和学生的学习需求。

第四，现代产业学院促进了教育与产业的深度融合，对于促进中国区域经济社会的结构优化和产业转型升级具有重要意义。随着互联网、大数据和人工智能的发展，高技能人才短缺已经成为了各行各业的共同问题，而现代产业学院的产学研合作模式为职业院校和企业的融合提供了更多的机会，使他们能够更好地、更有效地培养专业技能人才，为产业的转型升级和区域经济竞争力的提升做出了重要贡献。

3. 对推进终身学习计划具有重要作用

随着全球化、信息化、人口老龄化等挑战的出现，以及技术创新的加速推进和人才市场的快速变化，终身学习逐渐成为一个重要的教育理念。现代产业学院在推进终身学习计划方面具有很大的作用，它既为学生提供了互联网化的学习平台，又为企业提供了优质的人才和培训服务，成为终身学习的重要推动者。

第一，现代产业学院通过在线学习模式，为终身学习提供了更加灵活、高效和可持续的教育方案。学生在任何时间、任何地点都能通过现代产业学院在线学习平台进行学习，并按照自己的节奏和诉求进行自主学习，这为终身学习的推进提供了巨大的便利。而且，通过教师在线引导，现代产业学院的教学模式也能够很好地为学生提供互动性和实时性，充分保障学生的学习效果和质量。

第二，现代产业学院通过与行业企业的合作，为终身学习计划提供丰富的实践经验和示范。现代产业学院通过产学研合作模式与行业企业建立起了紧密的联系，这种合作让学生有了更多的实践机会，这对于职业技能和能力的提升有着重要的作用，同时也使得企业可以更好地利用现代产业学院提供的教育资源以及高质量的人才来创造更多的价值。

第三，现代产业学院人才培养也符合终身学习的理念和需求，能够帮助学生在多个阶段获得更好的专业能力和教育素养。现代产业学院鼓励学生参加各种学术或职业进修课程，提高阅读能力，扩展知识体系。学生在此基础上利用网络教育平台，随时随地学习想要学习的东西，这种充分的学习方式展示了终身学习的范式。

第四，现代产业学院对于培养终身学者和制定终身学习计划具有积极的推动意义。现代产业学院强调专业技能的取得，通过模拟实验和实践活动加强学生对真实工作的理解，这为学生终身学习提供了便利。同时，现代产业学院支持学生自主创新，让他们真正体验到知识探索和实践创新的乐趣，帮助他们逐步成为具有终身学习思想意识的人，为企业和社会创造更多的价值。

4. 对产业与企业的培养和发展具有支持作用

现代产业学院作为一种新型的教育载体，不仅为学生和企业提供高质量和实用性的培训和服务，而且还对于产业和企业的培养和发展起到了非常重要的支持作用。

第一，作为产学研合作的载体，现代产业学院为企业提供高质量和实用性的人才培养服务，满足企业的人才需求。企业作为现代产业学院的合作伙伴，根据自己的实际需求和行业趋势制定教学计划，并与教学方案中的各种课程紧密结合，在课程中展示实际工作情况，培养和锻炼更适合其工作岗位的人才，

企业参与治理
——现代产业学院建设的必由之路

提高创新和实践能力，提升企业人才的综合素质和竞争力。

第二，现代产业学院积极推动产业和企业的科学技术创新，为产业和企业发展提供技术支持和咨询服务。现代产业学院为企业提供大量创新和实验平台，帮助企业成功运用创新技术，将传统产业转型为高端服务型产业，从而提高产品的竞争力和生产效率，使产业和企业在未来市场竞争中更具优势。

第三，现代产业学院通过与企业的合作，不断提升教学质量，推动教学模式创新，为企业提供贴合需求、实用性强、能够应用于实际生产生活的人才。现代产业学院注重规模稳定、专业集中、教学质量有保证、服务态度好的经营理念，通过优化营销和教学模式，提高图书馆的藏书服务质量、教学体系的质量和国际化水平，并规范大学生的统一培养标准和质量评估体系，从而为企业提供更多更好的人才服务。

第四，现代产业学院为企业打造了深度产学研学习生态圈，集中了产学研的权威专家，涵盖了很多全球开发项目和国际化高级研习会。学生和企业在此时进行充分合作，为企业的职业培训、专业调整、创新研发等提供资源和支持，为企业的进一步发展提供强有力的人才支持和竞争力保障，促使企业不断前行。

# 第二章 企业参与现代产业学院治理理论与现实依据

## 第一节 企业参与现代产业学院治理

### 一、治理相关解释

治理这一概念最早源自古拉丁文中的"gubernare"和"gubernatio",意为"掌舵"和"引导操控"。起初,治理主要用于描述国家或政治组织的管理和领导方式,后来逐渐演变为更广泛的含义,应用于各个领域,包括国际社会和地区治理。

随着全球化的发展和国际情况复杂性的增加,国家间和组织间的相互联系日益紧密,传统的单一政府管理模式已经无法应对现代社会的复杂挑战,治理的概念应运而生。它用以描述在多元利益和多方参与的背景下,协调和管理各方行动的过程。治理不仅涉及政府机构,还包括其他非政府组织、企业、社会团体以及个人等多个主体。在多个领域,如经济、环境、社会、教育等,治理都发挥着重要作用。它的目标是调解不同利益之间的冲突,促进合作和协调发展,使各方能够共同行动,实现共同的目标。治理的理念强调多方合作、共同决策和透明度,旨在确保所有相关方的参与和利益得到充分尊重和保护。通过治理,各个主体能够更好地协调利益,达成共识,形成集体行动的合作统一,为社会的可持续发展和共同繁荣提供支持。

(一)联合国全球治理委员会(CDD)定义

联合国全球治理委员会(CDD)将治理理解为"各种公共的或私人的个人和机构管理其共同事务的诸多方法的总和,是使相互冲突的或不同利益的得以调和，并采取联合行动的持续过程，它既包括有权迫使人们服从的正式制度和规则，也包括各种人们同意或符合其利益的非正式制度安排"。

联合国全球治理委员会（CDD）对治理的理解是全面而包容的。根据他们的定义，治理是各种公共的或私人的个人和机构，通过多种方法来管理共同事务的总和。这意味着治理不仅仅涉及政府机构，还包括其他组织和个人，无论是在公共领域还是私人领域。治理的目标是调和相互冲突的利益，使不同利益得以平衡和协调，以实现共同的目标。这强调了治理作为一种协调合作的过程，旨在解决不同利益之间的矛盾和冲突，促使各方采取联合行动，为共同利益努力。治理既包括正式的制度和规则，也包括各种人们同意或符合其利益的非正式制度安排。这意味着治理可以在不同层面和不同领域中存在，既包括法定的规则和程序，也包括一些非正式的协议和共识。这种灵活性和多样性使治理能够更好地适应不同情况和需要。

（二）著名学者定义

1. 瑞士著名国际关系学者皮埃尔·塞纳克伦斯（Pierre de Senarclens）对治理提出了一种独特的看法，认为治理是一个脆弱且没有确切定义的概念。他认为，治理作为一个用语，包含了有助于和平与发展的规章和惯例等含义，体现了一种观念：各国政府并不完全垄断一切合法的权力，社会上还存在其他机构和单位来维持秩序、参与经济和社会调节。

治理的实践并不仅仅局限于政府，还涵盖了多种多样的政府性和非政府性组织、私人企业和社会运动。这些组织和单位一起构成了国家和国际层面的政治、经济和社会调节形式。在现代社会中，治理体系变得更加多样化和复杂，不同的利益相关者参与其中，共同影响着社会的发展和决策的制定。塞纳克伦斯的观点强调了治理的多元性和动态性，没有哪个单一的机构或权力能够完全掌控所有合法权力。治理是一个相互交织、相互影响的过程，需要不同的组织和利益相关者之间的合作与协调，以实现共同的目标和利益。这种多元化的治理形式有助于更好地适应社会变革的复杂性，并推动和平与发展的实现。

2. 罗西瑙（James Rosenau）将治理引入新公共管理领域，对治理进行了一种新的理解和定义。根据他的观点，治理是一系列活动领域中的管理机制，这些机制虽然没有得到正式的授权，但却能有效地发挥作用。治理所指的是一种由共同目标支持的活动，这些管理活动的主体并不局限于政府，也不依赖国家的强制力量来实现。

在罗西瑙的定义中，治理强调的是多个参与者之间的合作和协调，而非单一的政府主导。治理可以涉及政府、企业、非政府组织、社会团体以及个人等各种参与主体。它们在共同的目标下进行协作和管理，通过互相交流、协商和合作来达成共识和决策。治理的特点是它并不依赖于正式的授权和强制力量，而是建立在广泛的共识和认可基础上。只有在多数人接受的情况下，治理机制才能形成有效的规则体系，得以有效地推动和引导各方行动。这种理解将治理与传统的政府行为和政策制定区分开来，强调了多元主体的参与和民间力量的作用。治理的概念使得我们能够更好地理解和解决现代社会面临的复杂问题，促进各方协同合作，共同推动社会的发展和进步。

3. 威廉姆森（Oliver E. Williamson）是经济学家，他从经济学的视角探讨了治理的概念。他认为经济组织面临许多难题，这促使人们开始关注事后治理机制的研究和解释。在他看来，治理关注的是各种形式的合约风险的识别、解释和缓解，即如何在交易中避免或减少不确定性和风险。治理可以被视为对各种组织模式的评估，旨在通过治理机制实现良好秩序。在这个理论框架下，治理结构被看作是一种制度框架，它决定了一次交易或一组相关交易的完整性。换句话说，治理结构为交易提供了规则和制度，确保各方遵守协议，保障交易的顺利进行。

威廉姆森的观点强调了治理对于经济组织的重要性。建立有效的治理机制，可以减少交易风险和不确定性，提高交易的效率和稳定性。他的研究为经济学和组织理论提供了重要的理论基础，对于理解和优化组织结构和交易机制具有重要的启示作用。

（三）本书关于治理的观点

由上述可知，治理的本质是在多元利益相关者的参与下，以合作和协商为基础，实现共同目标的过程。它可以应用于各个层面，包括国际层面、国家层面、地区层面以及组织内部层面。治理涉及到政府机构、私营部门、非政府组织以及个人等各种参与者。治理是一个动态的过程，需要不断适应变化的环境和利益冲突。它不仅包括正式的法律和规则，还涉及到非正式的社会规范和价值观。治理的目标是实现公平、有效、透明、负责任的决策和行动，以促进社会的稳定与可持续发展。

综合上述定义可见，治理理念至少包含如下观念的转变。

企业参与治理
——现代产业学院建设的必由之路

1. 治理主体的多元化

在当前全球化和跨国合作日益增多的背景下，治理的概念超越了传统的国家中心论，强调了各种组织、机构和事业团体之间的合作和协调。这些组织可能来自不同领域、不同层级，它们共同构成了一个复杂的治理网络结构。在公共管理领域，国家仍然发挥着主导作用，但随着社会和经济的发展，越来越多的问题和挑战涉及到多个利益相关方，单一的国家政府已经无法独立解决这些问题。因此，治理理念强调需要各个行为主体之间的合作，形成协同效应，共同参与解决问题和推动管理体系的发展。治理的理念追求多元化、开放性和灵活性，鼓励各方共同参与，共同制定规则和标准，共同管理资源和解决问题。这种治理网络结构有助于在复杂多变的环境中快速响应和适应，从而提高整个管理体系的运行效率。

2. 治理方式的灵活性

治理是一个多元的过程，它涵盖了各种形式的管理和合作机制。在治理中，既包括正式的制度管理，也包括参与主体之间的民主协商和谈判妥协。正式的制度管理通常是由政府或相关机构制定和执行的法律法规、政策和规章制度。这些规定可以提供明确的框架和准则，对行为进行规范和约束。正式的制度管理在治理过程中具有重要的法律效力，能够确保公平和公正。治理中也经常采取非正式的措施，例如民主协商和谈判妥协，这种方式强调各利益相关方之间的平等参与和共同决策。在民主协商和谈判妥协中，各方可以表达自己的意见和关切，通过平等协商和妥协寻求共识，共同制定适合各方利益的解决方案。治理的多元性使得各种形式的管理措施得以共存，相互补充。正式的制度管理提供稳定的法律框架和秩序，非正式的民主协商和谈判妥协则促进多方的参与和合作，增强治理的灵活性和适应性。在现代社会中，越来越多的问题和挑战需要各方共同参与解决，治理的多元性和灵活性使得各种合作模式和管理机制得以运用，从而更好地适应复杂多变的社会环境。

3. 治理追求效用最大化

治理的核心在于各参与主体之间的互信、互利和相互依存。在复杂多变的社会中，各利益相关方之间经常存在各种矛盾和冲突。持续不断的协调谈判、参与合作，能够化解这些矛盾和冲突，实现各方利益的平衡和满足。在治理中，各参与主体之间的合作是非常重要的，只有相互合作、共同解决问题，才能实现社会发展和公共利益最大化。治理不是简单地由一个中心来指导和控制，而是需要各方共同参与和共同决策。这样的合作模式提高决策的效率和质量，使得治理的包容性和适应性更强。在治理过程中，各参与主体可能存在不同的意见和需求，这是正常的，因为不同的利益相关方有不同的诉求和角度。求同存异，意味着要在寻求共识的基础上尊重和包容意见的差异，通过充分沟通和理解，达成共识，推动治理的进程。治理的目标是实现社会的稳定发展和公共利益的最大化，这需要各参与主体之间建立起长期稳定的合作关系，共同努力解决问题，推动社会进步。在这个过程中，各方需要相互尊重，积极协作，共同构建一个和谐、稳定、繁荣的社会。

综合以上对治理的理解，治理是一种跨主体的协作理念，旨在解决公共领域中具有极强外部性收益的问题。它涉及多种方式和多个利益相关方的参与，以实现效用最大化。

现代产业学院治理涉及到国家逻辑和市场逻辑的博弈均衡。政府作为国家的代表，通常在制定政策、规划产业发展方向等方面发挥主导作用，这体现了国家逻辑。企业则在市场中运作，追求利润最大化和竞争优势，这体现了市场逻辑。然而，在现代产业学院治理中，企业需要在国家逻辑和市场逻辑之间进行平衡，这意味着企业在遵守政府政策的前提下，通过市场机制实现自身发展和利益，同时也为国家的经济发展和产业升级做出贡献。治理的抽象内涵也体现在对各种逻辑的平衡和协调。在现代产业学院中，政府、企业、高等教育机构以及其他利益相关方都有各自的逻辑和目标，治理的任务就是使各方的利益得到有效平衡，共同推动现代产业学院的发展和繁荣。治理的概念涵盖了复杂的多方利益协商和合作，是一个需要在实践中不断优化和调整的过程。通过治理，各参与主体可以在共同的目标下协同合作，解决共同面临的问题，促进资源的有效配置和社会效益的最大化。

企业参与现代产业学院治理在具体操作层面可以理解为，各利益主体在共同遵守制度规范的基础上，通过多方参与、平等协商和权利分配，实现利益的均衡和权益的保障。现代产业学院治理涉及到政府、企业、高等教育机构、科研机构、社会组织等多个利益主体，这些利益主体拥有不同的权益和利益诉求，在治理过程中会产生利益冲突。为了实现治理的目标，各利益主体需要通过意义建构，即理解和形成共识，确立共同的目标和愿景。同时，平等协商是重要的手段，各利益主体可以通过协商交流化解矛盾，找到各方都可以接受的解决方案。另外，权利分配也是必要的，确保各方的权益得到合理保障。在这个过程中，优化现代产业学院治理的组织结构是关键。治理的目标是实现现代产业发展效益的最大化，这就要求治理结构能够充分调动各方的积极性和创造力，推动产业学院的发展和繁荣。在组织结构中，各利益主体的地位和角色应得到平衡，决策和管理机制应具有透明度和高效性，以确保各方的参与和贡献能够得到充分体现。

总的来说，企业参与现代产业学院治理是一个复杂而又具有挑战性的过程，它通过意义建构、平等协商、权利分配，以及优化治理的组织结构，实现各利益主体间的协作与合作，推动现代产业学院高质量发展。

## 二、企业参与治理特征

### （一）融合性特征

企业参与现代产业学院治理体现了产教融合的理念，其特征包括紧密的合作关系、实时的行业信息共享、教学内容与市场需求的匹配、实践教育的强化以及人才培养的协同合作。对于现代产业学院而言，产教融合提升了教育质量，使教学内容与市场需求紧密契合，培养出更符合产业要求的毕业生，提升现代产业学院的竞争力和影响力。对于企业而言，产教融合使其参与现代产业学院治理，解决人才供需失衡的问题，获取具备实际能力和创新能力的人才，推动企业的创新发展和竞争力提升。对于学生而言，产教融合提供了更多与实际工作相关的机会和资源，提升了他们的就业竞争力，为个人的职业发展打下坚实的基础。校企合作关系持续发展将推动产业的发展与创新，为社会经济的可持续发展作出贡献。

### （二）共赢性特征

互利共赢是现代产业学院治理合作关系的重要特征之一。企业参与现代产业学院治理，双方相互支持和促进，形成良性循环，实现共同的发展和创新。对于现代产业学院来说，企业深度参与能够帮助现代产业学院将最新的学术研究成果应用到实践中，使其更好地了解产业的需求和挑战，从而有针对性地开展研究，提供更具创新性和实用性的解决方案。这有助于提升现代产业学院研究水平和教学质量，增强现代产业学院在产业中的影响力。同时，对于企业来说，参与现代产业学院治理也带来了诸多好处。现代产业学院拥有丰富的学术资源和专业知识，帮助企业解决实际问题和挑战，提供专业的咨询和支持。深度参与治理，企业更好地了解行业的前沿技术和趋势，得到创新和发展的动力。互利共赢的合作关系使得现代产业学院和企业形成了紧密的合作共同体，共同推动产业的发展和创新。这种合作关系不仅有助于双方在自身领域的发展，同时也对整个社会和经济的进步产生积极的影响。通过互利共赢的合作，现代产业学院与企业共同促进了产业的繁荣和社会的进步。

（三）综合性特征

企业参与现代产业学院治理的范围非常广泛，涵盖了课程设置、教材编写、实践基地建设、人才培养等多个方面。这种综合性合作关系为现代产业学院和企业带来了许多优势和机会，促进了产教融合的深入发展，进而提升了教育质量和学生素质。通过企业深度参与，现代产业学院更好地了解行业的实际需求和发展趋势，根据市场的变化和行业的需求，调整课程设置和教学内容，使其更加贴近实际应用，培养出更加适应市场需求的高素质人才。企业参与使学生在校期间接触到真实的行业企业情况和实践项目，从而增强他们的实践能力和应用能力，为未来的就业和职业发展打下坚实的基础。同时，企业参与现代产业学院治理也有助于促进产业的发展和创新。通过参与治理，企业获取到具备实际能力和创新能力的人才，满足发展需求。现代产业学院的科研成果和技术成果也通过与企业的合作得以应用和转化，推动产业的发展和创新。因此，企业参与现代产业学院治理是"双赢"，通过共同努力，促进了产教融合，提升了教育质量和学生素质，同时也促进了产业的发展和创新，为社会的可持续发展做出了积极的贡献。

（四）稳定性特征

确保产教融合合作的持续性和稳定性对于现代产业学院和行业企业之间的长期合作非常重要。为了达成这一目标，现代产业学院和企业制定合作协议或合作框架，明确双方的权责和合作目标。合作协议是双方达成的正式文件，其中包含了合作的具体内容、时间周期、责任分工、资源投入、成果分享等方面的内容。这样的协议有助于明确双方的合作意图和目标，确保双方都能遵循协议的规定，保持合作的稳定性。定期沟通和交流也是确保合作持续性的重要手段。双方定期召开会议或进行交流，就合作进展、遇到的问题、合作成果等进行沟通和交流，及时解决合作中的问题，调整合作计划，确保合作的顺利进行。另外，共同制定长期计划也是非常重要的。现代产业学院和企业共同规划未来的合作方向和目标，确定长期发展的规划和策略。通过共同的长期计划，双方能够更好地协调合作步骤和进程，共同推进产教融合，提升教育质量和人才培养效果。

通过合作协议、定期沟通和交流以及共同制定长期计划，现代产业学院和企业之间的合作关系得到稳固和维护，保障了合作的持续性和有效性，为双方的发展带来更多的机遇和优势。

## 第二节 企业参与现代产业治理的理论基础

### 一、企业参与治理理论

现代产业学院治理不仅仅是其内部的事务，还是一个涉及到多个利益相关者的复杂系统。在这个系统中，作为重要的外部利益相关者，企业的参与将会实现现代产业学院的可持续发展、提升教育质量和推动产业转型升级。

（一）协同治理理论

在企业参与现代产业学院治理中，协同治理理论是一种重要的理论框架，促进各利益相关者之间的协同合作和共同治理。协同治理理论强调各方的互动、合作和共享，通过建立协商机制和合作平台，实现各利益相关者之间的资源整合和协调，以提升治理效果和促进可持续发展。协同治理促进现代产业学院的发展、提高教育质量，充分发挥各方的专业优势和资源作用，共同推动现代产业的改革和发展。这种治理模式强调多元主体的参与和合作，有助于形成更加包容、协同、创新的治理格局。协同治理理论在现代产业学院治理中有几个核心观点。一是多元主体的协同合作。协同治理理论强调多元主体之间的协同合作。现代产业学院治理包括政府、高职院校、行业企业、社会组织、学生等多个利益相关者，他们之间的合作和协调对于推动现代产业学院的发展至关重要。通过建立协商、协作和共享的机制，各利益相关者共同参与决策和实施，形成合力，实现治理目标。二是共同决策和共享责任。协同治理理论鼓励各利益相关者共同参与决策过程，并共享治理责任。在现代产业学院治理中，各方应平等参与决策和规划，共同制定治理策略和政策。同时，各利益相关者也应共同承担治理责任，通过合作共享资源和信息，共同解决面临的问题和挑战。三是建立协商和合作机制。协同治理理论倡导建立协商和合作机制，促进各利益相关者之间的沟通和合作，如建立联席会议、工作组、合作项目等平台，为各方提供协商和合作的机会。这些机制使得各利益相关者分享信息、协调行动，形成共同利益和解决方案。

协同治理理论为现代产业学院治理提供了重要的理论指导。它强调多元主体的协同合作、共同决策和共享责任，有助于实现各利益相关者之间的互动和合作，推动治理过程向着协同和共赢发展。协同治理让现代产业学院充分利用各方的资源和优势，共同推动现代产业学院的发展和治理能力的提升。

（二）利益相关者理论

现代产业学院治理中的利益相关者理论是一种重要的理论框架，用于分析和理解各利益主体在治理过程中的角色和相互关系。该理论认为，现代产业学院治理涉及政府、高职院校、行业企业、社会组织、学生等多个利益相关者。这些利益相关者在现代产业学院的决策和实施中具有不同的利益和影响力。利益相关者理论强调以下几个关键观点。一是利益相关者的多元性。现代产业学院治理中涉及的利益相关者种类繁多，拥有不同的利益诉求和权益。政府追求公共利益，高职院校追求教育质量和学生发展，行业企业追求人才培养和就业需求，社会组织关注社会责任和公益事业，学生关注教育质量和个人发展等。利益相关者的多元性决定了治理过程中需要考虑和平衡各方的利益和需求。二是利益相关者的权力和影响力。利益相关者在治理过程中具有不同的权力和影响力。政府作为主要决策者和监管者，具有重要的权力和资源；高职院校作为教育提供者和知识产出者，具有专业知识和学术权威；行业企业作为用人单位和实践合作伙伴，具有就业机会和资源投入的影响力；社会组织作为社会监督者和公益推动者，具有社会声誉和动员能力；学生作为教育的受益者和主体，具有参与和反馈的权利。利益相关者的权力和影响力决定了他们在治理过程中的地位和作用。三是利益相关者的互动和合作。利益相关者之间存在着相互依赖和相互影响折关系。现代产业学院治理需要建立利益相关者之间的合作机制和协商平台，各方达成协调共识，通过互动和合作形成共同利益和合力，推动现代产业治理目标的实现。

利益相关者理论为现代产业学院治理提供了重要的理论支持和指导。它强调多元性、权力和影响力以及互动合作的重要性，有助于解决不同利益相关者之间的冲突，平衡各方的利益，推动现代产业学院治理过程向着协同合作和共赢的方向发展。

### （三）企业社会责任理论

在现代产业学院治理中，企业社会责任（Corporate Social Responsibility，CSR）理论是一个重要的框架，指导企业在经营过程中承担社会责任，推动可持续发展。企业社会责任理论认为，企业应该超越纯粹经济利益追求，主动承担起对社会、环境和利益相关者的责任，以实现经济、社会和环境的可持续发展。企业社会责任理论的目标是通过企业的积极行动，推动社会的可持续发展，增进社会福祉。它认为企业作为社会的一部分，应当在经营活动中承担起社会责任，超越单纯的经济利益追求，促进社会进步和共同繁荣。企业社会责任理论在实践中推动了企业的可持续经营和社会价值创造，对塑造企业形象和品牌竞争力具有重要影响。企业社会责任理论在现代产业学院治理中有几个核心观点。一是综合利益的平衡。企业社会责任理论认为，企业应该平衡经济、社会和环境的利益，并在经营决策中综合考虑各方面的影响。在现代产业学院治理中，高职院校同样需要考虑社会和环境的影响，承担与其地位和资源相适应的社会责任，如关注教育质量、学生发展、人才培养和社会影响等。二是利益相关者的关注。企业社会责任理论强调利益相关者的关注和参与。在现代产业学院治理中，利益相关者包括政府、学生、教职员工、行业企业、社会组织等。院校应该与各利益相关者保持沟通和合作，关注各方的需求，主动回应社会期望，共同促进现代产业学院的发展和社会进步。三是可持续发展的追求。企业社会责任理论强调企业在经营过程中的可持续发展。在现代产业学院治理中，可持续发展的追求包括经济的稳定增长、社会的公平公正、环境的保护和资源的合理利用等。院校应该积极践行可持续发展的理念，将可持续发展纳入现代产业学院的治理战略和目标。

企业社会责任理论为现代产业学院治理提供了重要的理论指导。它强调综合利益的平衡、利益相关者的关注和可持续发展的追求，有助于引导院校在治理过程中承担社会责任，促进现代产业学院的可持续发展和社会价值创造。通过积极践行企业社会责任，现代产业学院在经济、社会和环境的多重利益中实现平衡和协调，提升治理效果和可持续发展水平。

### （四）产权理论

在现代产业学院治理中，产权理论是一种重要的理论框架，用于研究和解决与产权相关的治理问题。产权理论关注的是资源的所有权和控制权，以及它们对于经济行为和组织关系的影响。企业参与现代产业学院的产权理论涉及到产权界定、产权划分、产权保护、产权交易和产权合作等方面，旨在明确各方的权益和责任，并建立合理的资源配置和利益分配机制，推动现代产业学院的健康发展。产权理论在现代产业学院治理中有几个核心观点。一是产权清晰和明确。产权理论认为，在现代产业学院治理中，产权的清晰和明确是促进有效治理的关键。清晰的产权使各利益相关者对于资源和决策的权益得到保护，减少争议和不确定性。在院校中，产权的明确可以涉及教育资源、财务资产、知识产权等方面，确保各方在现代产业学院内的权益得到合理保护。二是产权制度和治理效果。产权理论指出，不同的产权制度对于治理效果会产生不同的影响。在现代产业学院治理中，产权制度的选择和设计对于现代产业学院的运行和发展至关重要。私有产权制度强调个体的所有权和自主权，而公共产权制度强调公共利益和共享资源。根据现代产业学院的特点和目标，选择适合的产权制度能提升治理效果和资源配置的效率。三是产权约束和激励机制。产权理论认为，产权约束和激励机制是影响经济行为和组织关系的重要因素。在现代产业学院治理中，建立健全的产权约束和激励机制能促进其内部的合作与创新，通过明确的责权界定和奖惩机制，激励教职员工更好地履行职责，提升教学质量，促进学生发展。

产权理论为现代产业学院治理提供了重要的分析工具和决策参考。它强调产权的清晰和明确、产权制度的选择和设计以及产权约束和激励机制的建立，这有助于优化现代产业学院的治理结构和资源配置，提升竞争力，发掘潜力。通过运用产权理论，现代产业学院建立了稳定的产权关系，增强治理效果和治理能力，推动自身可持续发展。

（五）组织行为理论

在现代产业学院治理中，组织行为理论是一种重要的理论框架，用于研究和解释组织内部成员的行为、决策和管理方式。它关注个体和组织之间的相互作用以及其对组织绩效和治理效果的影响。组织行为理论在现代产业学院治理中有几个核心观点。一是组织结构与设计。组织行为理论研究组织的结构和设计对于治理效果的影响。在现代产业学院治理中，合理的组织结构和设计促进信息流通，提升决策效率和协作效果。现代产业学院采用扁平化的组织结构，强调团队合作和跨部门协作，以适应快速变化的教育环境。二是领导与管理。组织行为理论研究领导者对于组织成员行为和绩效的影响。在现代产业学院治理中，有效的领导与管理是推动现代产业学院发展和改善治理的关键因素。领

**企业参与治理**
**——现代产业学院建设的必由之路**

导者需要具备明确的愿景和目标,并能够激发教职员工的积极性和创造力。三是员工动机与激励。组织行为理论关注员工动机和激励对于工作表现及绩效的影响。在现代产业学院治理中,适当的激励措施激发教职员工的工作热情和创新能力。现代产业学院通过提供具有竞争力的薪酬福利和职业发展机会来提高工作满意度,激励教职员工积极参与和投入。四是组织文化与价值观。组织行为理论研究组织文化和价值观对于员工行为和组织绩效的影响。现代产业学院治理通过塑造积极的组织文化和价值观来促进团队合作、创新和学习型组织的建设。现代产业学院倡导教职员工之间的互信、公平和合作,并根据现代产业学院的特点和目标塑造特定的组织文化。

组织行为理论为现代产业学院治理提供了分析和指导框架,强调组织结构和设计、领导与管理、员工动机与激励以及组织文化与价值观等因素的重要性,有助于提升治理效果和组织绩效。

企业参与现代产业学院治理的理论基础涵盖了利益相关者理论、协同治理理论、企业社会责任理论和组织行为理论等,但不止于上述理论。这些理论强调了企业与现代产业学院之间的相互关系和互动作用,为建立有效的治理机制和促进教育与产业的良性互动提供了理论支持。企业参与治理,实现资源共享、知识传递、创新合作和共同发展,推动现代产业学院的可持续发展和教育质量的提升。

### 二、参与治理要素构成

现代产业学院内部治理是在多元主体的共建共管共享中进行的,同时也受到外部治理的影响和交互。现代产业学院的内部治理要素包括各种主体(如学校、企业、行业、政府等)、制度(如章程、规章制度等)、文化、经济、政治、社会等条件。这些要素相互作用、相互影响,共同构建现代产业学院的内部治理系统。内部治理与外部治理之间存在着边界,但边界并不是固定的,而是随着治理需求和环境变化而调整的。整体治理的目标就是在考虑内部治理和外部治理的交互作用的基础上,实现整体的协调和发展。现代产业学院内部治理重要的是各种主体之间的合作与协调,建立有效的沟通机制和决策机制,以实现共同目标。同时,内部治理也需要与外部治理进行良好的对接,充分考虑来自政治、经济、社会等方面因素的影响,以保证现代产业学院在整个社会生态系统中的有效运行。

现代产业学院的内部治理主要包括治理主体、内部共同事物及公共空间、治理机制三个方面。这三方面要素构成了现代产业学院内部治理的基础，它们相互作用、相互支撑，共同促进现代产业学院的发展和运行。同时，这些要素也需要与外部治理要素相互配合和互动，以实现现代产业学院的整体治理目标。

（一）治理主体

现代产业学院治理主体，即共建共管共享现代产业学院的各类多元主体。现代产业学院的治理主体涉及到教育链、创新链、人才链和产业链的各个主体，包括学校、企业、行业、政府等。现代产业学院被看作是教育链、创新链、产业链和人才链的合作交叉区域内出现的混合组织，也被称为"中间组织"或"接口组织"。它超越了传统的大学－产业、产业－教育的双链关系，打破了高校和产业之间的边界，实现了知识、教育和产业的有效结合，促进了这四个链条之间的共生共长。

现代产业学院作为一个组织载体，促进了教育、创新和产业的协同发展。它在结成网络状协同创新体系的过程中，保持了各自组织的独立性，同时在功能和职责上相互渗透、重叠和交叉。这种组织形式使得现代产业学院能够更好地协调教育、创新和产业的要求，形成一种紧密的合作关系，实现资源共享、技术创新和人才培养的协同效应。通过整合教育、创新和产业的资源，现代产业学院为学生提供了更加贴近实际、注重实践能力培养的教育环境，为企业提供了创新技术和人才支持，为产业发展提供了智力支持和技术创新的动力，同时也为社会提供了一种能够满足多方需求的综合服务平台。

现代产业学院内部治理涉及到教育链、创新链、人才链和产业链的各个主体的合作和交互。这些主体包括学校、企业、政府以及科研院所等组织机构。学校是现代产业学院的核心组成部分，负责提供教育和培养人才的平台。学校在现代产业学院中扮演着教育链的角色，为学生提供专业知识和技能培训，并培养具备创新能力和实践能力的毕业生。企业是现代产业学院中重要的参与主体，负责提供产业链的支持和资源。企业与现代产业学院合作，可以提供实践机会、行业知识和技术支持，培养学生的实践能力，增加就业机会。政府在现代产业学院的治理中起着重要的作用，负责政策制定、资源配置和监管等。政府的参与为现代产业学院提供政策支持和发展机遇，推动现代产业学院与产业的紧密结合。行业是与现代产业学院密切相关的主体，行业组织和企业联盟等

| 企业参与治理
——现代产业学院建设的必由之路

行业机构与学院合作，提供行业的发展趋势、需求和资源支持，以保持教育内容与行业需求的紧密衔接。这些主体之间的合作与协同是现代产业学院内部治理的重要组成部分。通过教育链、创新链、人才链和产业链的合作交叉，这些主体共同致力于培养优秀人才、促进创新发展、推动产业升级，实现各自的发展目标和共同的利益。

（二）内部共同事务及公共空间

1. 内部共同事务

内部共同事务涵盖了现代产业学院内各种协同育人、技术协同攻关、人员培训、文化传承创新、产业链延伸和高端化等活动。这些共同事务的开展使得现代产业学院各个主体可在共同的平台上进行合作、协商和交流。

协同育人是指学校与企业、行业等合作，共同参与学生的培养过程，通过提供实践机会、项目合作等方式，对学生进行实践能力培养和职业发展支持。技术协同攻关是指现代产业学院与企业、科研院所等合作开展科技创新、工艺创新、产品创新等活动，共同解决技术难题，推动产业的发展和升级。人员培训涵盖了现代产业学院与企业、行业合作开展的社会培训项目，通过培训课程和活动，提升员工的专业素养和技能水平。文化传承创新是指现代产业学院与社会各界合作，共同开展文化传承与创新活动，促进地方文化的传承和发展。产业链延伸和高端化是指现代产业学院与产业各环节的企业合作，推动产业链的延伸和提升，培育高端产业和高附加值产品。在这些共同事务的实施过程中，现代产业学院内的各个主体共同参与协商、决策和管理，形成公共空间，促进各方利益的平衡和协调。这些共同事务和公共空间为各方合作提供了平台，促进了现代产业学院内部的合作与发展。

2. 公共空间

公共空间是指社会成员可以自由批判、商讨公共事务、参与政治活动的场所，不受政府或其他力量的干预。在现代产业学院内部治理中，公共空间起到促进多元主体的共同参与、共同决策和共同管理的作用。

公共空间在教育内外部治理中是一种制度安排，包括制度硬件和制度软件。制度硬件主要指制度的组织形式和机制，例如各主体联席会议制度、定期议事制度、专题议事制度等，这些制度安排为各主体提供了参与决策和讨论的机会。制度软件则涵盖了法律法规和规章制度，这些规范性文件规定了各主体在治理过程中的权限和表达途径，保障了公共空间的开放和公正。经办部门和机构也是公共空间的重要组成部分，它们提供运作机制，肩负执行职责，确保各主体在内部治理中的参与和发言权。建立和完善公共空间使现代产业学院实现多元主体的共治，确保各方的利益平衡和权力均衡。公共空间为各主体提供了平等参与的机会，促进了信息共享、意见交流和决策合作，有效推动了现代产业学院的发展和进步。

（三）治理机制

治理机制是确保内部治理顺利进行的一整套制度规范和机构系统。在现代产业学院治理中，内部治理机制涵盖了学校治理机制、企业治理机制、政府治理机制以及社会治理机制等多个层面。这些治理机制包括激励与约束机制、监督与制衡机制、委托代理机制、职务竞争机制等。激励与约束机制用于激励各主体积极参与合作，并对其行为进行约束，以达到协同目标。监督与制衡机制用于监督各主体的行为，确保其遵守规范，实现公正。委托代理机制则涉及将权力和责任委托给特定机构或个人，以便高效地管理和决策。职务竞争机制促使各主体在内部治理中进行竞争和协作，提高整体治理效能。治理机制的建立和运行需要依靠制度规范和机构系统的支持。这些规范和制度可以涵盖决策程序、管理体系、责任分配、权力配置、信息流动等方面。同时，相应的机构系统，如学校行政机构、企业管理层、政府部门、社会组织等，在内部治理中扮演重要角色，协调各主体的合作与决策。

现代产业学院内部治理是在教育链、创新链、人才链和产业链之间的交叉融合中形成的。这些链条的合作与协同是产业学院成功运行的基础，因此，内部治理体系的优化和治理制度的创新对于现代产业学院的发展至关重要。通过优化内部治理体系和创新治理制度，现代产业学院进一步加强各个主体之间的协作与衔接，提升各链条的互动效果，从而更好地促进知识领域、教育领域和产业领域的结合与共生。这涉及到内部治理结构的调整和优化，决策机制的灵活性和高效性的提升，资源配置和管理的科学性和公正性的确保，以及师资队伍建设、学生管理和科研创新等方面的持续改进。

在治理制度创新的过程中，现代产业学院借鉴和吸收其他成功的治理经验，同时根据自身的特点和需求，创造性地设计适合自身的治理机制和流程。这需要各主体之间的密切合作和有效沟通，共同参与决策和规划的制定，确保治理体系的民主性、透明度和公正性，以实现现代产业学院内部治理的持续改进和发展。

## 第三节　企业参与现代产业治理的现实基础

### 一、企业参与现代产业学院治理的相关政策

（一）国家关于产教融合文件

我国正处在深化改革、促进经济转型升级的关键攻坚期，随着技术的更迭换代，人工智能、大数据以及物联网等新兴产业发展迅速，工业、制造业也在转型升级，人才是技术的载体，是创新的源泉，是社会发展永恒的发动机。然而受体制机制等多种因素影响，人才培养供给侧和产业需求侧在结构、质量、水平上还不能完全适应，产业发展与人才的培育存在脱节与不适配的现象。因此，国家从全局角度出发，要求深化产教融合，促进教育链、人才链与产业链、创新链有机衔接，这也是国家推动教育优先发展、人才引领发展、产业创新发展、经济高质量发展相互贯通、相互协同、相互促进的战略性举措。为落实国家产教融合这一战略性举措，国家各部委出台多项产教融合政策。

1.《关于深化产教融合的若干意见》

2017年12月19日，国务院办公厅发布《关于深化产教融合的若干意见》（国办发〔2017〕95号），提出深化职业教育、高等教育等改革，发挥企业重要主体作用，促进人才培养供给侧和产业需求侧结构要素全方位融合，培养大批高素质创新人才和技术技能人才……用10年左右时间，教育和产业统筹融合、良性互动的发展格局总体形成，需求导向的人才培养模式健全完善，人才教育供给与产业需求重大结构性矛盾基本解决，职业教育、高等教育对经济发展和产业升级的贡献显著增强。

2.《建设产教融合型企业实施办法（试行）》

2019年4月3号，国家发改委发布《建设产教融合型企业实施方法（试行）》（发改社会〔2019〕590号），这是深化产教融合战略中以企业为重点的体现，方法中提出，纳入产教融合型企业建设信息储备库的建设培育企业，省级政府要落实国家支持企业参与举办职业教育的各项优惠政策，实行定期跟踪，跟进服务，确保落地；结合开展产教融合建设试点，在项目审批、购买服务、金融支持、用地政策等方面对建设培育企业给予便利的支持。

3.《国家产教融合建设试点实施方案》

2019年10月9号，国家发改委发布《国家产教融合建设试点实施方案》（发改社会〔2019〕1558号），这是对深化产教融合政策的探索与落实，方案中明确提出，通过5年左右的努力，试点布局建设50个左右产教融合型城市，在试点城市及其所在省域内打造形成一批区域特色鲜明的产教融合型行业，在全国建设培育1万家以上的产教融合型企业，建立产教融合型企业制度和组合式激励政策体系。

4.《职业教育提质培优行动计划（2020—2023年）》

2020年9月3日，国家教育部、发改委、工信部、财政部、人社部等九部门联合发布《职业教育提质培优行动计划（2020—2023年）》（教职成〔2020〕7号），在计划中针对产教融合方面提出，深化职业教育产教融合、校企合作，健全以企业为重要主导、职业学校为重要支撑、产业关键核心技术攻关为中心任务的产教融合创新机制。围绕关键核心技术，推动公共教学资源和实训资源共建共享。支持行业组织积极参与产教融合建设试点项目。

5.《关于推动现代职业教育高质量发展的意见》（2021）

中共中央办公厅、国务院办公厅印发了《关于推动现代职业教育高质量发展的意见》，其中关于产教融合方面的表述有，完善产教融合办学机制，健全多元办学格局。构建政府统筹管理、行业企业积极举办、社会力量深度参与的多元办学格局。健全国有资产评估、产权流转、权益分配、干部人事管理等制度。鼓励上市公司、行业龙头企业举办职业教育，鼓励各类企业依法参与举办职业教育。鼓励职业学校与社会资本合作共建职业教育基础设施、实训基地，共建共享公共实训基地。

6.《中华人民共和国职业教育法》（2022）

第十三届全国人民代表大会常务委员会第三十四次会议修订《中华人民共和国职业教育法》提出，国家大力发展职业教育，推进职业教育改革，提高职业教育质量，增强职业教育适应性，建立健全适应社会主义市场经济和社会发展需要、符合技术技能人才成长规律的职业教育制度体系，为全面建设社会主义现代化国家提供有力人才和技能支撑。

国家政策文件明确企业参与治理的重要性，并提供相关的指导和支持。这些文件包括关于产业学院的发展和合作的具体政策措施，以及企业与现代产业学院之间的合作模式和机制。

企业参与治理
——现代产业学院建设的必由之路

(二) 国家关于现代产业学院的文件

随着产教融合的持续推动,国家陆续出台了一系列有关产业学院的文件,为现代产业学院建设提供了发展方向和保障。

1.《现代产业学院建设指南(试行)》(教高厅函〔2020〕16号)

根据教育部办公厅、工业和信息化部办公厅联合发布的《现代产业学院建设指南(试行)》要求,以区域产业发展急需为牵引,面向行业特色鲜明、与产业联系紧密的高校,重点是应用型高校,建设一批现代产业学院。在此基础上,国家引导高校瞄准与地方经济社会发展的结合点,不断优化专业结构、增强办学活力,探索产业链、创新链、教育链有效衔接机制,建立新型信息、人才、技术与物质资源共享机制,完善产教融合协同育人机制,创新企业兼职教师评聘机制,构建高等教育与产业集群联动发展机制,打造一批融人才培养、科学研究、技术创新、企业服务、学生创业等功能于一体的示范性人才培养实体,为应用型高校建设提供可复制、可推广的新模式。

2.《关于首批现代产业学院申报与建设工作的通知》(教高司函〔2020〕20号)

根据《现代产业学院建设指南(试行)》,按照"分区论证、试点先行、分批启动"的原则,培育建设一批现代产业学院。国家首批计划在"四新"(新工科、新医科、新农科、新文科)领域建设30个左右育人成效显著、区域产业特色鲜明、产学研用联动深入的现代产业学院,对新一代信息技术、机器人、智能制造、航空航天、船舶与海工装备、新能源汽车、生物医药、新材料等领域予以重点支持。教育部将发布《现代产业学院管理办法》,规范现代产业学院建设与运行,每两年开展一次建设绩效评价。

3.《关于推动现代职业教育高质量发展的意见》(国务院公报2021年第30号)

中共中央办公厅、国务院办公厅在印发《关于推动现代职业教育高质量发展的意见》中强调,"丰富职业学校办学形态"。职业学校要积极与优质企业开展双边多边技术协作,共建技术技能创新平台、专业化技术转移机构和大学科技园、科技企业孵化器、众创空间,服务地方中小微企业技术升级和产品研发。推动职业学校在企业设立实习实训基地、企业在职业学校建设培养培训基地。推动校企共建共管产业学院、企业学院,延伸职业学校办学空间。

4.《关于开展第二批现代产业学院建设工作的通知》（教高厅函〔2023〕5号）

教育部办公厅、国家发展改革委办公厅、工业和信息化部办公厅联合发布《关于开展第二批现代产业学院建设工作的通知》，其中明确指出，以国家和区域产业发展急需为牵引，面向行业特色鲜明、与产业联系紧密的高校、重点是地方应用型高校，建设一批现代产业学院，融人才培养、科学研究、技术创新、企业服务、学生创业等功能于一体，造就大批产业需要的高素质应用型、复合型、创新型人才，为提高产业竞争力、汇聚发展新动能提供人才支持和智力支撑。这是继 2021 年首批国家级现代产业学院公布实施以来，又一加快推进现代产业学院建设的重要举措。加快建设现代产业学院，是贯彻落实党的二十大关于教育、科技、人才"三位一体"决策部署的重要体现，是高等教育支撑经济高质量发展的必然要求，也是新工科建设的一项战略布局，是推动高校分类发展、特色发展的重要举措。随着各项政策的颁布，各地迅速行动，现代产业学院迅速崛起，具有省市特色的现代产业学院密集涌现。

上述法律、政策文件为企业参与现代产业学院治理提供了一定法律依据与保障，一定程度上指导着企业参与现代产业学院的治理活动，但是也存在诸多不足与缺失。一是缺乏针对企业参与职业教育的专门立法，目前可能缺乏明确而具体的法律法规来规范企业参与现代产业学院治理的具体角色、职责和权限。这可能导致企业在实践中遇到一些不确定性和困惑。二是政策文件的宏观性和模糊性，一些政策文件可能更多地关注"鼓励"和"支持"企业参与现代产业学院治理，而缺乏具体的操作指南和细节规定。这可能导致企业在实施过程中缺乏明确的指导，难以有效参与治理活动。三是政策执行不完全，尽管政策文件提出了支持和监督企业参与现代产业学院治理的措施，但实际上政府在执行过程中可能存在不完全的作为，导致这些政策难以得到有效落实。这可能削弱了政策的实质性效果，使其变成形式上的规定而非真正的实施措施。

针对这些问题，国家政府需要进一步完善相关法律法规，明确企业参与现代产业学院治理的具体职责和权限。政策文件更加明确地提供具体的操作指南和细节规定，以便企业能够更好地理解和履行其参与治理的角色和义务。同时，政府也需要加强政策的执行和监督，确保政策的实质性落实，以提升企业参与现代产业学院治理的实际效果。

企业参与治理
——现代产业学院建设的必由之路

## 二、企业参与现代产业学院治理的现实需求

现代产业学院治理通过企业的积极参与和合作来实现更加有效的治理，提供与市场需求相适应的职业教育和培训。企业参与现代产业学院治理的现实需求体现了现代产业学院的发展需要、学生的职业能力培养需要以及企业的人才需要。

（一）现代产业学院治理的发展需求

现代产业学院作为职业教育和培训的重要组成部分，必须与时俱进，适应不断变化的产业发展趋势。随着科技的快速进步和产业结构的变革，企业参与现代产业学院治理成为满足这一需求的关键因素。

1. 提供实时的企业动态信息

企业作为产业发展的重要参与者，拥有最前沿的行业信息和趋势分析。通过与企业的深度参与，现代产业学院及时了解到行业企业的最新动态、发展方向以及技术创新，从而根据市场需求对教学内容进行调整和优化。这种深度参与使现代产业学院的教育与培训更贴近实际行业需求，确保所提供的职业教育和培训与行业的发展保持一致。这样的教育和培训更好地培养学生具备行业适应能力和竞争力。企业参与推进现代产业学院在教学内容中融入实际行业案例和问题，使学生能够更加深入地了解行业的运作和挑战，提高解决问题的能力。学生通过与企业的实践合作，参与实际项目和工作，提前积累职业经验，增强职业素养。企业还可为现代产业学院提供实习和就业机会，帮助学生更好地融入行业，找到适合自己发展的岗位。同时，企业专业人员和能工巧匠也可担任现代产业学院的兼职教师或指导教师，为学生提供实践指导和行业导向的教学。

2. 进行市场需求分析

企业了解市场对人才的需求和期望，能够提供准确的职业技能要求。利用与企业合作，现代产业学院深入了解不同岗位所需技能和能力，这使得现代产业学院能够根据市场需求及时调整和优化课程设置，培养出具备所需技能的毕业生。现代产业学院根据企业参与情况，开设与企业需求密切相关的专业课程和培训项目。这些课程和项目可提供精准的职业技能培训，让学生掌握符合市场需求的实际技能。通过这样的培训，学生不仅提高了自己的职业竞争力，还能增加就业机会。现代产业学院组织学生参与实际的行业项目和工作实践，这

样的实践经验让学生更好地了解行业企业的运作和实际工作情况，提升解决问题和应对挑战的能力。学生在实践中还能结识更多的行业专业人士，扩大职业社交网络。企业的专业人员、能工巧匠为学生提供实践指导和行业导向的教学。他们的实际经验和专业知识为学生提供宝贵的指导和建议，帮助学生更好地适应行业要求。

3. 提供职业技能要求

不同企业对职业技能的要求存在差异，企业能够准确指导现代产业学院制定相关课程内容和培训方案。通过与企业的合作，现代产业学院了解到行业企业中的最新技术、工艺和管理方法，并将其融入到教学中。这样能确保学生毕业后具备与市场需求相匹配的职业技能，提高他们的就业竞争力。企业参与现代产业学院治理的实际需求是多方面的，既包括现代产业学院自身的发展需求，也包括学生的职业能力培养需求以及行业企业的人才需求。通过与企业的密切合作，现代产业学院更好地适应产业的发展变化，提供与市场需求相匹配的职业教育和培训，培养具备实践能力和适应能力的高素质人才。这种紧密的产学合作关系不仅能够促进现代产业学院的发展，也能够推动行业的进步和社会的进步。

(二) 学生职业能力培养需求

现代产业学院的目标是为学生提供与就业市场需求相适应的职业教育和培训。企业参与现代产业学院治理为学生提供实践机会、实习岗位和技能培训项目。通过企业参与，学生接触到真实的工作环境和业务操作，培养实践能力、解决问题的能力和团队合作能力，提升就业竞争力。

1. 实践机会和实习岗位

企业参与现代产业学院治理，为学生提供了丰富多样的实践机会和实习岗位，这对于学生的职业发展和实践能力的培养具有重要意义。通过与企业专业人士共事，学生深入了解行业的运作方式、业务流程和职业要求，从而更好地帮助自己投入职场。这种实践经验不仅能够加强学生在课堂学习中所掌握的理论知识，更重要的是让他们在真实工作环境中应用这些知识，提升实践能力和解决问题的能力。在实习过程中，学生将面对真实的工作挑战和任务，需要学以致用，运用所学知识解决实际问题。这种锻炼对于学生的职业成长至关重要。企业参与还有助于学生建立职业网络和社会人脉。在实习过程中，学生将有机会结识各行各业的专业人士，拓展自己的人脉资源，这对于未来的就业和职业发展都有着积极的影响。

### 2. 技能培训项目

企业参与现代产业学院治理，提供专业技能培训项目，这对学生的职业发展非常重要。这些技能培训项目针对行业中的具体职业技能，为学生提供深入的培训，使他们能够掌握实际操作和解决问题的能力。对于某些技术性职业，学生接受专业的技术培训，学习相关的操作技能和工艺知识。这样的培训让学生能够更好地适应就业市场的需求，提升就业竞争力。企业参与技能培训，保持现代产业学院与企业之间的紧密联系。企业了解行业的最新发展和技术趋势，能够及时更新培训内容，确保学生学到的知识和技能是最为实用和有效的。同时，学生在接受技能培训的过程中，也有机会接触到行业的前沿技术和工作流程，为将来的职业发展奠定坚实基础。

### 3. 实际问题解决能力

企业参与治理为学生提供了宝贵的机会，让他们面对真实世界中的挑战和问题。这样的实践经验不仅有助于学生应用所学的知识和技能，还培养了他们解决实际问题的能力。在与企业合作的过程中，学生必须面对行业中的实际问题和需求。他们需要分析和理解问题的本质，运用所学的理论知识和技术，提出有效的解决方案。这种实践能够锻炼学生的思维分析能力和创新能力，让他们能够灵活应对复杂多变的情况。与企业合作也能够培养学生的团队合作和沟通能力。在解决实际问题的过程中，学生通常需要与团队成员合作，共同完成任务。这样的合作经验有助于学生学会倾听他人的意见，有效地进行沟通和协调，增强团队合作的能力。通过解决实际问题的实践经验，学生能够更好地理解自己的专业知识在实际工作中的应用，提升他们对职业的认识和适应能力。这不仅对他们个人的职业发展有益，也使他们成为满足行业需求的优秀人才。因此，与企业的合作是现代产业学院的重要特色之一，它有助于学生全面提升职业素养，更好地适应未来职场的挑战。

### 4. 团队合作能力

企业参与现代产业学院治理为学生提供丰富的团队合作机会，促进他们的团队合作能力的培养。在实践项目和实习岗位中，学生通常需要与团队成员紧密合作，共同完成任务和项目。这样的团队合作经验能够让学生深刻认识到团队协作的重要性，理解每个团队成员的角色和职责，学会相互支持和协调，共同完成既定目标。通过企业参与，学生能够体验到真实的工作环境，了解职场中的团队合作是多么关键。在团队合作中，学生不仅需要与不同背景和专业的人合作，还需要在时间紧迫、任务繁重的情况下高效协作。这样的经验能够培养学生的沟通能力、协调能力和解决问题的能力，让他们在团队中更加融洽地合作，并取得良好的团队绩效。团队合作能力在职业生涯中非常重要，无论是在企业、组织还是其他工作场所，团队合作都是日常工作中不可或缺的一部分。通过企业参与治理的实践，学生提前培养良好的团队合作习惯和技巧，为未来的职业发展奠定坚实基础。

因此，企业参与现代产业学院治理，为学生提供团队合作机会，有助于培养他们的团队合作意识和能力，使他们在职场中能够更好地适应团队合作的要求，成为富有职业素养的优秀人才。

### （三）行业企业的人才需求

行业企业作为就业市场的主体，对于能够适应市场的人才具有强烈需求。通过参与现代产业学院治理，行业企业与现代产业学院建立紧密的联系和合作关系，提前发现人才，进行人才培养和选拔。行业企业参与制定课程标准、教学大纲和考核机制，确保学生的培养方向与行业需求相匹配。行业企业还可提供实际案例、职业导师和职业规划指导，帮助学生更好地了解行业的就业机会和发展前景。

#### 1. 提前发现人才和培养

行业企业与现代产业学院的合作帮助企业提前发现具有潜力和适应能力的人才，确保学生的培养方向与行业需求相匹配，从而提高用人单位的效率和竞争力。通过参与制定课程标准、教学大纲和考核机制，行业企业保证学生接受的培养与实际行业需求紧密相连。这种紧密对接使学生在校期间就接触到真实的工作场景和业务操作成为具备所需技能和知识的毕业生。学生毕业后能够迅速适应行业的要求，减少用人单位后续的培训成本，缩减适应期，提高工作效率。此种合作对行业企业来说也非常有益。通过与现代产业学院合作，企业参与人才培养的过程，深入了解学生的学习和发展情况，发现具有潜力的人才并提前进行人才储备。这种合作模式为企业提供了一个直接了解学生能力和素质的平台，有助于准确匹配合适的人才岗位，提升用人精准度，从而提高企业的竞争力。

#### 2. 提供实际案例和职业导师

行业企业在现代产业学院中扮演着非常重要的角色。它通过为学生提供实

企业参与治理
——现代产业学院建设的必由之路

际案例和真实的业务场景,帮助学生将理论知识应用到实际工作中,使学生能够更好地理解行业的运作方式,提高解决实际问题的能力。这种实践经验对于学生的职业发展非常有帮助,他们能够提前熟悉行业工作环境,并具备在真实工作场景中运用所学知识和技能的能力。行业企业能工巧匠等专业人士还担任职业导师的角色,为学生提供指导和支持。作为导师,他们分享自己的职业经验和知识,帮助学生规划职业发展路径,了解行业的就业机会和发展前景。导师的指导和支持,不仅帮助学生更好地了解行业的需求和要求,还能够提供有价值的职业指导,帮助学生做出更明智的职业选择。通过行业企业在现代产业学院的参与和支持,学生能进行更全面、更实际的职业准备,提高他们在职业市场上的竞争力。这种紧密的校企合作也有助于现代产业学院更好地了解行业的发展趋势和需求,及时调整教育培养计划,确保学生培养方向与行业需求相匹配。行业企业与现代产业学院的合作,为学生和企业双方提供了一个共赢的机会,推动产教融合的深入发展,促进了区域产业的升级和发展。

3. 提供职业规划指导

行业企业参与现代产业学院治理为学生提供了宝贵的职业规划指导。通过与行业企业的合作,学生更深入地了解行业的就业市场和职业发展路径。行业企业作为行业内的权威,分享最新的行业趋势、技能要求和职业发展机会,帮助学生了解不同职业的特点和要求,让他们对未来的职业发展有更清晰的认知。这种指导和支持有助于学生制定个人职业规划和目标。了解行业企业的需求和趋势,学生更好地规划自己的职业发展方向,选择与个人兴趣和能力相符的职业。行业企业还为学生提供实际的就业机会和实习岗位,使他们有机会在真实的工作环境中实践和锻炼,提高就业的针对性和成功率。这种职业规划指导的好处是双向的。对于学生来说,他们获得更准确的职业信息和机会,增加就业的竞争力。而对于行业企业来说,他们获得更适合自身需求的人才,从而实现人才与岗位的更好匹配,提高员工的稳定性和绩效。因此,行业企业参与现代产业学院治理,不仅帮助学生更好地适应职业市场,也有助于促进产教融合,推动现代产业学院不断发展。

(四)教师和管理人员的专业发展需求

企业参与现代产业学院治理提升现代产业学院的教师和管理人员的专业素养和实践能力。企业派出专业人士担任兼职教师,分享最新的行业知识和实践经验。通过企业参与,教师和管理人员了解最新的教育理念、教学方法和教材资源，不断提升自己的教学能力和管理水平，为学生提供更好的教育和培训服务。

1. 兼职教师的角色

企业派出专业人士充当兼职教师，是现代产业学院与行业合作的重要方式之一。这种教学模式将现代产业学院教学与行业最新的知识和实践经验相结合，为学生提供更为丰富和真实的学习体验。行业专家、资深从业人员或企业管理者担任兼职教师，他们带着自己的实践经验和专业知识走进课堂，为学生讲解真实的案例，指导实际操作。这样的教学方式能够让学生更好地了解行业的运作方式、业务流程和职业要求，提升他们的实践能力和专业素养。兼职教师的参与也有助于搭建产教融合的桥梁，促进现代产业学院与行业企业之间的紧密联系。他们向现代产业学院提供行业最新的发展动态和技术知识，帮助现代产业学院调整和优化课程设置，确保学生学到的内容与行业需求相匹配。对于企业来说，派出专业人士担任兼职教师也是一种人才培养和人才吸引的方式。通过参与教学，企业专业人士与优秀学生进行接触，发现和培养具有潜力的人才，并为自己的企业储备优秀人才。

2. 最新教育理念和教学方法

企业参与治理为教师和管理人员提供了一个了解最新教育理念、教学方法和教材资源的重要途径。企业通常密切关注行业发展的趋势和变化，他们对人才的需求和培养方向有着更为深入的了解，因此与他们的交流合作对教师和管理人员的教学思路和方法更新至关重要。通过企业参与，教师和管理人员了解行业企业最新的技术、工艺和业务流程，以及行业内最新的发展趋势。这些信息和知识帮助教师更好地调整和优化教学内容，确保教学与实际工作紧密结合，培养学生所需的实际技能。企业往往拥有丰富的教材资源和实践案例，为教师提供丰富多样的教材和教学资源。这些教材和案例不仅用于教学，还作为学生实践和学习的参考资料，帮助他们更好地理解课程内容和应用所学知识。通过企业参与，教师和管理人员还能够接触到先进的教育理念和教学方法。企业通常会关注和应用最新的教育技术和教学手段，他们的经验和实践为教师提供借鉴和参考，帮助他们改进教学方法，呈现良好的教学效果。

3. 教师和管理人员的专业发展

企业参与能够促进教师和管理人员的专业发展。在企业参与治理过程中，教师和管理人员将有机会接触到行业最新的发展动态、技术趋势和市场需求。

他们通过与企业专业人士的交流和合作，深入了解企业内最新的技术、工艺和业务要求，更新自己的专业知识和技能。这种专业发展不仅有助于教师和管理人员更好地理解企业的发展趋势和技术需求，还可以让他们更深入地了解企业的运作方式和业务流程。通过与企业专业人士的合作，教师和管理人员学习到先进的教学方法和教育理念，了解行业内的最佳实践和创新经验。教师和管理人员的专业发展将直接影响到现代产业学院的教育质量和竞争力。随着技术和产业的不断发展，教师和管理人员需要不断更新自己的知识和技能，以确保教学内容与实际需求相匹配，并能够为学生提供最新的教学资源和实践机会。教师和管理人员的专业发展还能带动现代产业学院的教育改革和创新。他们将行业企业的先进经验和最佳实践引入教学中，推动课程内容的更新和优化，提高教学质量和教学水平。

4. 教学资源和实践机会

企业参与为教师和管理人员提供了丰富的教学资源和实践机会，这对于提升教学质量和教师的实践能力至关重要。企业通常拥有先进的设备、实验室和工作场所，这些资源在现代产业学院内可能很难单独获得。通过企业参与，现代产业学院共享企业资源，为教师和学生提供更好的实践环境。教师利用这些设备和实验室进行实践教学和科研项目，让学生亲身参与实际操作和实验，提高他们的实践能力和动手能力。企业还有实际案例和业务场景供教师使用，这使教学更加贴近实际，帮助学生更好地理解理论知识并应用。针对这些实际案例，学生在课堂上进行解决问题的讨论和实践，培养分析和解决问题的能力。企业参与还为教师提供实践机会，让教师走出课堂，深入行业，与企业专业人士合作，拓宽教师的视野和经验。通过与行业专业人士的交流，教师可以了解行业企业的最新动态和技术要求，更新自己的教学方法和理念，提高教学质量和教学水平。

（五）产学研结合的创新需求

企业参与现代产业学院治理促进产学研结合，推动科技创新和技术进步。通过企业参与，现代产业学院与企业共同开展科研项目、技术创新和成果转化。企业可以提供实际问题和需求，现代产业学院则提供专业知识和研究力量，双方共同合作解决问题，促进技术的应用和推广，提高产业的竞争力和创新能力。

## 1. 科研项目合作

现代产业学院教师和研究人员拥有丰富的专业知识和研究力量，可根据行业企业面临的实际问题和挑战开展科研项目。企业参与治理使现代产业学院能够深入了解行业企业的最新需求和技术前沿，有效对接行业的创新需求，将科研成果应用到实际生产中，推动产业的创新和发展。企业与现代产业学院的科研项目为企业提供解决问题的新思路和技术支持，帮助企业提高竞争力和创新能力。对于现代产业学院来说，企业参与科研项目拓宽现代产业学院的科研领域，提高教师和研究人员的研究水平和学术影响力，增强现代产业学院在产学研方面的综合实力。企业参与科研项目也可促进现代产业学院与企业之间的深度交流与合作，建立起稳固的校企合作关系。通过长期的科研合作，现代产业学院和企业建立起共赢、互信的合作机制，实现资源共享、优势互补，形成紧密的产学研一体化合作格局。

## 2. 技术创新和成果转化

企业参与现代产业学院治理能够促进技术创新和成果转化，进而推动产业的发展和竞争力提升。现代产业学院教师和研究人员通常在各自领域拥有专业的科研能力和技术知识。通过企业参与，现代产业学院了解到实际市场的需求和问题，同时也可获得企业各类资源。这样的合作为科研成果的转化提供了重要的方向和引导，帮助现代产业学院将研究成果转化为实际的技术和产品，以满足市场的需求。企业作为参与方，不仅能够提供市场需求和各类资源，还能为科研成果的推广和应用提供实际的支持。他们参与技术的应用和推广，帮助现代产业学院将科研成果转化为具有商业价值的创新产品或解决方案。通过企业参与，现代产业学院更加了解市场的需求和竞争情况，更好地把握技术的应用方向，提高科研成果的转化率和商业化程度。技术创新和成果转化的合作还有助于促进现代产业学院与企业之间的深度交流与合作。通过合作开展技术创新项目，现代产业学院和企业建立起共赢、互信的合作机制，实现资源共享、优势互补，形成紧密的产学研一体化合作格局。这样的合作有助于推动产学研的深度融合，促进技术的应用和产业的创新，实现双方的共同发展和进步。

## 3. 人才培养和交流

企业参与现代产业学院治理促进人才培养和交流，实现现代产业学院与企业之间的紧密联系和有益互动。通过企业参与，现代产业学院了解行业企业对人才的需求和要求，及时调整教学内容和课程设置，以培养更符合市场需求的专业人才。企业作为参与方，通常更了解行业企业的发展趋势和技术需求，它们向现代产业学院提供最新的行业信息和市场需求，帮助现代产业学院调整教学计划和培养方案，确保学生获得的知识和技能更加符合实际用途。现代产业学院与企业建立人才培养和交流机制，为学生提供更多的实践机会、实习岗位和就业机会。通过企业参与，学生参与真实的项目和业务，了解行业企业的运作方式和工作流程。这样的实践经验有助于学生提升职业素养和解决问题的能力，增加他们的实践经验和职业竞争力。此外，现代产业学院与企业之间的人才交流和合作还有助于加强双方之间的合作与互信。现代产业学院为企业提供优秀的毕业生，满足他们的用人需求；企业为现代产业学院提供实践基地、技术支持和就业机会，促进学生就业和发展。校企双方建立起共赢的合作关系，实现资源共享和优势互补，进一步推动产学研的深度融合和共同发展。

4. 知识产权和技术转让

企业参与现代产业学院治理促进知识产权的保护和技术转让，实现科研成果的商业化和产业化。现代产业学院教师和研究人员在科研过程中产生的知识和技术成果具有重要的商业价值和创新意义。通过企业参与，这些成果能够得到更好的保护和应用。企业通常对技术的需求和应用有着深刻的了解，它们为教师和研究人员提供市场导向的建议，帮助他们调整研究方向和目标，使科研成果更符合实际应用需求。企业与现代产业学院签订技术转让协议，获得相关的知识产权和创新成果的使用权。这样的合作有助于激励教师和研究人员进行更多的创新研究，加大科研投入和创新力度。通过技术转让，现代产业学院获得一定的技术转让费用和知识产权收益，进一步提升现代产业学院的研究和教学水平。企业参与现代产业学院治理还可促进科研成果的快速转化和推广。企业作为技术应用的主体，更好地将科研成果转化为实际的产品和服务，并推广到市场中。企业参与治理，推动现代产业学院将科研成果更好地造福于社会，为区域产业发展和经济增长做出贡献。

# 运行篇

中篇

# 第三章　企业参与现代产业学院治理的资源依赖、权利诉求与组织结构

## 第一节　企业参与现代产业学院治理的资源依赖与主体权利诉求

**一、企业参与现代产业学院治理的资源依赖**

(一) 生存之源：政府依赖

现代产业学院通常涉及高等院校与多元主体的联合合作，旨在推进产教深度融合。在这一重要的"国家行动"中，政府发挥着引领和推动的作用。现代产业学院对政府有着两个基础方面的依赖，即政策资源和财政资源，这是其生存和发展的基石。政府提供政策资源和财政资源，为现代产业学院的发展创造良好的环境和条件，并推动产教融合的深入发展。

1. 对政策资源的依赖

现代产业学院建设和发展已经超越了传统院校和校企合作的局限，它演化成为一个实体组织，具有跨界复合性。为了推动现代产业学院建设和运行，政府颁布了相应的优惠政策，这些政策资源为现代产业学院提供了建设方向和支持，帮助其确立合法的地位并发挥其作用。对政策资源的依赖性体现了政府具有公共权力和权威性，这是现代产业学院取得合法地位的基础。政策资源涉及政策鼓励、奖励政策、减免税收、项目申报支持等。这些政策的制定能够激发企业参与现代产业学院治理的热情，提供有力的支持和发展环境。政府通过制定相关政策，为企业参与现代产业学院治理提供法律和制度框架，使其能够合法地开展业务。

2. 对财政资源的依赖

作为一个职业教育实体，现代产业学院融合了人才培养、技术研发、技能培训和生产服务等方面，其发展离不开经济运作。我国职业教育财政制度明显表现出政府控制的特征。我国社会力量办学在职业教育领域的活力尚未充分释放，而公共财政在职业教育的投入占比较高，因此，政府成为职业教育经费的重要来源，尤其是对于新建的现代产业学院来说，其高额的运营成本更多地依赖于政府的拨款。

（二）发展之源：企业依赖

根据《现代产业学院建设指南》，现代产业学院需要突破传统的路径依赖，充分发挥产业优势，企业资源为现代产业学院发展提供了重要的支持和推动力。企业参与治理与现代产业学院建设是互惠互利的，这种参与将会实现教育与产业的良性互动，提升职业教育人才培养质量，推进产业发展与繁荣。

1. 对企业实训环境的依赖

现代产业学院致力于构建"情境交融"的教育环境，打破"情境无关"的限制。为实现这一目标，现代产业学院吸纳并利用企业的先进技术理念和生产条件等资源，营造集生产和服务流程为一体的实训环境，实现与市场的紧密对接，并提供给学生真实的职场体验。同时，教师的挂职工作和实践培训等活动也需要依赖企业提供的实训环境。通过企业提供的实训环境，学生能够更好地将理论知识应用于实际操作中，提高他们的实践能力和解决问题能力。教师们也能通过与企业的实际合作交流，获得行业企业最新动态和实践经验，从而提升他们的教学水平和职业素养。

2. 对企业技术人才的依赖

目前职业院校教师整体实践教学能力相对薄弱，而企业中的技术人员和管理人员则具备丰富的创新理念和实践技巧，与以理论知识为主的职校教师形成优势互补。因此，现代产业学院建设需要引入企业骨干和管理人员，完善师资结构，充分发挥他们的优势，弥补理论教学和实践教学之间的割裂，推动专业群适应性的发展。通过与企业技术人员的互动和合作，院校教师能够获得实践经验和技能，提高他们的实践教学能力。企业教师参与能够增加实践案例的丰富性，使教学内容更贴近实际需求。我国政府建设现代产业学院时，强调校企师资双向流动和产业导师引入等措施，以建设高水平的教师队伍。这些措施赋予了企业教师更多权利和责任，进一步加强了现代产业学院与企业技术人员之间的依赖关系。

(三)价值之源:院校依赖

1. 对院校专业资源的依赖

现代产业学院通常是由二级学院与企业联合组建的,而这些二级学院往往拥有具有优势的专业群。现代产业学院对地方院校专业群是非常依赖的。通过与地方高校专业群的合作,现代产业学院将区域经济发展与职业院校进行联系,避免同质化,使职业教育更加适应当地的经济发展需求。地方职业院校专业群在某一领域或行业拥有较强的优势,它通过与企业的联合来组建现代产业学院,将院校人才培养与当地的产业发展紧密结合起来。

通过企业深度参与,现代产业学院提供与当地产业需求相匹配的专业课程和实践培训,为学生带来更实用的职业教育。

2. 对职业院校象征资本的依赖

职业院校作为一种教育身份地位和社会声誉的象征资本,在长期的积累中不断合法化,并以一种无形但强大的力量发挥着巨大的作用。其中,"质量"和"品牌"是职业院校象征资本的代名词。优质的办学质量和强大的品牌效应是职业院校获得资本认可和社会声望的重要标志。在企业参与现代产业学院治理中,现代产业学院对职业院校的依赖主要体现在,品牌职业院校成为现代产业学院建设的主力军,拥有较高的知名度和良好的声誉,能吸引更多的优质资金、卓越师资和优秀生源。现代产业学院能够借助职业院校的品牌效应,树立起自身的声誉和认可度,从而实现更大的发展空间。品牌职业院校建设现代产业学院,能够享受丰富的办学经验和资源,提升教学质量和专业水平,吸引更多的学生和企业的认可。同时,职业院校的品牌效应也为现代产业学院的毕业生提供了更好的就业保障,增加了现代产业学院的社会影响力。

## 二、企业参与现代产业学院治理的主体诉求

(一)管理视角:政府权力资源诉求

作为具有公益性的国家政策,现代产业学院建设得到了政府的大力支持。政府在现代产业学院的组建过程中不仅担任管理者和监督者的角色,还为现代产业学院提供政策支持和资金投入。这种支持是为了维护社会和谐,推动经济发展,并满足人们对高质量教育的需求。现代产业学院也有责任进行科技创新和高素质技术人才培养,以适应时代的发展需求。因此,政府的资源支持与现

**企业参与治理**
**——现代产业学院建设的必由之路**

代产业学院的职责相辅相成,共同促进社会经济的稳定发展。

1. 对培养技能人才的诉求

在现今社会,高质量的技能人才对于推动经济发展和社会进步至关重要。因此,现代产业学院作为培养并储备技术技能人才的教育机构,其发展逻辑自然而然地与社会对技能人才的需求紧密相连。国家对现代产业学院寄予厚望,期望其能培养出适应现代产业发展需求并具备高素质的技能人才。现代产业学院在积极适应技能需求的同时,也积极响应国家的号召,与产业紧密合作,了解和追踪产业发展趋势,为学生提供与产业需求相符合的教育和培训。

2. 对职业教育适应性的诉求

传统的组织架构在当前快速变化的经济和产业环境中已经显得不适应。为了更好地面对挑战和机遇,政府决定建立现代产业学院,通过融合企业等不同组织的资源优势来实现协同发展。政府作为主导者提供政策支持和资金投入,企业提供实践环境和市场需求,院校提供专业知识和教育资源,共同构建一个协同发展的平台。现代产业学院不仅能准确识变,也能够应变和求变。它紧密关注经济发展和产业变革的趋势,及时调整和优化教学内容和方法。

通过与企业的合作与交流,现代产业学院能够更好地了解市场需求,为学生提供实践机会和就业指导,培养出更加符合产业要求的人才。

(二)投资视角:企业权利资源诉求

现代产业学院具备独特的产业属性,特指其与企业间的合作。产业是市场经济的体现,反映在企业的组织结构中。因此,现代产业学院的建设被视为一种经济行为,其目标是追求经济利益和效益的最大化。现代产业学院的建设离不开企业提供的专业人才、技术资金和实习环境等资源,这种资源依赖说明企业对现代产业学院的价值投入有对等价值的回报,即获得了专业人才和专业知识。这种关系确保了双方的互利共赢,推动了现代产业学院的发展,满足了企业的需求。

1. 对专业人才的诉求

现代产业学院的专属性在于为企业提供不可替代的特色专业人才。这种独特性使得现代产业学院能够在一定程度上解决企业的后顾之忧。企业真正需要的是那些具备特殊专业技能和知识的人才,这些人才在行业中具有独特的优势和竞争力。现代产业学院通过针对性的专业培训和实践环境的提供,培养出满足企业需求的特色专业人才。这些人才不仅具备扎实的专业知识和技能,还能够适应市场的变化，迅速应对挑战。

2. 对技术创新的诉求

企业对技术创新的需求与其投入的技术资源密不可分，这构成了现代产业学院的技术底线。现代产业学院面对企业的技术需求，肩负着推动产教深度融合的任务，消除校企合作中产生的阻碍，打破产教合作中"合而不深"的困境。现代企业对技术创新的诉求非常强烈，而且愿意投入大量技术资源来满足这一诉求。现代产业学院的使命是促进产业和教育的深度融合，通过企业参与治理，建立行业企业导向的课程和实践项目，使学生能够掌握最新的技术和应用。现代产业学院还要解决校企合作中常见的"壁炉现象"，即校内教学与企业实际需求之间的脱节。通过企业深度参与与融合，现代产业学院能够更好地了解企业的技术诉求，调整教学内容和培养方案，确保学生掌握的技能能够与企业的技术要求相适应。

（三）主体视角：院校权利资源诉求

1. 对高质量毕业生的诉求

市场就像是一座决胜的擂台，对于职业院校而言，在这个擂台上取胜并不容易，它需要确保毕业生的质量，以在激烈的竞争中不被淘汰，这是职业院校持续发展的关键。虽然产业属性是现代产业学院的独特特点，但教育属性才是其本质属性。现代产业学院的核心动力和使命在于培养高质量的毕业生，为学生的发展提供服务。尽管产业属性的重要性不容忽视，但它并不等同于企业属性。产业属性使得现代产业学院能够提高整个行业的生产率，而企业属性则是提升个别企业的生产率。因此，现代产业学院更应服务于学生的发展，确保毕业生具备丰富的技能和知识，这是职业院校的权利诉求，也是现代产业学院的应尽义务。

2. 对提升办学实力的诉求

现代产业学院需要依赖优质职业院校提供一流的专业教育，而职业院校则需要借助现代产业学院独特的产业属性和技术属性提升自身的办学实力，积攒资本。建设现代产业学院意味着职业院校与政府、行业企业实现跨界合作，打破界限，构建社会创新的桥梁。

对于职业院校来说，学校的实力是市场化的信誉和质量表现。通过品牌化的办学实力，职业院校吸引更多优质的投资、师资和生源，积累有形和无形的资产，助力振兴和发展。这种跨界联通和创生融合对现代产业学院和职业院校

企业参与治理
——现代产业学院建设的必由之路

而言都具有重要意义。现代产业学院能够借助职业院校优质的专业教育资源实现自身发展和壮大，职业院校则能通过建设现代产业学院，提升办学实力，扩大影响力，提供更好的教育质量和职业发展机会。

## 第二节 企业参与现代产业学院治理的结构

### 一、企业参与治理的总体组织架构

构建现代产业学院的治理结构是为了确保现代产业学院的高效运作和持续发展。其中，"党委和董事会领导下的职业经理人负责制"和"党委领导、董事会决策、监事会监督、职业经理人负责、专家治学、民主参与"是一种科学合理的治理模式。在这种模式下，现代产业学院决策和管理体系得以形成，各治理主体之间形成有效的协调与合作，为现代产业学院的发展提供有力保障。

（一）党委和董事会是现代产业学院治理结构的核心

党委作为现代产业学院的最高领导机构，负责确立现代产业学院的发展方向和目标，制定现代产业学院的战略规划，并监督其实施。党委在治理中发挥着统一领导、协调推进的作用，保障现代产业学院的正确政治方向和办学宗旨。董事会则是代表现代产业学院的股东会，负责制定日常经营管理策略。董事会根据现代产业学院的发展战略和目标，制定经营计划，监督和评估现代产业学院的经营状况，确保经营运作符合法律法规和市场需求。董事会在决策中注重现代产业学院的可持续发展和效益，保障其长期利益。党委和董事会之间形成密切的配合与协作关系，相互支持，协同工作，共同推动现代产业学院的发展。党委负责制定现代产业学院的发展战略和政策，提供指导和支持，确保其办学目标与党的方针政策保持一致。董事会则负责具体的经营管理决策，按照指导方针和党委要求，制定并采取具体的经营策略和措施。党委和董事会之间的协作和配合，能够确保现代产业学院在政治、经济和社会各个方面的发展目标相互适应，实现全面、协调、可持续的发展。

在党委和董事会的领导下，现代产业学院的治理结构能够更好地发挥党的领导作用，充分发挥董事会的决策和管理职能。在这种治理结构下，现代产业学院的决策制定更加科学和民主。党委能够通过领导核心、集体领导等方式，确保决策符合现代产业学院的发展方向和目标；董事会能够通过代表股东会的方式，进行经营决策并监督其执行，保障现代产业学院的经营活动合法、规范、有效。

(二) 职业经理人是现代产业学院的具体管理者和执行者

职业经理人借助专业的管理知识和经验，推动现代产业学院的发展和提升，保障现代产业学院运营的高效、稳定、可持续。在党委和董事会的领导下，职业经理人与其他治理主体紧密合作，共同实现现代产业学院的目标和使命。职业经理人在党委和董事会的领导下，负责制定现代产业学院的日常运营计划和管理策略。他们根据现代产业学院的发展战略和目标，制定具体的工作计划和执行方案，明确各项任务和责任，并将其落实到实际行动中。职业经理人应具备较高的管理能力和决策能力，能够合理分配资源，优化运营流程，提高现代产业学院的管理效能。

职业经理人负责现代产业学院的教学管理、财务管理、人力资源管理等方面的工作。他们应保证教学质量和教学效果的提升，制定和落实教学计划，加强师资队伍建设，推动教学改革和创新。在财务管理方面，职业经理人应合理规划和使用现代产业学院的财务资源，保障经费的合理运作和使用。同时，他们还要注重人力资源的开发和管理，建立健全的人才选拔、培养和激励机制，吸引和留住优秀的教职员工。职业经理人的任用和考核应该充分考虑其专业能力和素质。现代产业学院应建立科学的选拔机制，确保职业经理人具备所需的管理技能和领导能力。在考核方面，现代产业学院可采取绩效评估和目标考核相结合的方式，定期评估职业经理人的工作表现和贡献，激励其不断提升自身能力和管理水平。

(三) 治学专家是现代产业学院治理结构中学科建设的指导者与影响者

专家治学作为现代产业学院治理结构的重要组成部分，发挥着至关重要的作用。专家学者具有丰富的学术经验和专业知识，他们在学科领域内具有权威性和影响力，能够为现代产业学院提供宝贵的学术指导和建议。现代产业学院邀请相关领域的专家学者参与决策过程，融合学术视角和实践经验，确保决策的科学性和可行性。专家们能够提供独到的见解和专业的分析，为现代产业学院的发展方向、学科设置、课程改革等方面提供重要的参考意见，推动其不断发展。现代产业学院作为职业教育高质量发展的有效载体，需要与行业企业紧密对接，保持学科的前沿性和实践性。邀请相关领域的专家学者参与学科建设和教学改革，能够引入最新的学术理论和实践经验，为现代产业学院的课程设置、教学方法和实训环节提供专业指导，提高教学质量和学生的实际能力。

现代产业学院积极引进一流的学术专家和研究团队，组织学术交流和学术讲座，搭建学术合作平台，推动科研项目的开展和成果的转化。专家学者的参与不仅能够提升现代产业学院的科研水平和学术声誉，也能够培养学生的科研意识和创新能力，为现代产业高质量发展提供智力支持。

（四）监事会、纪委和工会等是现代产业学院治理结构中的监督机构

在现代产业学院治理结构中，设立监督机构是非常重要的。监事会、纪委和工会等机构的存在能够有效地监督和反馈现代产业学院的现代产业治理情况，保障其运作符合法律法规和道德规范。

监事会由独立的监事组成，其职责是对现代产业学院的经营活动进行监督，包括财务管理、资产运营、内部控制等方面。监事会通过审查财务报表、参与重大决策、开展内部审核等方式，确保现代产业学院的经营活动合法合规、透明有序，预防和纠正潜在的违法违规行为。纪委作为现代产业学院内部纪律建设和廉洁行政的监督机构，对于企业参与现代产业学院治理具有重要意义。纪委要加强对干部和教职员工的纪律教育和监督，推动廉洁文化建设，防止腐败和不正之风的滋生，维护现代产业学院风清气正的良好形象。纪委应当依法独立开展调查、审查和问责工作，保证企业参与现代产业学院治理体系健康有序，净化现代产业学院的内部环境，为其可持续发展提供保障。工会作为代表职工利益的机构，也在现代产业学院的治理中发挥着重要的监督作用。工会要积极维护职工在合法权益，关注职工在工作条件、收入待遇、权益保障等方面的问题，并及时听取和反馈职工的意见和建议。工会通过与现代产业学院管理层协商、参与决策和监督等方式，促进公平和谐，维护职工的合法权益，建立和谐的劳动关系。

（五）职工代表大会是现代产业学院治理结构中的民主机构

职工代表大会是职工的代表组织，通过代表职工的利益和意愿，参与现代产业学院的决策制定和事务管理，推动其发展。选举产生的代表，能够充分代表职工的意愿和利益，参与现代产业学院的重大决策和事务管理。职工代表大会为职工提供了一个表达诉求、参与决策的平台，使职工能够直接参与现代产业学院的事务，对其发展和管理提供多元化的意见和建议。职工代表通过参与决策过程，能够提供来自基层的实际经验和反馈，为决策者提供重要的参考和

建议。职工代表能够代表职工群体的利益，关注职工的实际需求，使决策更加贴近实际、科学合理。职工代表大会还有利于增强职工的凝聚力和归属感。通过参与代表大会，职工能够感受到自己的意见和建议被重视和听取，由此增强对现代产业学院的认同感和归属感。职工与现代产业学院紧密联系，为共同的发展目标而努力。

职工代表大会作为现代产业学院治理结构中的民主机构，发挥着重要的作用。它能够保障职工的合法权益，促进决策的科学性和民主性，增强职工的凝聚力。职工代表大会有效运作，实现党委领导、董事会决策、监事会监督、职业经理人负责、专家治学和民主参与等多元治理要素的有机结合，推动现代产业学院的健康发展。

上述监督机构的设立和运作，使现代产业学院的治理更加民主、透明和公正。党委领导、董事会决策、监事会监督、职业经理人负责、专家治学以及职工代表大会等多元治理结构相互协调，相互制约，形成了相对完善的决策－执行－监督－反馈体系。这样的治理体系有助于促进企业参与现代产业学院治理的可持续发展，推动现代产业学院与社会各界的良性互动，为现代产业的发展做出积极贡献。

**二、企业参与治理组织结构的职能**

（一）党委发挥核心领导作用

现代产业学院党委在上级党委的领导下，发挥着重要的领导作用。党委作为现代产业学院的最高政治领导机构，具有决策指导、思想引领和组织领导的职责。首先，党委在政治领导方面发挥作用，始终保证现代产业学院坚持正确的政治方向和办学宗旨。党委要贯彻党的教育方针，引导现代产业学院坚持马克思主义的指导地位，推进社会主义核心价值观的教育贯彻，培养德才兼备的社会主义建设者和接班人。其次，党委在思想领导方面发挥作用，加强思想政治工作，引导师生员工坚定理想信念，加强党性教育和思想道德建设，营造良好的学习和工作氛围。再次，党委在组织领导方面发挥作用，负责组织党内事务，发展党员队伍，组织开展党的群众路线教育实践活动，推动现代产业学院各项工作的开展。党委通过党员的参与，对各类决策事项进行事前审议，参与过程决策，对决策实施过程给予支持，确保决策的科学性和正确性。

通过党委的领导，现代产业学院在发展过程中始终坚持正确的政治方向，

企业参与治理
——现代产业学院建设的必由之路

推动各项事业健康发展，提高现代产业学院的管理水平和治理效能。党委与其他治理机构的协同合作，将促进现代产业学院各项工作的顺利进行，实现其长期发展目标。需要明确的是，党委的全面领导并不是替代领导，它的参与是有限的。在制定现代产业学院章程和相关议事制度时，应明确党委和股东会、董事会及执行层的工作边界，确保各机构在合作中发挥各自的作用，形成有机的治理体系。

（二）股东会行使资本管理职能

现代产业学院不能成为资本的工具，保持正确的办学方向和运行的稳定性至关重要，这需要在治理结构中充分保证现代产业学院在股东会中的话语权，并发挥国有资本的稳定器功能，同时保证党委在股东会中的决策权。首先，要建立健全治理机制和规范的运作程序。确保股东会的决策程序公开、透明、民主，充分听取各方利益相关者的意见和建议。通过制定相关章程和议事规则，明确股东会的职责和权限，保障现代产业学院在决策过程中的合法权益和话语权。其次，要坚持股东会的多元化参与。股东会的成员应该来自于不同背景和利益群体，包括教育部门、行业领域、企事业单位等，以确保多方利益的平衡和协调。在选聘股东会成员时，应注重其在教育领域的经验和专业知识，以及对教育公益性的认同和承诺。再次，股东会应该充分发挥国有资本的稳定器功能。国有资本在现代产业学院中具有重要作用，应该积极参与决策，确保现代产业学院的发展方向与国家发展战略相一致，同时注重长远发展和社会效益，而不仅仅关注短期经济效益。国有资本作为主要股东，应承担社会责任，推动现代产业学院的持续发展，提高教育质量。

党委应该通过参与股东会的方式，对现代产业学院的发展方向和重大决策发挥积极的引领作用。党委成员也可担任股东会的重要职务，以保证党的指导思想贯穿于股东会的决策过程中，维护现代产业学院的办学理念和办学方向的稳定性。

（三）董事会发挥战略决策作用

现代产业学院董事会作为决策主体，在治理结构中扮演着重要的角色。现代产业学院董事会是由股东会选举产生的决策机构。董事会依据法定程序和章程，负责决策现代产业学院的重大经营管理事项。它们对现代产业学院的运营和发展方向做出决策，制定相应的战略和政策，推动现代产业学院的发展。董事会在审议和决策过程中注重决策的合法合规性和风险管理。它们对各项决策进行研判，确保决策符合法律法规，并平衡风险与收益。董事会负责权衡现代产业学院的发展决策与人才培养目标、出资方发展要求、现代产业学院发展战略等方面的契合性和倾向性。

董事会对现代产业学院运营的各项重点工作进行审议和决策。他们关注现代产业学院的战略规划、重大投资、财务决策等重要事项，并保证这些决策的合理性和可行性。董事会通过审议和决策为现代产业学院的发展提供方向和指导。董事会权衡现代产业学院的发展与各方利益之间的契合性和倾向性，考虑现代产业学院的发展方向与人才培养目标、出资方发展要求、现代产业学院发展战略等因素之间的关系，并制定决策，以促进现代产业学院的全面发展。

（四）职业经理人开展专业化运营

职业经理人制度强调以企业为市场主体，重视市场经济的运作规律。引入职业经理人制度能够有效避免现代产业学院管理中的政治干预，更加注重市场需求和竞争力，提升其市场适应能力。职业经理人制度有助于建立健全的公司法人治理结构，明确权责分工，规范决策程序，提高决策效率。职业经理人的专业管理能提升现代产业学院治理的透明度、公正性和效能性。职业经理人制度推动现代产业学院的管理制度和机制创新，这意味着引入先进的管理理念和实践，提高现代产业学院运营的科学性、灵活性和效益性。职业经理人通过市场化运作的手段，能够更好地适应变化的市场环境和产业需求，提升现代产业学院的市场竞争力。职业经理人具备专业知识和管理经验，能够更好地应对市场挑战和机遇，推动现代产业学院持续发展，提高综合竞争力。

通过建立完善的职业经理人制度，现代产业学院能够引入和采用更加市场化的运营机制，这有助于激发现代产业学院的办学活力，促进现代产业学院与产业和市场的紧密结合，更好地满足社会需求，培养优秀人才。

（五）治学专家负责教学与管理

治学专家在现代产业学院的治理结构中扮演着重要角色。他们参与决策制定和学术指导，负责教学管理和教学质量的把关，保证现代产业学院与产业需求紧密对接，提升学术水平和教学质量。他们的专业知识和经验对于现代产业学院的创新发展和人才培养起到关键作用。

在教学管理层面，治学专家在职业经理人的授权下负责现代产业学院的具体教学与管理工作。他们参与制定现代产业学院的学术政策、规划，对重大学术问题进行决策，比如他们可能参与制定现代产业学院的学术发展战略，规划

**企业参与治理**
——现代产业学院建设的必由之路

学科专业的发展方向和布局，制定职称评定标准，以及参与专业设置与建设等决策过程。他们的专业知识和经验能够为现代产业学院提供决策所需的学术支持和建议，确保其发展与学术要求相一致。在教学层面，治学专家负责对现代产业学院的人才培养方案、课程标准、教材和教学资源建设等进行把关。他们参与制定和评审人才培养方案，确保培养目标与产业需求紧密对接，提供专业的学科支持和建议。他们还参与制定课程标准，确保课程的科学性和实用性，促进教学质量的提升，也参与教材的编写和选择，保证教材内容的准确性和适用性。治学专家在教学层面的工作帮助现代产业学院保持教学的高水平，培养符合产业需求的优秀人才。

（六）监督机构发挥监督反馈作用

现代产业学院涉及多方参与办学，因此要充分发挥监督机构的监督与反馈作用。现代产业学院监督机构包括监事会、纪委和工会三个职能部门。这些监督机构的设立和运作，旨在确保现代产业学院的治理活动合法合规、透明公正，并为各方参与办学提供监督和反馈渠道。它们的存在有助于促进现代产业学院的健康发展，维护各方的利益。

监事会是现代产业学院的监察机构，负责监督其财务情况、高级管理人员的职务执行情况，依照章程规定履行监察职责。监事会的成员通常由股东代表和职工代表组成，他们独立于董事会和职业经理人，并不兼任董事或职业经理人职务。监事会通过审计、检查和调查等方式，对现代产业学院的运营情况进行监督，确保现代产业学院的经营活动合法合规、透明公正。纪委是党的纪律检查机关，在现代产业学院中负责监督检查党的章程、方针、政策的具体落实情况，维护党的纪律和党风建设。纪委协助党的风纪建设和反腐败工作，对于出现的问题及时进行调查，根据事件的严重程度采取相应的惩罚措施。纪委的主要职责是确保现代产业学院的管理和决策过程符合党的纪律和要求，维护现代产业学院的团结统一和良好运作。工会作为党和政府联系职工群众的桥梁纽带，在现代产业学院中起着重要的作用。工会的主要任务是代表职工的利益，维护职工的权益，促进建立稳定和谐的劳动关系。工会通过与现代产业学院管理层进行协商和沟通，反映职工的意见和诉求，参与决策过程，加强职工福利和权益的保障，为职工提供相关服务和支持。

（七）职工代表大会维护职工权益

职工代表大会作为现代产业学院实行民主管理的基本形式，在现代产业学院的治理结构中具有重要地位。职工代表大会是职工行使民主管理权利的机构，它涵盖了现代产业学院多元化的职工来源、人员属性和利益群体。职工代表的来源包括学校教师、企业师傅和社会招聘人员，他们具有不同的背景和特点。职工代表的属性也各不相同，包括事业编制、企业编制、人事代理等。利益群体方面，代表学校、代表企业和代表资本方等也呈现多元化。职工代表大会的职能在于代表大多数职工的利益，收集职工的诉求和意见，并通过表达职工意志，对涉及全体教职工利益的决策进行审议。职工代表大会的作用是维护全体职工的合法权益，促进职工之间的沟通与合作，确保他们的权益得到充分保障。通过职工代表大会的参与，现代产业学院能够更好地了解职工的需求，倾听他们的声音，并在决策过程中充分考虑职工的利益。这有助于增强现代产业学院内部的民主意识和参与度，促进其稳定运行和持续发展。

## 第三节 企业参与现代产业学院治理中的角色

### 一、企业参与治理中的角色

在现代产业学院治理中，行业企业扮演着重要的角色。现代产业学院是为满足社会经济、高校可持续发展需求而设立的，其目标是培养适应市场需求的专业人才。而行业企业作为经济发展的主体和用人单位，与现代产业学院密切相关，其参与到现代产业学院治理中可以实现产教融合，推动人才培养与产业发展的有机结合。

（一）适当策略和合作模式的制定者

在现代产业学院治理中，企业的角色定位要根据具体情况和目标来制定。其适当的策略和合作模式包括建立产业顾问委员会或董事会，以及建立长期合作伙伴关系。一是建立产业顾问委员会或董事会。产业顾问委员会或董事会由行业企业的代表和现代产业学院的相关人员组成，旨在促进行业企业与现代产业学院之间的定期交流和合作。该委员会或董事会提供实际的指导和支持，确保教育和培训的内容与行业需求相匹配。它们分享行业的最新趋势和发展，为现代产业学院提供宝贵的意见和反馈。二是建立长期合作伙伴关系。通过与企业建立长期的合作伙伴关系，现代产业学院能够实现更深入、更广泛的合作，

**企业参与治理**
**——现代产业学院建设的必由之路**

共同开展研究项目、人才培养和技术转移等方面的合作。这种合作关系有助于现代产业学院更好地满足就业市场的需求,并提供有针对性的培训。企业为现代产业学院提供资金支持、实验设备、实践基地等实际的资源和机会,从而提升自身教学和研究水平。现代产业学院也为行业企业提供专业的人才培养和科技创新支持,推动产业的发展和创新能力的提升。三是采取其他策略与模式。除了建立产业顾问委员会或董事会和长期合作伙伴关系,还可采取其他策略和合作模式,以适应不同的情况和目标。开展联合研究项目,共同解决行业面临的挑战和问题;建立行业企业的实验室或研发中心,在现代产业学院内进行技术研究和创新;开展师资培训和交流活动,促进现代产业学院教师与行业企业的互动和学习。

二者在建立长期合作伙伴关系时,也需要注意这种合作关系的公正、平等,避免过度依赖某一家企业或行业。合作关系应建立在共同的目标和价值基础上,避免利益冲突和不当行为的发生。双方应拟定条款清晰的合作协议,明确合作的范围、任务和责任,并建立监督和评估机制,确保合作关系的有效运作和质量控制。同时,现代产业学院应保持对其他行业企业的开放性,积极寻求与其他企业的合作机会,实现合作关系的多元性和平衡性。

(二)把握市场需求的观察者

随着社会经济的快速发展和科技的迅猛进步,市场需求在不断变化,对人才的需求也在不断调整。在这种背景下,企业作为经济发展的主体和用人单位,具有更加深入和全面了解市场需求的优势。一是获取市场人才需求信息。企业能够通过市场调研、行业分析和企业内部的需求评估等手段,获取到最新的市场人才需求信息。他们了解企业发展的趋势、技术创新的方向以及人才需求的变化,并将这些信息及时地反馈给现代产业学院。这样,现代产业学院就能够根据市场人才需求的变化进行教学内容的调整和人才培养方案的更新,保障培养出的学生具备符合市场人才需求的专业知识和技能,提高他们的就业竞争力。二是提供市场趋势分析。企业始终关注行业研究机构、咨询公司、市场调研部门等发布的行业报告和研究成果,它们获取行业报告和研究成果相对比较容易,并且会对市场规模、增长率、竞争情况等市场发展的趋势进行分析。通过了解人才市场的动态变化,企业预测未来的发展趋势,从而调整现代产业学院人才培养策略,培养出与市场紧密结合的人才。三是参与职业导向和就业服务。企业了解人才市场的招聘需求和就业环境,为现代产业学院提供就业指导和职业规划的建议。他们提供行业内的就业信息和职业发展的建议，帮助学生了解就业市场的情况，提高他们的就业竞争力。企业还可以组织职业讲座、企业招聘会等活动，为学生提供与行业企业代表面对面交流的机会，促进他们与用人单位的联系和沟通。

（三）实践基地和管理模式的提供者

实践基地是为学生提供实习和实训机会的场所，它是行业企业的实际生产或服务场所，也可以是与行业企业有合作关系的实验室、创新中心等。一是提供实践基地以及实习和实训的机会。通过企业参与，现代产业学院将学生送往行业企业实习，让他们在真实的工作环境中学习和实践所学知识。在实践基地中，学生与专业人士共同工作，了解行业的运作方式、工作流程和企业文化，锻炼实际操作能力和解决问题的能力。实践基地提供了一个重要的平台，让学生将理论知识与实际应用相结合，提高其职业素养和实践能力。二是派出人员来担任兼职教师。通过派遣行业企业技术骨干或业务能手作为兼职教师，将实践经验和理论知识相结合，为学生提供更加实用的教育和培训。兼职教师将自身在行业的实际经验和案例引入教学中，使学生能够更好地理解和应用所学知识。兼职教师还可以分享最新的行业企业动态和发展趋势，帮助学生了解行业的前沿知识和技术。通过企业深度参与，现代产业学院能够创建与实际工作紧密相关的教学模式，提高教学的实用性和针对性。三是参与实践基地的管理和运营。行业企业为现代产业学院提供实践基地的设备、场地和技术支持，确保实践基地的设施和条件符合实际工作需求。行业企业还参与实践基地的规划和管理，与现代产业学院共同制定实践基地的使用规则和管理机制，保证学生能够充分利用实践基地进行学习和实践。

（四）专业技术标准制定、课程设置和教材编写的参与者

一是参与更新教学内容。行业企业拥有丰富的专业知识和实践经验，对行业的技术标准和最佳实践非常了解。他们为现代产业学院提供关于行业发展趋势、技术创新和业务实践等方面的专业知识，帮助现代产业学院更新教学内容，保持与行业前沿的紧密联系。二是参与课程设置和教材编写的过程。通过深度参与治理，现代产业学院可邀请行业专家、企业技术人员等担任兼职教师或顾问，参与到课程设计和教材编写中。行业企业的专业知识和实践经验能够为教学内容的设置和更新提供重要的指导，确保所教授的知识和技能符合行业标准和实际工作需求。三是参与教学方法、人才培养方案调整。行业企业还参

与教学质量评估,提供对学生综合素质和实际能力的评价意见。行业企业了解行业的用人需求和人才标准,对学生在实践能力、职业素养和团队合作等方面进行评价。通过行业企业的评价意见,现代产业学院了解学生的就业竞争力和实际能力,从而及时调整教学方法和培养方案,以便更好地满足行业的需求。四是参与课程设置。行业企业的参与不仅确保教学内容与实际工作需求的匹配,还能够提高学生的就业竞争力和职业发展能力。学生接触到行业的最新知识和实践经验,更好地适应行业的需求和变化,提前了解并掌握行业的技术标准和最佳实践,从而更好地为行业做出贡献。通过企业深度参与治理,现代产业学院邀请行业专家、企业管理者等担任兼职教师或顾问,参与到课程设计和教学计划的制定过程中。行业企业的专业知识和实践经验为教学内容的设置和更新提供重要的指导,确保所教授的知识和技能符合行业标准和市场人才需求。

（五）资金支持和技术支持的供给者

一是提供资金支持。行业企业通过捐赠、赞助等方式向现代产业学院提供资金支持。这些资金可用于更新实验室设备、改善教学设施、提升教师培训质量和发展科研项目等方面。行业企业的资金支持有助于提升现代产业学院的教学和研究水平,改善学习环境,为学生提供更好的学习条件和资源。资金支持还可用于开展产学研合作项目,促进现代产学研合作的深入发展,加强现代产业学院与行业企业之间的紧密联系。二是提供技术支持。行业企业还可提供技术支持,与现代产业学院开展技术合作和科研合作。行业企业通常拥有先进的技术和专业知识,他们与现代产业学院的教师和研究人员合作,共同解决行业发展中的技术难题,推动产业的升级和创新发展。技术支持包括技术咨询、技术培训、共同研发项目等形式,现代产业学院通过与行业企业的紧密合作,促进技术创新和知识传播,提高学生和教师的技术水平和应用能力。通过行业企业的资金支持和技术支持,现代产业学院获得更多的资源和支持,推动现代产业学院的发展。行业企业深度参与不仅提供实践基地、行业信息和市场需求反馈,还为现代产业学院带来资金和技术方面的支持,促进现代产业学院的教学质量、科研能力和产学研合作水平的提高。

（六）企业在产业学院治理中的角色注意事项

尽管行业企业的参与和支持对于现代产业学院的发展至关重要,但也需要确保现代产业学院的独立性和学术自由不受到过多的干扰。现代产业学院应该保持开放和多元的合作关系，同时维护其教育和研究的独立性，以确保学术质量和价值。一是保证现代产业学院的独立性和学术自由。现代产业学院应该保持学术独立性，不受行业企业的过度干扰，以确保教育和研究的学术质量和价值。现代产业学院的课程设计、教学方法和研究方向应该基于学术的需要和原则，而不是单纯受行业企业的影响。现代产业学院需要保持开放和多元的合作关系，与多个行业企业建立合作伙伴关系，避免对单一行业的依赖。二是确保合作关系的公平性和透明性。合作关系应该建立在平等和相互尊重的基础上，避免出现过度依赖某一行业企业的情况。现代产业学院需要制定明确的合作政策和准则，确保合作关系的公正性和透明度，防止利益冲突和不当行为的发生。现代产业学院应积极主动地寻求除行业企业以外的合作机会，与其他学术机构、研究机构和社会组织建立广泛的合作网络，实现合作关系的多元性和平衡性。三是推动学术研究的独立性和学术自由。现代产业学院应鼓励教师进行独立的学术研究，培养学术创新能力和独立思考的精神。现代产业学院应支持教师参与学术会议、发表论文和著作，提升自身的学术声誉和影响力。现代产业学院还应加强学术理论和知识产权的培训和管理，确保学术研究的规范性和诚信性。

**二、企业参与治理结构中的层级关系**

（一）在顶层层级参与治理

在这个层级上，行业企业的高级管理人员或行业协会的代表参与现代产业学院决策和规划，就战略方向、政策制定、资源配置等重要事项进行深入讨论和决策。顶层层级的参与使得行业企业的意见和建议能够直接影响现代产业学院的决策和发展方向。

一是行业企业高级管理人员定期参与现代产业学院的顶层会议。行业企业的代表在现代产业学院的顶层决策中拥有一定的话语权和投票权，他们就现代产业学院的战略方向、发展目标以及重要决策进行深入讨论和建议。通过行业企业在顶层层级的参与，现代产业学院治理充分借鉴行业企业的专业知识和经验，使决策更加科学，具有前瞻性和针对性。二是行业企业在顶层层级的参与能够直接影响现代产业学院的发展方向和政策制定。行业企业高级管理人员通常具有丰富的行业经验和观察力，对行业的趋势和发展具有深入的了解。他们提供关于产业发展的最新信息和专业见解，为现代产业学院的战略规划提供重

企业参与治理
——现代产业学院建设的必由之路

要参考。通过行业企业在顶层层级的参与，现代产业学院能够更好地把握产业发展的机遇和挑战，确保教育教学内容与行业需求相匹配，培养与市场紧密结合的人才。三是顶层层级的参与还能够促进现代产业学院与行业企业之间的紧密合作和资源共享。行业企业在顶层层级参与治理意味着它们愿意与现代产业学院建立长期的合作伙伴关系，共同推进技术转移和项目创新等方面的合作。通过企业参与治理，现代产业学院开展项目研究、实践教学和职业培训等活动，提供学生与实际工作相结合的机会。行业企业参与还为现代产业学院带来更多资金、设备和专业知识等方面的资源支持。

在行业企业参与顶层层级治理时，应确保现代产业学院的独立性和学术自由不受到过多的干扰。现代产业学院应保持开放和多元的合作关系，维护其教育和研究的独立性，确保学术质量和价值。行业企业的参与应该建立在平等、互惠和相互尊重的基础上，充分考虑现代产业学院的核心使命和教育目标。

（二）在中层层级参与治理

在这个层级上，行业企业专业人士和技术专家与现代产业学院教师和研究人员合作开展具体项目和活动。他们参与教学内容的设计和更新，提供实际的案例和经验，为学生提供实践机会和职业指导。中层层级的参与能够促进现代产业学院与行业之间的密切合作，确保教育培训与实际工作需求相匹配。

一是中层层级的参与促进企业深度参与现代产业学院治理。企业的专业人士和技术专家拥有丰富的实践经验和行业知识，在特定领域或行业中具有专业性和权威性。他们与现代产业学院的教师和研究人员合作，共同开展教学项目、实践活动和研究项目。通过密切合作，现代产业学院能够更好地了解行业企业的最新趋势和需求，及时更新教学内容和培训方案，使学生获得与实际工作密切相关的知识和技能。二是中层层级的参与能够丰富教学内容并提供实践机会。行业企业的专业人士和技术专家为课程设计和教学方法提供宝贵的意见和反馈。他们参与教学内容的设计和更新过程，提供实际的案例和经验，使课程更加贴近实际工作需求。行业企业参与还为学生提供实习、项目合作和企业访问等实践机会。通过企业参与，现代产业学院能够培养学生的实践能力、创新精神和职业素养，提升他们在就业市场中的竞争力。三是中层层级的参与也促进教师和研究人员的专业发展。与行业企业的专业人士和技术专家合作开展项目和活动，能帮助教师和研究人员紧跟行业的最新发展动态，提高他们的专业水平和教学能力。行业企业的专业人士和技术专家为教师提供实际案例、技术培训和专业指导，帮助他们更好地理解行业需求，更新教学内容，并将最新的行业标准和实践融入到课程中。

在中层层级的参与中，企业参与现代产业学院治理需要建立参与的桥梁和参与的机制，保证双方的目标和利益能够得到充分的平衡和实现。合作模式包括共同设立实验室或研究中心、签订合作协议或项目合作协议等形式。通过建立长期合作伙伴关系，行业企业和现代产业学院共同开展项目研究、人才培养和技术转移等方面的合作，促进双方的共同发展和进步。

（三）在底层层级参与治理

在这个层级上，行业企业提供实习机会、职业导师指导和行业讲座等形式的支持和合作。他们为学生提供与实际工作相关的经验和机会，帮助他们更好地了解行业需求和就业市场的现状。底层层级的参与能够培养学生的实践能力和职业素养，提升他们的就业竞争力。

一是行业企业为学生提供实习机会。实习是学生将所学知识应用于实际工作环境的重要途径，能够帮助他们获得实际工作经验、培养实践能力、了解行业需求。行业企业参与现代产业学院治理，提供实习岗位，让学生有机会在真实的工作环境中学习和实践，加深他们对行业的理解和适应能力。通过实习，学生能够了解行业的运作方式，学习职场技巧，并建立起与行业企业的联系和人际网络，提高他们的就业竞争力。二是行业企业提供职业导师。职业导师是行业企业中具有丰富经验和专业知识的人士，他们与学生建立起一对一的指导关系，帮助学生规划职业发展，提供职业建议和指导。通过企业参与，现代产业学院邀请行业企业的专业人士担任职业导师，为学生提供实用的职业指导和建议，帮助他们更好地了解行业的就业趋势和需求，为未来的职业发展做好准备。三是行业企业还通过讲座等形式为学生提供与实际工作相关的经验和见解。讲座由行业专家或企业代表来现代产业学院进行讲解和分享，能够让学生了解行业的最新动态、成功案例和经验。通过企业参与，现代产业学院邀请行业企业的代表来校园进行讲座，让学生直接与行业专家互动交流，拓宽他们的视野，增加对行业的认知和理解。

（四）参与层级关系注意事项

企业参与现代产业治理的体系层级关系应该是灵活和多样化的。不同行业、不同现代产业学院可能存在不同的情况和需求，因此具体的层级关系应根据实际情况来确定。企业参与治理应该建立在平等和互惠互利的基础上，避免

企业参与治理
——现代产业学院建设的必由之路

权力过于集中或过度依赖某一方的情况发生。

一是企业参与治理的层级关系应该是灵活的。不同企业和现代产业学院在规模、特点和需求上存在差异，因此在确定层级关系时应考虑到这些差异性。治理结构应该具备灵活性，以适应不同情况和需求的变化。根据实际情况设立不同的治理层级，确保企业参与能够更好地适应现代产业学院的治理需求和发展目标。灵活性还体现在治理层级的调整，以适应外部环境和内部变化。二是企业参与治理的体系层级关系应该是多样化的。不同行业和现代产业学院之间的合作方式和模式各不相同，因此需要多样化的层级关系来满足不同合作需求，根据合作的具体内容和目标，制定不同的层级关系。某些企业在顶层层级参与治理，参与决策和规划，而另一些企业可能更适合在中层或底层层级进行具体项目的合作。多样化的层级关系能更好地满足不同行业企业的参与意愿，实现更广泛的合作和共赢的局面。三是企业参与治理的层级关系应建立在平等和互惠互利的基础上。治理结构应保证各方的权益和利益得到平衡和尊重。企业参与不应导致权力过度集中或过度依赖某一方的情况发生，相反，应鼓励各合作方之间的平等对话、共同决策和资源共享，以实现合作的可持续发展。平等和互惠互利的关系奠定了稳定的合作基础，增强企业与现代产业学院之间的信任和合作意愿。

# 第四章　企业参与现代产业学院治理运行机制

根据《辞海》的解释，机制主要由制度、方法和形式等组成。在社会学中，机制的内涵被理解为在认识事物各个组成部分的基础上，通过协调这些部分之间的关系来更好地发挥作用的具体运行方式。可以看出，机制内涵远远超过了单纯的制度，制度在支撑机制核心要义方面起到重要的作用。制度体现了机制的刚性一面，而方法和形式则展现了机制的灵活性一面。因此，机制具有自组织的特征。

为了确保现代产业学院内部权力在规定的范围内有序、高效运行，现代产业学院采用了将运行机制整合、固化到权力运行全过程中的制度形式。这样能厘清内部权力边界，并确保相关权力按照规定的机制进行运作。现代产业学院应从现实需求和长远发展的角度出发，坚持以问题为导向，构建适合企业参与现代产业学院内部治理的运行机制。这样的机制帮助现代产业学院更好地应对各种挑战，推动其内部治理体系的优化和提升。

企业参与现代产业学院治理的运行机制是为了协调多元主体之间的关系，以便更好地发挥作用，并实现现代产业学院内部治理的自我调节。建立这种运行机制要求现代产业学院在治理活动中引导和制约多元主体的行为，同时体现企业参与现代产业学院治理过程中各个主体之间的相互联系、相互作用和制约关系。科学设计企业参与现代产业学院治理的运行机制有助于协调、有序和高效地进行治理活动，同时增强现代产业学院的内在活力和对外应变能力。这一机制能促进各主体之间的合作与协调，使得企业能够积极参与现代产业学院的决策和管理，提供专业知识和资源支持，共同推动现代产业学院的发展。同时，运行机制的建立还能保证多元主体的行为符合规范和制度，避免权力滥用和不当行为的发生。

现代产业学院治理的运行机制是一个功能体系，旨在推动、调节和制约其内部各主体和要素的正常运转，以实现现代产业学院的发展目标。这一机制涉

**企业参与治理**
**——现代产业学院建设的必由之路**

及决策、计划、组织、控制等管理活动的全过程。为了建立高效的企业参与现代产业学院治理的运行机制,现代产业学院需要合理划分权力、明晰主体的权力边界以及有效调整主体的利益。这意味着需要对现代产业学院的决策体系、领导制度、组织制度、分配制度以及内部调控体系进行调整和改革创新。

在决策体系方面,建立包容性的决策机制,让企业代表有机会参与现代产业学院的决策过程,提供专业意见和建议。在领导制度方面,设立专门的校企合作委员会或工作组,由现代产业学院领导和企业代表组成,共同协调推动校企合作和内部治理的相关事务。在组织制度和分配制度方面,建立激励机制,鼓励企业积极参与现代产业学院治理,并确保资源的合理分配和共享。在内部调控体系方面,建立评估和监督机制,监测企业参与现代产业学院内部治理的实施情况,及时发现问题并进行调整和改进。

## 第一节 企业参与现代产业学院治理的运行机理

### 一、企业参与治理的价值追求

党的十八届三中全会提出"全面深化改革的总目标是完善和发展中国特色社会主义制度,推进国家治理体系和治理能力现代化",这对于职业教育领域的治理体系和治理能力现代化具有重要指导意义。作为职业教育高质量发展的重要载体,现代产业学院应提升自身的治理能力,构筑科学、规范的职业教育治理体系,以实现良好治理和公共利益的最大化。

在政治学领域解读中,治理体系和治理能力强调制度的建设和执行能力的提升。对于现代产业学院而言,制度建设包括建立健全内部管理制度、规章制度和决策机制,确保治理过程的透明、公正和负责,同时需要加强制度执行力,确保制度的有效实施和落地。这涉及到现代产业学院内部各部门之间的协同配合、权责清晰、责任到人等方面的要求。在社会学领域解读中,治理体系和治理能力关注结构与功能的优化。现代产业学院需要建立灵活高效的组织结构,明确职责分工和协作机制,提高决策效率,优化资源配置效果。此外,还需关注现代产业学院的社会功能,即为社会提供优质的职业教育服务,培养适应社会需求的人才,推动产业发展和社会进步。

在治理实践中，国内外专家学者、机构对治理有着不同的表述。我国学者俞可平（2001）提出"合法性、透明性、责任性、法治、回应、有效"六个基本要素；世界银行在2006年发布的"治理评价指标"中将"话语权与问责制、政治稳定、政府效能、规制质量、法治与廉洁"假定为善治要素；德国学者阿伦斯（2011）提出了21世纪有效治理的四个维度——"问责制、可预见性、参与度与透明度"。

企业参与的现代产业学院善治的目标是实现现代产业学院的公共利益最大化。善治的评判标准是根据其对公共利益的贡献程度来衡量的，为了实现这一目标，需要具备合法性、法治性、民主性、合作性、责任性和效能性等要素。

（一）合法性

权力的合法性是保证企业参与现代产业学院治理的正当性和可接受性的基础要素。它主要体现在权力来源的合法性以及权力行使的程序和方式的合法性两个方面。

1. 企业参与现代产业学院治理的权力来源必须具有合法性

企业参与现代产业学院治理权力来源的合法性是确保治理过程合法性和正当性的基础要素。权力的合法性意味着参与治理的权力必须有合法的权威来源，并且得到了相关利益相关方的认可和支持。一是法律和规则性制度赋予企业参与现代产业学院治理的权力。在现代社会中，法律是约束和规范行为的基础，它保证了治理行为的合法性和合规性。法律规定了企业参与现代产业学院治理的权限、责任和义务，为其提供了合法性的依据。企业作为参与治理的主体，应当遵守法律法规的规定，确保自身行为的合法性，同时也为现代产业学院的治理提供了法律保障。二是权力的合法性需要得到企业、政府和广大民众的认可和支持。企业参与现代产业学院治理的权力行使应该获得利益相关方的认可和支持，包括其他企业、政府机构、教育机构以及学生和员工等。只有企业的参与得到广泛认可，利益相关方对其权力行使持肯定态度，才能确保治理过程的合法性和可接受性。三是企业参与现代产业学院治理的权力行使必须符合法律法规的规定。法律法规为企业参与现代产业学院治理提供了具体的规范和指导。企业在行使治理权力时，应当遵循法律法规的规定，按照法定程序进行决策和执行，确保行为的合法性和合规性。同时，企业的权力行使也应当受到监督和制约，确保权力不被滥用或超越合法范围。

2. 企业参与现代产业学院治理权力的行使应具备合法的程序和方式

企业参与现代产业学院治理权力的行使需要具备合法的程序和方式，以保证治理行为的合法性、规范性和公正性。一是企业参与现代产业学院治理的权力行使应建立合适的组织机构。这包括明确各参与方的角色和职责，建立相应的组织架构，确保治理过程的协调和高效性。组织机构应当根据实际情况和治理需要进行设计，确保各方能够合理参与决策和管理，形成有效的决策机制和协作机制。二是企业参与现代产业学院治理的权力行使需要确立适当的决策流程。决策流程应当明确权责和程序，包括信息收集、讨论、决策和执行等环节。决策流程应充分考虑各利益相关方的参与和意见反馈，确保决策的合法性、透明性和民主性。三是企业参与现代产业学院治理的权力行使还应采用合理的技术手段和工具。现代科技的发展为治理提供了更多的技术支持和工具，如信息系统、数据分析和决策支持系统等，提升了治理的效率和准确性。企业在权力行使过程中借助这些技术手段和工具，提高治理的科学性和专业性。四是企业参与现代产业学院治理的权力行使应是透明、公正和有序的。决策和管理过程应当公开透明，各利益相关方应当有平等的参与机会，能够充分了解和表达自己的权益和意见。决策应当根据事实和法律法规进行，公正对待各方利益，避免偏袒或利益冲突。治理过程应当有序进行，遵循相关程序和规则，确保决策的合理性和合法性。

（二）法治性

治理合法性的获得和良好的法律制度的制定与实施是现代产业学院善治的重要因素之一。法治性在狭义上理解为行为符合法律的要求，即合法性的一种狭义解释。然而，在现代社会中，法治性的含义已经超出了狭义的合法性，它涉及到更广泛的法治观念和原则的应用。

1. 善治的法治性要求治理行为必须符合客观事物发展规律和法治精神

在企业参与现代产业学院治理中，重视和强调法治性的重要性，将有助于建立健康、公正和可持续的治理机制，为现代产业学院的发展和各方利益的实现提供稳定的基础。一是合理性，法治性要求治理行为必须基于客观事实和科学规律，而不是主观意志的任意行使。治理决策应当依据充分的研究和分析，采用科学的方法和合理的逻辑推理。这会保证治理的基础是真实、准确和可信的，从而提高了决策的合理性和有效性。二是公正性，法治精神要求治理过程必须遵循公正的原则，平等对待各方利益相关者，避免利益冲突和偏袒。公正性体现在决策的过程中,包括信息公开透明、听取各方意见、公正评估各种利益等方面。法治性保证了决策不偏袒特定个人或团体,而是基于公正的标准和普遍适用的规则。三是可预测性,法治性要求治理过程具有可预测性,即人们能够合理预测权力的行使和结果。法律和规则的明确性和稳定性保证了治理行为的可预测性,使各方能够依法行事、权益受到保护,这为企业和个人提供了稳定的法律环境,促进了经济活动的开展和社会秩序的维护。通过遵循客观规律和法治原则,善治的法治性实现了更好的治理效果。它建立了一种基于公正和合理的权力行使方式,增加了人们对治理的信任和支持,进而推动社会的稳定和可持续发展。同时,法治性也为个人和组织提供了保障,使他们的权益得到合法的保护和维护。

2. 善治的法治性需要制定良好的法律制度并付诸实施

在企业参与现代产业学院的治理中,重视制定良好的法律制度并付诸实施是至关重要的。这将为治理提供明确的法律框架和规范,使治理行为具有合法性和规范性。同时,建立健全的执法机构和监督机制,加强对法律实施的监督和制约,这有助于提高法治的质量和效果。

一是可操作性,良好的法律制度应当具有可操作性,即能够明确规定权力的行使范围、程序和限制。法律应具有明确的条款和规定,以便各方能够理解和遵守。同时,法律应具有适应性和灵活性,能够适应社会发展和变化的需要,以保证其长期有效性。二是透明度,法律制度的透明度是指法律规定和程序公开、清晰易懂。透明度能促进治理过程的公正性和合理性,防止滥用权力和腐败现象的发生。透明的法律制度能够提高人们对治理的信任和参与度,增强社会的凝聚力和稳定性。三是保护权益,良好的法律制度应保护各方的权益,让权力的行使不侵犯他人的合法权益。法律应确立公平竞争的原则,保护个人和组织的合法权益,防止不当的权力滥用和垄断行为的发生。同时,法律制度应设立有效的救济机制,使各方能够依法维护自身的权益。四是实施与执法,法治性的实施需要建立健全的执法机构和监督机制。执法机构应具备专业性、公正性和独立性,能够有效执行法律,追究违法行为的责任。监督机制则能够对执法行为进行监督和评估,确保执法的公正性和合法性。公众参与和舆论监督也是法治实施的重要组成部分,能够增加治理的透明度。制定良好的法律制度并付诸实施,能够保障治理行为的合法性、公正性和可预测性。法律的明确规定和有效实施为行业企业参与现代产业学院的治理提供了明确的指引和保障，有助于建立稳定、公正和可持续的治理机制，实现产业学院的公共利益最大化。

### （三）民主性

民主性的实现对于善治至关重要。通过民主参与和公开透明的治理过程，企业能够发挥在现代产业学院治理中的作用，充分表达自身的利益诉求，遵循多元主体的平等参与原则，使治理决策具有合理性和公正性。民主性的实现还能够增强治理的合法性和可持续性，凝聚各方共识，促进社会的稳定和发展。企业参与现代产业学院治理的民主性主要体现在以下几点。

一是组织形态的民主性。在现代产业学院治理中，企业的民主性尤为重要。企业作为主要的参与者和利益相关方，应在现代产业学院的决策和治理中发挥积极的作用。通过建立民主的参与机制和决策程序，企业表达自身的意见和诉求，共同参与现代产业学院的决策制定和执行，保证治理过程的公正和合理。企业的民主性不仅能够增强现代产业学院的治理合法性和效能，还能促进现代产业学院与行业企业之间的良好合作关系，推动现代产业学院的可持续发展。一方面，它是构成民主化国家的一种组织形式。企业作为独立的经济组织，是社会主义国家中多样化的组织形态之一。企业的存在和发展反映了社会经济的多元化和市场经济的发展。作为组织形式之一，企业的民主性体现了社会各个领域的民主化进程。在社会主义国家中，企业的组织形态符合公民参与和自由选择的原则，体现了社会成员在经济活动中的自主权利和平等地位。另一方面，它是推动国家民主化的重要力量。企业作为独立组织，不仅仅是经济实体，同时也承担着社会责任，反映着公共利益。企业的民主性促进国家的民主化进程。企业通过自身的组织和运作，为成员提供参与决策的机会，促进多元主体的平等参与，推动公民的参与意识和能力的发展。企业的民主化也影响其他领域的组织形态和社会关系，推动整个社会向更加民主化的方向发展。因此，组织形态的民主性是企业作为独立经济组织的重要特征，它既是民主化国家的一种组织形式，也是推动国家民主化进程的重要力量。在现代产业学院治理中，企业的民主性发挥着重要作用，促进了现代产业学院的善治和可持续发展。

二是参与治理权力的民主性。现代产业学院的治理权力应是多元主体平等参与的，而不是由政府独享。行业、企业、职业学校等各主体在职业教育治理中享有平等的参与权力，这符合现代社会的多元化和开放性发展趋势。每个治理主体在现代产业学院治理中都有其独特的角色和功能。企业作为职业教育的用人主体，提供实际的用人需求和培训意见；职业学校则是职业教育的专业机构，提供教学资源和专业能力。尽管各主体在权力和功能上存在差异，但是治理权力应是平等的，不分大小主体，任何主体都有参与和发声的权利。治理权力的平等性意味着各主体在决策过程中都应该被平等对待和尊重，这样的平等性能够促进多元化的意见和利益的充分表达，从而增强治理的合理性和公正性。现代产业学院治理应是基于自由选择的原则，各治理主体有权自主选择是否参与以及如何参与治理。这种自由选择能够确保治理主体对治理过程的投入和责任感，同时也能够促进多元主体间的良好合作与协调。

三是参与过程的民主性。民主协商体现了各治理主体之间的平等对话和合作，通过共同协商解决问题，促进共识的形成，从而实现良好的治理效果。

企业因其对市场的密切关注和敏锐的市场感知能力，成为政府和职业学校的桥梁和纽带。在现代产业学院治理中，企业参与对于保证现代产业治理的市场导向和适应性至关重要。企业提供市场信息和反馈，指导职业教育的发展方向和内容，同时也能够提供实际的用人需求和培训意见，促进职业教育与行业需求的对接。治理过程的民主协商意味着不同利益主体之间的平等参与和共同决策。行业、企业、政府和职业学校等各方通过民主协商，共同解决现代产业学院面临的共同问题和挑战。这种协商过程能够凝聚各方的智慧和力量，确保治理的多元性和包容性，促进各方利益的平衡和共赢。民主是治理主体自由参与现代产业学院治理的原则和行为方式，体现了治理权力的分散化和多元化。通过民主的参与和决策，各主体充分发挥自身的专业知识和经验，促进治理的科学性和有效性。治理过程的公开和透明也是民主性的必然要求。公开和透明的治理过程增强各方对治理决策的信任和理解，提高治理的可信度和合法性。公开透明的信息流通和决策程序，能够使各方能够充分了解和参与，从而促进治理的公正性和合理性。

### （四）合作性

合作性是指多元治理主体之间密切合作、共同管理社会公共事务的能力和意愿。它与民主性密切相关，被看作是民主性的延伸和高级形态。在现代产业学院治理中，企业参与体现了合作性的两个方面。

一是企业与其他治理主体之间形成了密切合作的关系。现代产业学院作为一种跨界教育模式，涉及多个领域的知识和实践，需要不同治理主体之间的密

### 企业参与治理
#### ——现代产业学院建设的必由之路

切合作。企业作为其中的一部分，与其他治理主体（如政府、学校、社会组织等）之间的合作非常重要。通过企业与其他主体的合作，现代产业学院能够更好地满足社会的需求和发展趋势。行业企业密切关注市场，具有丰富的实践经验和行业洞察力，为现代产业学院提供实际问题解决方案、企业动态信息和就业需求等方面的支持和指导。政府和学校等其他治理主体也能够提供必要的资源、政策支持和教育背景，为现代产业学院治理提供保障。这种跨界合作的模式使现代产业学院能够更好地实现"合作办学求发展，合作育人促就业"的目标。不同治理主体之间协同努力，推动现代产业学院更好地培养符合市场需求的人才。企业及其他主体的参与使得现代产业学院从传统的"管理"模式转向了更加多元化和具有合作性的"治理"模式，为现代教育的发展提供了新的动力和方向。

二是现代产业学院治理中出现了一种新的关系，即国家与公民社会、政府与行业协会之间的协作关系。合作性强调各治理主体在现代产业学院治理中的合作和协作，用以共同管理社会公共事务。这种合作关系建立在主体地位的平等性基础上，即各方在治理中承担不同的角色和功能，各自发挥优势，通过协商和合作实现现代产业学院的利益最大化。这种合作关系并不意味着地位的高低差异，而是各治理主体在协商和合作中发挥各自的专长和优势。政府作为主导者和监管者，能够进行政策支持和资源调配；行业协会代表行业利益和专业知识，能够提供实践经验和行业指导；公民社会代表着广大民众的利益和参与需求，能够提供社会反馈和监督。在企业参与现代产业学院治理中，协商是维持合作的有效实现形式。各治理主体通过协商讨论，共同制定决策和解决问题，保证各方的权益得到充分考虑。协商过程中的平等对话和合理诉求的表达，能够增强治理的合法性和可接受性，促进各方的参与并为之共同努力。

（五）责任性

责任性是治理主体在现代产业学院治理中承担自身行为责任的重要态度和要求。治理主体应履行与法定职责相当的职能和义务，使权利和义务具有对等性，否则可能被剥夺参与现代产业学院治理的权力。

一方面，企业参与现代产业学院治理的责任性主要体现在社会责任意识和责任行为方面。企业应通过参与政府教育与培训管理部门的相关法律和政策制定和参与现代产业学院发展规划等方式来承担决策咨询的职能。企业还应通过制定职业标准、职业资格要求以及质量监管等方式来承担管理的职能，为现代产业学院提供技术、信息和平台服务。一是参与决策咨询。企业应积极参与政府教育与培训管理部门的相关法律和政策制定过程，以及教育发展规划的制定过程。通过提供行业的专业知识、经验和建议，企业为决策提供重要的参考，推动现代产业学院的发展与改革。二是制定职业标准和职业资格要求。企业应参与制定与行业相关的职业标准和职业资格要求，保证现代产业学院的培训内容与企业需求相匹配。通过与政府、学校和其他相关方合作，企业提供专业知识和技术要求，为现代产业学院的培训提供准确的指导和依据。三是承担质量监管责任。企业应积极参与现代产业学院的质量监管工作，确保培训质量和标准的有效实施。通过建立监督机制进行评估和审核，企业监督和评价现代产业学院的教学质量、师资水平和学员培养效果，促进现代产业学院的提高和发展。企业承担了在现代产业学院治理中的重要责任，以推动现代产业学院良好运行。企业积极参与和承担责任的行为，有助于实现现代产业学院的利益最大化，促进社会的可持续发展。

另一方面，建立行业协会的问责制度。问责意味着治理主体对自己的行为负责。企业应当被赋予参与现代产业学院治理的责任和义务，当企业未适当履行或未履行职责和义务时，应当受到相应的追究责任和惩戒措施。问责制度能够有效地推动治理主体对自己的行为负责，促使企业履行其参与治理的责任和义务。通过建立问责机制，企业在现代产业学院治理中承担起应有的责任。当企业未适当履行或未履行职责和义务时，问责机制对其追究责任和施加相应的惩戒措施。这有助于防止企业的不当行为或失职行为，保障现代产业学院的良好运行和发展。问责机制也是一种倒逼机制，能够规范多元主体参与现代产业学院治理的行为。它促使企业认真履行自己的责任，加强自律和监督，提高治理的透明度和效能。问责机制也为其他治理主体提供了保障，确保各方能够在现代产业学院治理中公平、公正地参与，共同推动现代产业学院的发展。

第三方面，在现代产业学院的"善治"中，法律和道德的双重手段是针对个人和机构的监管工具。法律规范和道德约束能够促使治理主体履行责任，维护教育的公共利益，并推动现代产业学院的规范发展和社会责任的实现。法律规范是社会行为的基本准则，它通过制定和执行相关法律法规，对现代产业学院的治理主体进行约束和规范。法律规定了职业教育的法定职责、义务和权益，要求治理主体依法履行职责，保障职业教育的公共利益。法律的制定和实施能够确保现代产业学院的规范运行，维护公平竞争，保护消费者权益，维护社会秩序。道德约束则是在法律规范之外的一种重要规范力量。道德是社会共识和行为规范的体现，能够激发治理主体的内在自律和良知，促使其主动承担社会责任。道德要求治理主体在现代产业学院的管理和决策中考虑公共利益，尊重职业道德和职业伦理，以诚信、公正、负责的态度履行职责。道德约束的重要性在于它强调个人和机构应当自觉遵守社会伦理和道德规范，从而推动善治的实现。

（六）效能性

效能是衡量善治目标达成度的重要标准。史蒂芬·柯维将效能定义为产出的能力，即产能。它反映了工作结果的质量和产出能力。在企业参与现代产业学院治理中，效能通常通过三个指标来衡量，即效率、效果和效益（3E）。效率是指在使用有限资源的情况下，完成任务所需的时间、成本和努力的程度。效果是指达到预期目标的程度和质量，包括满足学生需求、提供高质量的教育和培训等方面。效益则是指治理活动带来的社会和经济效益，包括促进就业、提高产业竞争力等。

一方面，效能是考察企业治理结果的首要目标，效率则是其次。彼得·德鲁克在1985年指出了效能和效率之间的区别和关系。效能强调的是做正确的事情，即在达成目标的过程中取得良好的成果。而效率则强调的是正确地做事，即以最少的资源投入实现预期的目标。德鲁克还指出，效能是战略层面的考量，它关注的是长远的目标和成果，而效率则更偏向战术层面，注重如何在特定的时间和资源限制下高效地完成任务。效能关注的是产出和成果，而效率关注的是投入和成本。在企业参与现代产业学院治理中，不能片面追求效率而忽视效能。即使效率很高，如果没有明确的目标和正确的行动，也无法真正实现预期的结果。因此，在权衡效能和效率时，应该优先考虑效能，确保目标的实现，然后再寻求提高效率的方法。另一方面，实现高效能的关键在于建设科学合理的制度和机制，激发工作人员的积极性、主动性和创造性。现代产业学院通过提供必要的培训和发展机会，不断提高工作人员的效率和工作能力，使企业在现代产业学院治理中发挥更大的作用。提高企业参与现代产业学院治理的服务质量需要保证相关政策的贯彻落实，这通过建立适当的监督机制和评估体系来实现。监督机制确保各方遵守规定和承担责任，评估体系评估治理过程的有效性和效果，并提供改进的方向。此外还应注重创新和改进，寻求更加高效和有效的方法和工具来推动现代产业学院的发展和治理。持续的改进和创新有助于不断提升整体效能，并适应变化的需求和挑战。

**二、企业参与治理的职能**

国家政策文件通常经过顶层设计和统筹规划，旨在促进企业在现代产业学院治理中发挥积极的作用。同时，这些政策文件也反映了院校等主体对于企业参与现代产业学院治理的期望。通过整合决策层面和执行层面的期望，政策文件为企业明确了在现代产业学院治理中应承担的三大职能。这些职能使企业在现代产业学院治理中发挥积极作用，实现产业需求和教育培训的有机衔接。同时，这也有助于提高现代产业学院的治理效能，促进社会责任履行。

（一）决策咨询职能

1. 参与相关决策制度

企业参与现代产业学院决策的主要职能包括参与现代产业学院政策制定，提供政策咨询和建议，以及参与制定企业参与现代产业学院教育和培训发展规划等。一是参与现代产业学院政策制定，企业参与制定现代产业学院的政策，包括学科设置、课程内容、教学方法等，保证政策的科学性和行业适应性。二是提供政策咨询和建议，企业向政府和相关部门提供咨询和建议，就现代产业学院发展的政策进行分析和评估，提出改进和完善的意见，推动现代产业学院的发展和改革。三是参与制定企业参与现代产业学院教育和培训发展规划，企业参与制定现代产业学院教育和培训的发展规划，确定企业对人才的需求和培养目标，确保教育与培训的质量和效果与企业的发展需求相匹配。通过这些参与决策的职能，企业能够在现代产业学院的发展和改革过程中发挥重要作用，保证决策的科学性、实效性和与行业需求的契合度，促进现代产业学院与行业企业的良性互动，实现人才培养与产业发展的有机结合。

2. 提供咨询建议的方式发挥作用

企业具备专业知识和经验，能从实际操作的角度出发，为决策者提供宝贵的意见和建议。这些建议基于行业企业的实际需求和发展趋势，帮助决策者制定科学、可行的政策和决策方案，提高决策与行业需求的契合度。企业能够在决策过程中充分代表和反映自己利益，也可向决策者提供企业的发展情况、问题和挑战，为企业长远发展和现代产业学院的改革提供重要支持。企业参与使决策者更全面地了解企业需求和动态，做出更符合实际情况的决策。同时，企业参与也有助于加强政府与行业企业的沟通和合作，形成政府、现代产业学院和企业共同参与和治理的局面，推动现代产业学院的发展和企业的进步。因此，企业在决策过程中提供咨询建议的方式，为国家现代产业学院的决策提供了重要的支持和参考。

3. 促进产学研结合以及人才培养与就业市场的对接

企业参与让决策者能够更全面地了解企业实际情况和需求，充分考虑企业特点、挑战和机遇。企业作为主要参与者和利益相关者，能够提供实际经验和专业知识，为决策者提供有关企业发展方向、政策调整、人才需求等方面的建议和意见。这样使决策更贴近实际，更符合企业发展需求。通过参与治理，企业能够更好地将自身需求和问题传递给现代产业学院，促进双方的合作研究和技术创新。现代产业学院也根据企业的实际需求调整课程设置、培养方案和教学内容，提高人才培养的实践性和适应性，为企业提供更符合其需求的人才。企业参与决策过程还能促进与就业市场的对接。通过企业深度参与，现代产业学院更好地了解企业的用人需求和就业市场的动态，为学生提供与市场需求匹配的培养方案和就业指导，提高学生的就业竞争力和适应性。企业也能通过参与决策过程，与现代产业学院建立起更紧密的联系，提前了解并吸纳优秀的毕业生，实现人才供需的良好对接。

（二）管理职能

管理是对组织资源进行有效计划、组织和控制的过程，以实现既定的组织目标。企业参与现代产业学院的管理体现在标准管理、证书管理和质量管理三个方面。

一是参与制定和修改国家职业标准。职业标准是衡量职业素质和技能的重要依据，它描述了特定职业所需的知识、技能、能力和素质要求。企业通过参与标准制定，保证标准与行业企业需求和实际情况相符，从而提高职业培训的针对性和实效性。企业作为主要参与者，了解行业的发展趋势、技术要求和市场需求。他们具有丰富的实践经验和专业知识，能够为标准制定提供宝贵的意见和建议。通过参与标准制定，企业能保证标准的科学性、实用性和可操作性，使其与实际工作相匹配。制定与行业企业需求相符的职业标准能帮助培训机构和院校更好地开展职业培训和教育工作。这些标准作为培训课程和教学大纲的基础，指导教学内容的设计和培训方案的制定。这样，培训内容和方法将更贴近实际工作需求，提高培训的针对性和实效性。职业标准用于职业资格认定和职业发展的衡量。它们提供了评估个人在特定职业领域内的能力和素质的标准，帮助学生了解自己在职业发展方面的现状和需求，为其职业规划和发展提供指导。二是组织国家职业资格考试与认证工作。企业作为主要参与者，在组织和推动职业资格考试和认证方面发挥着重要作用。企业与相关机构和职业院校合作，制定和实施职业资格考试和认证的标准和程序。他们了解行业的实际需求和技能要求，保证考试内容和标准与实际工作相符，具有实用性和可操作性。通过企业参与，职业资格考试和认证更好地反映企业需求，从而提升人才素质和职业发展水平。企业参与能保证考试的公正性和标准化。企业提供专业知识和技术支持，为考试评估机构提供宝贵的意见和建议，提高考试评价的准确性和可靠性。通过职业资格考试和认证，学生能够证明其在特定职业领域内具备相应的能力和技能，提升其就业竞争力，增加职业发展机会。三是参与现代产业学院的质量监督与评价工作。企业具有业内的专业知识和经验，能够提供宝贵的反馈和建议，帮助现代产业学院改进教学方法和内容，提高教学质量和培养效果。通过对教学质量的监督，企业评估现代产业学院的教学水平、师资力量和教学资源的充足程度，发现存在的问题和不足之处。他们提供调整课程设置、改进教学方法、更新教材等方面具体的意见和建议，以提高教学质量和适应行业需求的变化。企业还可参与培训效果的评价。他们对培训项目的实施情况进行监督，并对培训效果进行评估。通过收集学员的反馈意见、观察学员的综合表现和考核成绩等方式，企业对培训的有效性和实用性进行评估，并提出改进建议。企业监督和评价促使现代产业学院不断改进和提高教学质量，保证教学内容与行业需求的契合度。

（三）服务职能

企业在现代产业学院中承担着重要的服务职能。这些服务职能旨在提供技术、信息和平台支持，促进产学合作，提升人才培养和现代产业学院发展的质量和效果。企业通过向现代产业学院提供技术咨询、技术培训和技术指导，帮助现代产业学院提升教学质量和专业水平。技术专家分享业内的前沿知识和经验，指导其教师和学生进行实践操作和项目开发，使他们能够紧跟行业发展动态。通过分析行业发展趋势和技术需求，企业提前预测人才市场的需求变化，帮助现代产业学院调整培养方向和课程设置，使学生的专业技能与行业需求相匹配。企业还可出版行业企业发展报告，通过收集和分析行业数据和趋势，为现代产业学院和利益相关方提供有关行业发展的信息和建议，帮助他们制定决策和规划。企业组织职业技能大赛，通过比赛形式提升学生的实际操作能力和职业素养，并与现代产业学院建立更紧密的联系。企业组建公共实训中心或基地，提供实践教学场所和设备，为现代产业学院学生提供实习和实训机会，培养他们的实践能力，积累工作经验，并组建产教合作平台，促进现代产业学院与企业之间的合作项目和交流，共同开展科研项目、技术转移和人才培养等合作活动。

## 第二节 企业参与现代产业学院治理的内部运行机制

### 一、横向参与运行机制

企业参与现代产业学院治理的横向运行机制是一个涵盖多个方面的运作机制，包括行业企业参与决策、产学研联动、主体权益保障和监督评价等。这些机制旨在实现多元主体协同治理，促进企业与现代产业学院治理系统的相互作用和协作。

在横向结构层面上，这些运行机制包括以下方面。一是企业参与现代产业学院决策的运行机制。这个机制保证企业能够参与到现代产业学院的决策过程中，它涉及建立合作机制、成立决策委员会或咨询机构，以便企业能够提供意见、参与讨论并对决策做出贡献。二是企业参与现代产业学院产学研联动的运行机制。现代产业学院通常与企业开展产学研合作，促进知识转化和技术创新。这个机制保障企业在参与治理中与现代产业学院共同研发项目、转移技术，增加实习就业机会等。三是企业参与现代产业学院治理的主体权益保障的运行机制。这个机制旨在保护企业参与治理的权益。它包括制定相关规章制度，确保企业在决策过程中的公平参与、信息公开、权益保护等方面得到保障。四是企业参与现代产业学院治理的监督评价运行机制。这个机制确保企业参与治理过程的透明度和有效性。它包括建立监督机构或委员会，负责监督企业参与治理的实施情况，并对其进行评估和反馈，以确保治理过程的合规性和改进机制的有效性。

建立完善的横向运行机制能促进现代产业学院与外部社会主体的互动和合作，实现资源共享、优势互补，提高现代产业学院的社会影响力和服务能力。这一机制有助于建立一个开放、包容、互利共赢的治理模式，推动现代产业学院与社会各界的良性互动，实现共同发展和进步。建立完善的横向运行机制可以实现以下效益。一是平衡利益关系。横向运行机制促进各利益主体之间的协调与平衡，保障各方的权益得到保护和满足，避免利益冲突和不平等现象的发生。二是提高治理有效性和科学性。通过企业参与，现代产业学院获取来自企业实践领域的经验和知识，使决策更加贴近实际需求，提高治理的科学性和决策的准确性。企业参与还能促进现代产业学院与产业紧密对接，提升教学和科研的实践性和应用性。三是加强联系联动效能。横向运行机制加强现代产业学院与社会组织、企业、社区及公民个体之间的联系和联动。这种联系和联动为现代产业学院提供更多资源和支持，体现在合作研究项目、增加实习机会、扩宽就业渠道等方面，同时也能够促进社会主体对现代产业学院的关注和支持。四是发挥社会主体参与治理的功能。企业作为社会主体的一部分，参与现代产业学院的决策、监督和评价过程，能够提供多元化的观点和经验，促进决策的多样性和创新性。

校级组织制度在现代产业学院制度中扮演着重要的角色，它能够提供一种强制性的组织规范，促使多元主体形成一致的价值取向、文化理念和共同遵循的现代产业学院章程。校级组织制度建设对于现代产业学院治理的有效运行具有重要的保障作用。通过建设健全校级组织制度，现代产业学院保障治理过程的规范性、透明度和公正性，提高治理效能和决策的科学性。这种制度化、规范化和程序化的运行为多元社会主体参与现代产业学院治理提供有效的保障，推动现代产业学院与外部社会的紧密对接，实现共同的发展目标。

现代产业学院横向运行机制的设计应以现代产业学院理事会章程为依据，并通过制定规章制度和运行机制流程来实现。这种建设能增强决策的科学性、规范性和民主性，促进多元主体的参与和协作，实现现代产业学院治理的有效运行和发展。理事会章程是一个重要的依据文件，它规定了现代产业学院内部的治理结构、权力分配和运行方式等。建立理事会章程能保证企业参与现代产业学院内部治理的议事规则和决策程序的科学性、民主性和规范性。现代产业学院治理结构的功能实现需要以现代产业学院章程建设为突破口，明确现代产业学院的目标定位，构建学术体系，深化管理体制改革，完善领导体制，加强民主建设。在企业参与现代产业学院治理的横向运行机制中，需要保证各种制度要素的完备性、规范性和功能性，这包括明确行业企业参与决策的规则和程序、建立自我约束机制、建立公平公正的争议解决机制等。

**企业参与治理**
**——现代产业学院建设的必由之路**

在我国，现代产业学院横向运行机制的建设重点之一是完善校级层面的党委和校长等职权的议事规则、决策程序以及各负职责的规范。这可通过制定学校管理规章制度和工作运行机制流程来实现。这些制度和机制的建立将会增强决策的科学性、规范性和民主性，保证决策过程的公正性和透明度。这些规章制度和运行机制应该明确各利益主体的参与权利和义务，以及企业参与现代产业学院决策的方式和程序。这有助于确保企业参与决策过程的平等性和参与度，促进多元主体之间的协调与合作。

现代产业学院董事会的运行机制是企业参与现代产业学院内部治理横向运行机制的关键制度。董事会的有效运行对于保障社会主体参与现代产业学院治理的权力具有重要意义，并直接影响现代产业学院获取社会资源的能力和发展空间。国外经验表明，董事会或理事会的有效运行能够吸纳利益相关者参与现代产业学院治理，及时回应社会的利益诉求，有效避免现代产业学院内部权力过于集中化，减少对政府和行政管理的依赖。董事会的运作为现代产业学院引入多元主体，提供专业化的决策和监督机构，推动现代产业学院的治理体系更加科学和民主。然而，在我国，许多现代产业学院尚未真正认识到董事会的运行机制的深层意义，仅将其看作"筹资机构"的角色，这导致现代产业学院治理仍存在过于集中化的倾向，过度依赖政府和行政机构的情况较为普遍。因此，为了发挥董事会在现代产业学院治理中的作用，现代产业学院须重视并完善董事会的运行机制。这包括明确董事会的职责和权力范围、增加利益相关者的代表、建立有效的决策和监督机制等。这些举措促进企业参与现代产业学院的治理结构更加开放、多元和有效，为现代产业学院的可持续发展提供有力支持。

**二、纵向参与运行机制**

企业参与现代产业学院内部的纵向运行机制是在社会主体参与现代产业学院内部治理时，校级层面与院系层面之间相互作用的机制。这种纵向运行机制涉及到现代产业学院内部不同层级的治理系统之间的协调和合作，以及院系组织机构的运作方式。在现代产业学院内部，校级层面的治理系统负责制定整体发展战略、规划资源配置、监督院系层面的运作等，而院系层面的治理系统负责具体的教学、科研和管理工作。纵向运行机制通过明确两个层级之间的责任与权力划分、信息传递与协调机制，保障院系层面的运作与校级层面的整体目标和政策保持一致。

在纵向运行机制中,企业参与具有重要作用。企业为现代产业学院提供实践经验、行业需求和资源支持,促进教学与科研的与产业需求紧密结合。通过企业参与,现代产业学院了解市场需求、行业发展动态,为人才培养和科研创新提供指导和支持。为了纵向运行机制有效运行,现代产业学院须建立清晰的沟通渠道和协调机制,促进校级层面与院系层面之间的信息流通和合作。此外还要制定相应的政策和规范,明确企业参与的方式、角色和权益的保障机制,以保证参与的公平性和透明度。

纵向运行机制在现代产业学院内部是基于院系层面治理的具体领域事务而构建的,它通过设立院系专业事务治理委员会来实现。不同类型的院系设立不同的专业事务治理委员会,以便更好地管理和决策与各专业相关的事务。院系专业事务治理委员会由该院系的教师、学生和相关行业专家组成,他们就教学计划、课程设置、实习安排、科研项目等专业事务进行讨论和决策。这种机制保证专业事务的决策与实施更具针对性和专业性。另一方面,现代产业学院可聘请社会主体作为单独的事务机构参与院系治理,如行业专家、企业代表等被邀请作为外部成员或顾问参与院系的决策和管理,提供专业意见和资源支持。他们的参与使院系治理更加贴近实际需求,促进与企业紧密对接和合作。这样的纵向运行机制有助于加强现代产业学院治理,提升院系层面的决策效能和专业性。需要注意的是,纵向运行机制的构建需要制定明确的运行规则和程序,确保参与者的权益和职责得到保障。同时,纵向运行机制也要与校级层面的决策机制相协调和衔接,以实现整体治理体系的有效运行。

## 第三节 基于协同治理理论的企业参与现代产业学院治理的运行机制

### 一、协同治理理论核心要素

多元主体、目标共识、协同治理和资源网络是构建现代产业学院治理运营机制所必需的核心要素。这些要素能促进各利益相关方之间的合作与协调,实现资源的共享和优势互补,推动现代产业学院发展,提升治理效能。

## 企业参与治理
### ——现代产业学院建设的必由之路

（一）多元主体

多元主体是指在现代产业学院的协同治理过程中涉及的各种利益相关方，包括政府、学校、企业、教师、学生等多方参与主体。这些主体在治理过程中具有不同的利益诉求和资源配置能力，需要通过协同合作来达成共识并解决问题。在现代产业学院治理中，多元主体的参与至关重要，他们共同参与制定现代产业学院的发展目标、决策和资源配置，形成共识并实现一致行动。多元主体参与的过程是一个复杂而动态的协商与合作过程，涉及各方利益的平衡和协调。政府作为现代产业学院发展的监管者和支持者，拥有相关政策和资源优势，能够提供政策支持和资源保障。学校是现代产业学院的管理者和教育提供者，负责制定现代产业学院的教育规划和发展战略。企业是现代产业学院的合作伙伴和用人单位，对现代产业学院培养的学生有直接的用人需求和产业需求。教师和学生则是现代产业学院的教学主体，他们是现代产业学院教学和科研的重要参与者和推动者。多元主体的协同合作能够促进现代产业学院的发展和创新，实现利益的最大化和资源的优化配置。通过各方的参与和共识形成，现代产业学院的决策和管理能够更加科学、民主和有效。多元主体协同治理也能够增强现代产业学院的社会责任感和服务意识，推动现代产业学院与社会各界的深度融合，为产业发展和社会进步做出积极贡献。因此，在现代产业学院治理中，重视多元主体的参与和合作，形成共识和行动一致性，是实现现代产业学院可持续发展和提升核心竞争力的重要路径之一。

（二）目标共识

目标共识是指在现代产业学院治理中，各利益相关方达成的对于共同目标的一致认同。这一共识包括共同确定现代产业学院的发展方向、办学理念和目标定位。目标共识的形成与各方共同参与和协商密切相关，通过建立目标共识，各方在行动上协同一致，为现代产业学院的发展提供指导和动力。在现代产业学院治理中，各利益相关方拥有不同的利益诉求和发展目标，目标共识的形成需要在多方的协商与合作基础上达成一致。在各方共同努力下，通过深入交流和协商建立目标共识，这是实现现代产业学院可持续发展和共同繁荣的必要条件。目标共识的建立有助于形成共同的愿景和使命，明确现代产业学院发展的方向和目标，指导现代产业学院的决策和发展策略。各利益相关方的一致认同能够增强现代产业学院内部凝聚力和团结力，促进资源的优化配置和合理利用。目标共识也有助于提升现代产业学院在社会中的声誉和影响力，吸引更多优质资源和合作伙伴，推动现代产业学院与社会各界的深度融合和共同发展。

（三）协同治理

协同治理是指在现代产业学院治理中，各利益相关方相互合作、协调和共同努力的一种模式。它强调各方之间的互动与合作，通过信息共享、资源整合、决策协商等方式实现协同效应。在现代产业学院治理中，作为一种治理模式，协同治理能够促进政府、学校、企业等主体之间的密切合作，形成良好的协同机制和工作体系，实现资源共享和优势互补。协同治理强调各利益相关方之间的互动与合作，意味着不同主体之间在现代产业学院治理中形成协同合作的关系。在协同治理模式下，各方通过共享信息和资源，实现资源的整合与优化利用，提升现代产业学院的综合实力和核心竞争力。协同治理的核心在于形成协同效应，通过多方协作实现绩效的提升和资源的最大化利用。在现代产业学院治理中，政府提供政策支持和资源保障，学校提供优质的教育资源，企业提供实践平台和产业需求，各方共同努力形成合力，实现现代产业学院的持续发展和共同繁荣。

（四）资源网络

资源网络是指在现代产业学院治理中，各利益相关方之间形成的资源共享和合作网络。不同主体在现代产业学院治理过程中拥有各自的资源和能力，通过建立资源网络，实现资源的整合和优化配置。政府作为管理者和支持者，提供政策支持和资金支持；企业作为合作伙伴，提供实践基地和就业机会；学校作为教育提供者，提供教育资源和专业知识等。资源网络的建立有助于形成互利共赢的合作关系，推动现代产业学院的可持续发展。各利益相关方通过资源网络共享各自的优势资源，实现资源的高效配置和协同合作，从而提升现代产业学院的整体绩效和竞争力。政府政策支持和资金投入为现代产业学院提供有力支撑，帮助现代产业学院实现良好的运营环境和发展条件；企业实践基地和就业机会为学生提供实践锻炼和就业机会，促进现代产业学院与产业的紧密结合；学校教育资源和专业知识为学生提供优质教育服务，提高学生的综合素质和就业竞争力。因此，资源网络的建立是现代产业学院治理中至关重要的一环，通过各利益相关方的资源共享和合作，形成合力，促进现代产业学院的可持续发展和持续改进，进一步提升现代产业学院在产教学融合中的核心竞争力和社会影响力。

## 二、协同治理的功能

**（一）促进共识形成和目标达成**

协同治理具有促进各利益相关方进行广泛讨论和充分协商的特点，增加相互间的理解和信任，最终形成共识。共同制定目标并达成一致，有效引导各方行动，推动现代产业学院治理中各种问题的解决和目标的实现。在协同治理中，各利益相关方之间的广泛讨论和充分协商，有助于促进彼此之间的交流与沟通，彼此之间理解对方的诉求和利益关切。这种交流过程能增加彼此之间的信任感，减少误解和猜疑，为形成共识奠定基础。各方通过共同参与决策制定，共同探讨问题，提出各自的意见和建议，最终对现代产业学院治理达成一致意见，形成共识。形成共识后，各利益相关方在实践中将共同制定的目标作为行动指南，共同采取相应的措施和行动，以实现现代产业学院治理问题解决和目标的达成。

**（二）优化资源配置和利益协调**

协同治理有助于促进各利益相关方之间的资源共享和合作，实现资源的优化配置。不同利益相关方共同利用各自的资源和专长，形成合作网络，实现优势互补，从而提高资源利用效率。协同治理还能促进各方的利益协调，平衡不同利益主体之间的关系，确保各方的权益得到合理保障。在协同治理模式下，各利益相关方之间实现资源共享和合作，建立了合作机制和共享平台。政府、企业、学校等不同主体共同参与资源的整合和配置，发挥各自的优势，形成资源优势互补的合作关系。协同合作有效提高资源的利用效率，实现资源的优化配置，从而提升现代产业学院的整体绩效。协同治理还强调各利益相关方之间的利益协调。在现代产业学院治理中，不同主体之间可能存在着不同的利益诉求和关切，协同治理促进各方之间的利益平衡，确保各方的权益得到合理保障，通过多方协商和合作，找到各方利益的最佳平衡点，避免利益冲突和资源浪费，实现各方利益的最大化。

**（三）提升治理效能和问题解决能力**

协同治理是一种多元主体参与和合作的治理模式，各利益相关方的参与和合作，能够提升治理效能。在协同治理中，各方能够共同提供资源、分享信息、制定政策和行动计划，这提高了现代产业学院治理决策的科学性和有效性。多元主体参与和合作使得治理过程更具包容性和综合性，有利于形成更加全面、科学的决策方案，进而提高治理效率，呈现良好效果。协同治理还能够汇集各方的智慧和经验，增强问题解决的能力。不同利益相关方具有各自的专业知识和经验，共同合作能够集思广益，汇聚各方的智慧，拓展问题解决的思路和方法。多方参与决策和问题解决，有助于发现问题中的盲点和短板，促进问题的全面解决。协同治理还能促进社会问题的快速响应和解决。由于各利益相关方参与决策和行动，协同治理能够更加迅速地获取信息和资源，采取行动应对问题。面对复杂多变的治理问题，协同治理模式能够提高反应速度和决策灵活性，有利于及时解决问题，避免问题的进一步恶化。

（四）增强社会凝聚力和参与度

协同治理作为一种多元主体参与和合作的治理模式，鼓励广泛的社会参与和民主决策，从而增强社会的凝聚力和社区的参与度。在现代产业学院协同治理中，各利益相关方的参与使得治理更加民主、公正和透明，多方参与决策和合作，能够促进多元利益的平衡，确保决策的公正性和代表性。协同治理能够激发治理各方的积极性和责任感。各利益相关方在协同治理中有权参与决策、发表意见，增加了个治理主体参与现代产业学院建设的机会和意愿。通过广泛的社会参与和民主决策，各方能够更好地表达自己的诉求和需求，同时也会感受到自己对社会治理的影响力和责任，从而更积极地参与现代产业学院建设，增强社会凝聚力和共识共享的意识。

## 三、基于协同治理理论的企业参与现代产业学院治理运行机制

（一）现代产业学院协同治理的特征

现代产业学院协同治理的特征是指在当前复杂多变的产业环境中，现代产业学院采取一种协同治理的模式来有效应对各种挑战和问题。这种治理模式强调不同利益相关方之间的合作、协调和共同决策，以实现整体协同效应和共同发展。其特征共同构成了一种有效的治理模式，这有助于推动现代产业学院在复杂多变的环境中实现协同发展和持续创新。

1. 现代产业学院协同治理的聚集特征

现代产业学院协同治理的聚集是指现代产业学院与政府、院校、企业、行业等具有相同目标的主体因为资源互补和优势互补而形成更高层级的主体。这种聚集并不是简单的合并或吞并，而是一种合作与协同。在聚集过程中，各个主体保持其独立性的存在，同时通过合作与协同来增强整体的创新能力和竞争

优势。通过聚集，各主体能够分享彼此的资源、知识和经验，形成协同效应，从而更好地应对快速变化的环境。聚集形成的主体具有整体的特性和效应，相较于各个部分孤立叠加，可以实现更好的效果。各个主体之间能够通过合作和协同发挥各自的优势，实现资源的最优配置和协同创新。同时，通过协同治理，各主体之间建立了更紧密的合作关系，形成了更高效的决策和执行机制，进一步提升了整体的绩效。聚集有助于现代产业学院及其合作伙伴在面对复杂多变的产业环境时更好地适应和创新。通过资源和优势的互补，聚集能够促进知识的共享和转化，加速科研成果的应用和产业化，提升人才培养的质量，推动产业发展和创新能力的提升。

2. 现代产业学院协同治理的非线性特征

现代产业学院协同治理中的各个主体都具有自身的目标和主动适应性，这是产生非线性关系的根源。在协同治理的交互过程中，各主体受到随机环境、经验等不确定因素的影响，关系变得复杂而非线性。相较于简单的因果关系或线性的依赖关系，现代产业学院协同治理中的主体之间形成了一个多目标、多层次、多变量的复杂非线性关系网络。这是由于各个主体在互动过程中，彼此之间相互作用、相互影响，并通过反馈机制进行适应和调整。这种复杂非线性关系意味着在协同治理中，一个主体的行为或决策可能会对其他主体产生直接或间接的影响，而其他主体的变化又会反过来影响到该主体。因此，协同治理的结果和效果往往是由多个因素的综合作用所决定，而不仅仅取决于单一因素或线性的因果关系。这种复杂非线性关系还表现在主体目标的多样性和层次性上。在现代产业学院协同治理中，不同主体往往具有各自独立的目标和利益追求，同时又需要在整体目标下进行协同合作。这种多目标性和多层次性使得协同治理的过程更为复杂，需要各主体之间进行协调、平衡和妥协，以实现整体的协同效应。

3. 现代产业学院协同治理的多样性特征

现代产业学院协同治理在治理环境、主体以及交互方式等方面都具有多样性。这种多样性为现代产业学院主体提供了更多的选择和机会，促进了资源的优化配置和合作的发展，推动协同治理的实施。不同的现代产业学院主体所处的政治、经济、地理环境可能存在差异，这些环境因素对协同治理的实施和效果产生影响。由于环境的多变性，现代产业学院主体需要提升自身的适应能力，灵活调整战略和决策，以适应多样的环境需求和变化。现代产业学院协同治理往往涉及政府、院校、企业、行业等多个主体，这些主体在资源、能力、利益等方面存在差异。在协同治理的过程中，现代产业学院主体根据互补原则选择最适合的协同伙伴，实现资源和能力的互补，共同实现协同治理的目标。在现代产业学院协同治理中，主体之间通过签订合同、订立契约、承诺等多种方式进行交互和合作。不同的交互方式适用于不同的情境和合作需求，要根据具体情况选择最为适合的合作模式，建立合作关系，推动协同治理的实施。这种多样性使得现代产业学院协同治理更加灵活具有较强的适应性。通过在多样的环境中进行协同合作，现代产业学院主体能更好地应对挑战、利用资源，并实现创新和竞争优势提升。

（二）企业参与现代产业学院协同治理运行机制

基于协同理论的现代产业学院治理运行机制是指通过协同合作和相互作用来实现治理目标的一套机制和方法。协同理论认为，通过校企主体之间的协同合作，能实现整体效益的最大化，促进资源优化配置和创新能力提升。

1. 利益平衡机制

利益平衡是职业教育产教融合、校企合作的动力源泉，也是现代产业学院建设和发展的必要条件。

一方面，要建立合理的利益分配机制。合理的利益分配机制在现代产业学院运行中起着重要作用。职业院校和企业主体之间的利益既有共同点又存在矛盾点。建立合理的利益平衡机制需要放大共同点，减少矛盾点。共同点包括人才培养、就业与产业发展以及信息共享与合作。职业院校致力于培养适应企业需求的人才，而企业需要人才支持其发展。通过制定规则和比例，现代产业学院促进双方的利益平衡，推动产业发展和人才培养的良性循环。为了构建合理的利益平衡机制，职业院校和行业企业需要采取具体措施。一是应坚决实施规范化管理。在现代产业学院创建之前，双方应充分考虑合作中可能产生的风险和收益，根据各自责任和义务，确定风险分担和利益分配方案，形成联合办学的合同条款，作为后续利益分配的依据。双方应保持定期沟通和协商，及时解决可能出现的分歧和问题。透明的信息共享增进双方的理解和信任，为利益分配提供基础。根据学生就业情况、培训质量和企业反馈等指标，企业对合作效果进行定期评估，为利益分配提供客观依据。最重要的是，双方应本着互利共赢的原则，坚持公平合理的利益分配原则，确保双方利益的平衡，共同推动现代产业学院的发展和职业教育的进步。二是职业院校和企业应根据现代产业学院的实际运行情况和成效，进行阶段性的利益分配动态调整，这样能弥补合同

> 企业参与治理
> ——现代产业学院建设的必由之路

条款可能存在的不足,并最大限度地满足各方的利益。定期评估和反馈机制让双方及时了解合作成果,并根据实际情况进行相应调整,确保利益分配的公平合理性。这种动态化的调整能够更好地适应产业发展的变化和需求的变化,实现校企合作的持续发展和共同利益的最大化。

另一方面,要建立有效的企业利益补偿机制。职业教育作为高成本的教育形式,需要大量的资金投入和资源支持。在职业院校与企业联合举办现代产业学院的初期,企业投入的资金资源成本相对较高,而获得的经济价值相对有限。为了解决这一问题,政府和社会需要共同构建起校企合作中的企业利益补偿机制。政府通过税收优惠、财政补助或其他形式的经济支持来降低企业参与的成本,通过减少企业的实际负担,提高企业参与的积极性和动力。政府加强与企业的合作,鼓励企业参与职业教育的规划和决策过程,保证企业在现代产业学院中发挥更大的影响力和决策权。这样,企业能更好地确定现代产业学院发展方向,使自身利益得到更好的保障。政府还可引导社会资源的向职业教育领域倾斜,吸引社会各界参与现代产业学院的建设和发展,为企业提供更多的合作机会和商业机遇,进一步提升企业所获得的经济价值。

《试点建设培育国家产教融合型企业工作方案》提出,"对于参与举办职业教育的企业以及产教融合型企业,要给予'金融+财政+土地+信用'的组合式激励"。为了确保这一政策能够有效落地,各级地方政府需要贯彻落实国家的相关政策要求,并加强监督和管理。现代产业学院建设作为产教融合、校企合作的重要载体,地方政府应深入了解企业的真实需求和困难,并及时提供金融支持和财政优惠,降低企业参与现代产业学院的成本压力,这包括对企业提供低息贷款、税收减免和资金补贴等金融措施,以及土地划拨等资源支持。还要建立完善的监督和管理机制,确保企业享受到应有的优惠政策。加强对企业的审计和评估,严格按照政策要求进行资金使用和效果评估,加强对企业信用的监管和评价,保证政策的落地和执行效果。地方政府还应加强与国家相关部门的沟通和协调,及时汇报工作进展,反馈政策实施中的问题和困难,为企业提供更好的政策支持和服务。职业院校和社会应给予参与举办职业教育的企业更多理解和支持。职业院校应强化科研实力和专业服务能力,创造更大更直接的企业价值。社会各界应形成支持企业参与现代产业学院的共识和文化氛围,共同促进现代产业学院可持续发展。

2. 资源共建共享机制

资源共建共享是实现现代产业学院办学目标的重要途径,职业院校与企业要联合构建资源共建共享机制，主要涉及三个方面。

一是构建教学资源共建共享机制。职业院校正积极进行开放式教学资源建设和管理方式改革。他们与企业合作，创建教学资源建设委员会，由在校专家和企业高级技术人员共同参与，一起规划现代产业学院的专业布局、课程设置、教材编订、培训资料等教学资源的建设工作。为了更好地支持这一改革，校企等多方利用信息化建设，建立了专业教学网络资源库和线上学习平台，以便联合开发模块化课程讲义、试题库、课件、教学培训视频等数字化教学资源。依靠信息技术，这种全方位的合作和创新使教学资源能够跨越时空进行共建共享。这一改革措施旨在提高职业教育的质量和效果，使学生能够更好地适应现代产业的需求，并为他们提供与企业合作的实践机会，从而提升他们的就业竞争力，规划好他们的职业发展前景。职业院校通过与企业合作，打破传统的校企壁垒，推动教学资源的共同开发和共享，为现代产业学院培养更具实践能力和创新意识的人才，提供更加紧密的校企合作平台。

二是构建校企实训基地共建共享机制。想实现现代产业学院实训基地的共建共享，建立生产性实训基地是最佳途径。在基地建设前期，学校和企业应综合考虑实训环境、教学项目和产品生产的真实性，将实训功能与生产功能融合，确保实训基地的应用与运营能够创造实际的经济价值。实训基地的运作应遵循市场机制，满足市场化运营模式的要求，建立稳定的生产计划和合理的人力需求，制定规范的人员管理和质量保障机制，使实训基地的生产运营符合市场竞争的要求。学校和企业能够共同投资建设生产性实训基地，实现基地的共建共享，提高实训的实用性和效果，为学生提供更贴近实际的培训环境，并培养符合市场需求的人才。这种共建共享的模式不仅能够增强校企合作的紧密度，还能为学校和企业带来相互成长的机遇，促进产教融合的深入发展，助力人才培养的质量提升。

三是构建科研资源共建共享机制。校企双方建立科研资源共建共享机制的核心在于共同构建科研队伍和联合开发科研项目的工作机制。为此，职业院校需要抽调学科带头人、专家学者与企业技术专家组成科研工作联合领导小组，共同负责现代产业学院重要科研攻关的课题和方向，并协调组织科研工作队伍。科研工作联合领导小组应建立校企科研项目联合开发的工作机制，其中企业提出科研需求并提供部分科研资源和技术资源，职业院校则负责进行理论研究和技术论证。科研项目进入实验室或实训基地进行实操检验，形成从开发、

**企业参与治理**
**——现代产业学院建设的必由之路**

立项到实施、验证的完整闭环。这种合作模式能充分发挥职业院校和企业的优势，实现现代产业学院科研资源的共建和共享，促进产学研相结合。这种紧密的校企合作不仅能够加强科研工作的实践性和应用性，也有助于培养学生的科研能力和创新思维，提高现代产业学院的科研水平，推动产业发展和技术创新。

3. 校企"双元"育人机制

一直以来，我国职业教育推进现代学徒制的进展相对较慢，其中的重要原因是在现代学徒制模式下，职业院校学生的身份界定存在着逻辑上的矛盾。由于无法将在校期间的学生视为企业职工，学生在入企实训时的合法权益难以得到有效维护。然而，现代产业学院的出现在一定程度上突破了学生在现代学徒制模式下的身份界定问题。在这种办学模式下，企业成为现代产业学院的创办主体，现代产业学院从建立之初就具备了人才定向培养的特点。因此，学生在现代产业学院中被视为企业的准员工接受教育，消除了学生身份界定上的逻辑矛盾，为进一步实施现代学徒制扫清了障碍。现代产业学院的建立将学校与企业紧密结合，通过直接参与学生的教育培养过程，学生能够更好地融入实际工作环境，并在实践中提升技能。这种模式不仅为学生提供了更好的机会和保障，也为职业教育提供了更实际、更有针对性的培养方式。通过建立现代产业学院，职业教育领域的现代学徒制得以加速发展，为培养适应现代产业需求的高素质技术人才提供了有力支持。

在推动现代学徒制工作中，现代产业学院应严格按照教育部办公厅的要求，落实通知中的重点工作，建立以现代学徒制为核心的校企"双元"育人机制。在此基础上，科学管理是实现校企"双元"育人目标的重要保证。职业院校和企业要构建科学的校企"双元"育人管理体系，就要高度重视运用科学的管理手段，结合现代产业学院人才培养的特点和需求，逐步制定并完善科学化管理计划，并依法依规实施管理工作。职业院校和企业要共同制定科学的人才培养方案，从企业的生产过程出发，明确现代产业学院人才培养的定位和规格，严格依照专业对应的岗位技能要求，改革教学内容、教学模式、教学方法和教学评价等，根据企业生产的新技术、新理念和发展趋势，及时调整培养策略。教育行政部门和职业院校要加强对学生入企实训的监督，定期检查和随机抽查学生在实训期间的工作、学习和生活状况。同时，注重收集和听取学生入企实训的信息反馈，加强对学生实践学习过程的管理。

# 第五章　企业参与现代产业学院治理模式

## 第一节　企业参与现代产业学院治理模式

不同组织形态会形成不同的治理结构和模式。现代产业学院作为一种特殊类型的组织，其治理模式通常会与传统学术机构以及商业企业有所不同。

在传统学术机构中，治理结构通常以学术委员会和校务委员会为核心。学术委员会负责决策现代产业学院的学术事务和教学计划，校务委员会负责制定现代产业学院的整体发展战略和财务决策。而在现代产业学院建设中，由于其强调产业与教育的紧密结合，治理模式会更加注重与产业的合作和专业实践。一般来说，现代产业学院治理结构会包括学术委员会、产业咨询委员会和校外实践委员会等。学术委员会在现代产业学院中仍然负责学术事务和教学计划，但与传统学术机构相比，更加注重实际应用和产业需求。产业咨询委员会由产业专家和企业领导组成，他们提供行业观察、指导课程设计和就业支持等方面的建议。校外实践委员会负责与企业合作，建立实习项目，提供培训机会，确保学生接触实际工作环境和解决实际问题的机会。了解不同现代产业学院的治理模式，能够帮助其设计适合自身特点的治理结构，促进产学研合作，加强与产业合作关系。

### 一、内部治理模式

内部治理模式是将现代产业学院治理纳入本组织内部体系进行的一种组织形式。在这种模式下，现代产业学院产权清晰，组织目标明确，并与学校或企业的治理体系有明确的行政隶属关系。在典型的内部治理模式中，现代产业学院往往是作为学校或企业的一个独立单元来运作的，有一定的行政层级关系，

### 企业参与治理
#### ——现代产业学院建设的必由之路

如现代产业学院院长通常会对学校的校长负责,并有一定的行政制约和监控机制。这种治理模式特点是将现代产业学院作为组织体系的一部分进行管理,以确保它与学校或企业的整体目标相一致,并受到相应的管理和监督。通过明确的行政隶属关系和制约机制,该治理模式实现了对现代产业学院的日常运作和决策进行有效管理,提高组织的效率和执行力。同时,内部治理模式也能促进学校或企业与现代产业学院之间的协作和合作,实现资源共享和优势互补。学校与企业通过建立现代产业学院来满足产业培养需求和技术创新需求,提升自身的竞争力和创新能力。

内部治理模式下的现代产业学院通过上下级的关系、垂直管理和严密的监控机制,实现与学校整体目标的一致,促进各级组织间的协作,并确保学校能够对现代产业学院进行有效管理和监督。这类治理模式有以下的主要特点。一是现代产业学院院长向职业院校校长负责。内部治理模式中,现代产业学院院长通常会向学校校长负责,形成一种上下级的管理关系。这种行政层级关系有助于保证现代产业学院目标与学校整体目标相一致,同时也为学校对现代产业学院的管理与监督提供了方式与方法。二是注重垂直管理。内部治理模式下的现代产业学院注重垂直管理、建立层级关系和稳定的资产经营关系,旨在促进科研、教学、人才培养和服务等方面的密切协作。现代产业学院院长与职业院校校长间的行政隶属关系确保目标一致,而严密的监控机制则保证学校参与控制与监督。通过垂直管理,不同层级组织能有效协作,形成良好运作体系。稳定的关系使现代产业学院融入学校整体发展,与其他部门紧密合作。这种治理模式保证了现代产业学院与学校间的协作与合作,推动现代产业学院可持续发展。三是严密的监控机制。内部治理模式下,职业院校通过内部例行部门(如教务处、财务处等)或成立专门部门(如产学合作处等)来控制和监督现代产业学院的行为,以实现学校的参与控制与监督目的。这些部门负责监管学科建设、教学质量、财务管理等方面,确保现代产业学院运作符合学校的规定和标准。通过定期审查、资源分配和业绩评估等手段,学校能够对现代产业学院的决策、行为和目标进行监控和制约。这种严密的监控机制有助于保障学校利益与现代产业学院的协调发展,同时提高现代产业学院的治理效能,能更好地为学校整体目标和战略服务。

## 二、外部治理模式

"董事会"或"理事会"治理模式是一种常见的治理模式。在这种模式中，职业院校对现代产业学院的决策权分散且直接指挥的作用有限。相反，现代产业学院的治理权主要掌握在专门的现代产业学院管理者手中。在这种治理模式中，现代产业学院管理者拥有决策权和执行权，他们负责制定现代产业学院的发展方向和战略计划，并直接管理现代产业学院的日常运营。董事会或理事会则扮演监督者和指导者的角色，通过外部监控机制来监督现代产业学院的行为和决策。外部监控机制包括定期的报告和评估、董事会或理事会的审查和指导、财务审核等。这些机制旨在保证现代产业学院的运作符合职业院校的整体战略目标和各类政策要求，同时保证现代产业学院的发展和运营正常进行。这种治理模式旨在充分发挥现代产业学院的灵活性和创新性，同时保持职业院校与现代产业学院之间的协调和监督，这也有助于提高现代产业学院的管理效能和应对市场需求的能力。这类治理模式主要特征如下。

一是现代产业学院的参与主体多元，包括职业院校、管理者、教师、学生和企业等，这种多元性导致人员的高度分散和利益的密切相关。只有保证多元参与主体的利益得到尊重和满足，现代产业学院才能实现持续发展，取得卓越成果。二是注重契约和确保利益相关各方参与。现代产业学院通过签订办学合同或协议来明确各方的责任和权益，同时建立利益相关者的董事会或理事会，为各方提供一个平台，共同参与决策，监督现代产业学院的运作。通过制订董事会或理事会章程，现代产业学院明确其职责和运作方式，确保各方的利益得到尊重和平衡。这种做法有助于建立透明、合作和互利共赢的治理机制，促进现代产业学院的稳定发展和长期合作。三是较为严格的外部控制。现代产业学院采取一系列措施。首先，设立参与主体的条件和退出机制，确保只有符合特定条件的参与主体才能加入现代产业学院的治理机构。其次，建立健全的信息报告和披露机制，要求现代产业学院向外部相关方提供透明、准确的信息，以便监督和评估现代产业学院的运营情况。第三，建立独立的审核机构或委员会，以便对现代产业学院的决策和行为进行审查和监督。这些严格的外部控制机制使得现代产业学院的决策和运营符合公共利益和相关法规，维护了各方的权益和利益，并提升了现代产业学院的治理水平和社会信任度。

### 三、半内部治理模式

半内部治理模式,又被称为"内部代理模式",是指一种介于内部化模式和外部化模式之间的中间模式。在这种模式中,董事会扮演领导角色,指导并监督现代产业学院的运作,院长则担任行政管理的主要责任。董事会作为内部代理人,代表利益相关者监督院长的决策和行为。这种模式既保留了一定的内部管理特征,又引入了外部监督机制,以确保现代产业学院的决策和运营符合各方利益和相关规范。半内部治理模式能够实现有效的权力分配和制衡,提高现代产业学院的透明度和治理效能,促进现代产业学院的稳定与发展。现代产业学院因产权不太清晰且参与的各方主体较为松散,所以很难形成一个完善的董事会或理事会来进行有效治理,在这种情况下,有一个强有力的内部委托人非常重要。内部委托人作为纽带,将各方的利益捆绑在一起,促进合作和合理竞争,使得现代产业学院能够有效地实现其目标。内部委托人负责协调各方的权益,促进信息共享和协作,引导产权相关方相互合作,从而推动现代产业学院的稳定发展和长期合作。

从组织管理效率的角度来看,外部治理模式和内部治理模式因为组织产权明确、治理结构清晰,往往能够实现较高的组织效能。外部治理模式通过外部的监督和控制机制,保证组织的决策和行为符合公共利益和相关法规,提升治理水平。内部治理模式通过明确的权力分配和责任制,实现内部的有效协调,拥有公开透明的决策流程,提高组织运转的效率半内部治理模式由于缺乏明确的产权,组织效能往往较低。在现代产业学院这种新型组织形态中,还需要对其进一步研究,了解其特定的组织效能,并找到有效的机制来提升半内部治理模式下现代产业学院的管理效率,实现良好的治理和运行效果。

## 第二节 企业参与现代产业学院治理模式的挑战与应对

### 一、企业参与现代产业学院治理模式的挑战

企业参与现代产业学院治理过程中面临着一系列挑战,解决这些挑战需要双方的共同努力和合作,建立良好的治理机制和沟通机制,以实现产业学院的

可持续发展和校企双赢局面。

(一) 现代产业学院法律地位模糊

现代产业学院的法律地位模糊是指其在法律体系中没有明确的定位和规定，缺乏具体的法律法规来规范其组织形式、运行机制和权益保障。这种模糊性可能导致企业参与现代产业学院治理在权力行使、责任追究、财产管理等方面存在不确定性和困扰，对现代产业学院的发展和治理带来一定的挑战。

1. 现代产业学院法人性质不明确

现代产业学院作为一种新型的教育组织形式，在我国的高等教育体系中逐渐崭露头角。但与传统高等院校相比，现代产业学院的法人性质常常存在一定的不明确性，这给其治理和发展带来了一些挑战和问题。一是现代产业学院的法人性质不明确导致其权责不清。传统高等院校通常具有明确的法人，拥有独立的法人资格和法人权益，独立承担法律责任。现代产业学院往往是由政府、企业和职业院校共同组建，其法人性质并没有明确的法律依据。这种不明确性可能现代产业学院在决策权、资金管理、人事任免等方面存在模糊的情况，不利于企业参与现代产业学院有效治理。二是现代产业学院的法人性质不明确给其运营和管理带来一定的难题。传统高等院校有较为完善的管理体制和规章制度，依法依规进行管理和运营。但由于现代产业学院的法人性质不明确，导致其在管理层面缺乏明确的指导和规范。这给企业参与现代产业学院治理的组织架构、决策机制、财务管理等方面带来一定的困扰，容易导致管理混乱、决策不当和资源浪费等问题。三是现代产业学院的法人性质不明确也对其与外界的合作和交往产生一定的影响。在参与治理中，企业往往更习惯于与具有明确法人身份的机构进行合作，因为这样能明确双方的权利和义务，降低合作风险。但因现代产业学院的法人性质不明确，这会使得与企业参与时存在一定的不确定性，影响了企业参与治理的信心和积极性。四是现代产业学院的法人性质不明确也给其师资队伍建设和人才培养带来一定的困扰。传统高等院校依法吸引、选拔和管理教师，有明确的师资管理制度和职称评定体系。然而，现代产业学院的法人性质不明确，导致其师资队伍建设缺乏明确的规范和标准，不利于吸引和培养优秀的教师队伍。不明确的法人性质也影响现代产业学院的人才培养质量和学位授予的合法性，给学生的学习和就业带来一定的不确定性。

针对现代产业学院法人性质不明确的问题，政府有必要加强相关政策和法规的制定和完善，加强对现代产业学院的监管，明确其法人性质和法人地位，为其提供合法的权益保障。现代产业学院内部也应加强自身的组织架构建设和规章制度制定，明确现代产业学院的治理模式和管理流程，加强对师资队伍和学生的管理和服务，提升现代产业学院的整体运营效果。此外，加强产学研用结合，促进现代产业学院与企业的合作与交流也是解决现代产业学院法人性质不明确问题的重要途径。企业深度参与为现代产业学院提供更多的资源支持和实践机会，同时也为现代产业学院明确法人性质提供了一定的依据和基础。

2. 现代产业学院组织运行相关的法规缺失

现代产业学院作为一种新型的教育组织形式，在我国高等教育领域中正在迅速兴起。与传统高等院校相比，现代产业学院在组织运行相关的法规方面存在一定的缺失，这给现代产业学院的治理和发展带来了一些挑战和问题。一是现代产业学院的组织形式和定位相对较新，缺乏相关的法规支持。传统高等院校有着明确的法律地位和规范的组织结构，其运行和管理受到法律法规的明确规定和指导。现代产业学院的组织形式相对较为灵活，缺乏明确的法规来规范其运行和管理。这种缺失导致现代产业学院在组织结构、权责分配、决策机制等方面缺乏明确的指导和约束，可能出现管理混乱、决策不当和资源浪费等问题。二是现有法规对现代产业学院的特殊需求和特点没有充分考虑。现代产业学院通常是由政府、企业和高等院校共同组建，其特点在于紧密结合产业需求、注重产学研用结合、强调实践教育等。现有高等教育法规往往更多关注传统高校的管理和运行，对现代产业学院的特殊需求和特点缺乏相应的规范和支持。这使得现代产业学院在运行过程中可能面临合规性问题和困惑，不利于其发挥应有的作用和优势。三是现代产业学院的跨部门协同合作面临法规上的障碍。现代产业学院的运行涉及教育、科技、产业等多个领域和部门，需要各个部门之间的协同合作和资源共享。现有的法规往往存在条块分割、职能重叠等问题，难以为企业参与现代产业学院治理提供顺畅的跨部门合作环境。这可能导致部门之间的协调困难、资源配置不均等问题，限制了企业参与现代产业学院治理的效果。

针对现代产业学院组织运行相关法规缺失的问题，政府有必要加强相关法规的制定和完善，加大对现代产业学院的政策支持和引导，制定更加明确的法规，包括现代产业学院的组织形式、权责分配、决策机制、教学质量评估等方面的规定。这有助于明确现代产业学院的法律地位和权益保障，提供有力的法规支持和指导，促进企业参与现代产业学院治理朝着规范化方向发展。

政府、学校和企业等各方应加强合作，共同推动现代产业学院组织运行相关法规的完善。成立专门的法规研究机构或工作组，深入研究现代产业学院的特点和需求，制定适合的法规框架和政策措施。加强跨部门的协调与合作，打破条块分割，形成统一的政策环境和资源共享机制，为现代产业学院的运行提供便利。同时现代产业学院自身也应积极主动，加强内部组织建设和规范管理。现代产业学院应建立健全自身的内部管理制度和规章制度，明确组织结构、职责分工、决策程序等，加强内部的运行和管理，提升规范化水平。现代产业学院还可加强与高校、企业、行业协会等的交流合作，借鉴经验，分享资源，形成良好的行业共同体，为企业参与现代产业学院规范化治理提供支持。

（二）现代产业学院产权界定不清

1. 现代产业学院资产产权归属界定难

现代产业学院作为一种新兴的组织形式，其资产产权归属的界定是一个普遍存在的难题，它意味着现代产业学院内外部利益相关方在现代产业学院资产所有权、控制权和使用权等方面存在不确定性和争议。这种界定难题可能导致资源管理不当、产权纠纷、决策效率低下等问题。

一是资产的多元性与归属界定难题。现代产业学院的发展和运营涉及多种资产，包括物质资产和非物质资产。这些资产的多元性给产权归属带来了复杂性，因为不同类型的资产有不同的特性和产权归属要求。现代产业学院的物质资产包括土地、建筑、设备等。但是，现代产业学院可能会面临土地使用权、房屋所有权、设备归属等方面的界定难题，特别是在现代产业学院与高校、企业等多方共建情况下，各方可能对物质资产的归属产生争议。现代产业学院的发展和运营通常涉及到知识产权的创造、应用和转移。知识产权包括专利、商标、著作权等，由于它的特殊性其归属界定更加复杂。知识产权的归属可能涉及现代产业学院、高校、企业等多方之间的权益划分问题。二是多方合作关系与利益冲突。现代产业学院的治理结构通常涉及多个利益相关方，这些利益相关方在现代产业学院的发展和运营中都可能对现代产业学院的资产产权产生影响。因利益相关方的不同权力和利益诉求，产权的界定变得复杂和模糊。现代产业学院通常由高等院校作为主体组织，由于现代产业学院的独立运营和发展，高等院校与企业之间的资产产权归属界定可能存在争议。企业参与现代产业学院的发展和治理，希望获得一定的经济回报和技术创新成果。由于高等学校的公益属性和企业的盈利动机之间的冲突，资产产权归属的界定可能受到影响。政府作为监管者在现代产业学院的治理中发挥着重要作用。政府在资产产权归属界定方面的介入可能受到政策、法规和地方利益等多重因素的影响，导致归属界定难以确定。三是法律和制度的不完善。资产产权归属界定难的另一个重要原因是法律和制度的不完善。现代产业学院的治理缺乏明确的法律法规和制度机制来规范资产产权的归属，导致产权的界定难以确定和实施。

目前，针对现代产业学院的资产产权归属界定和保护的法律法规相对不完善。由于缺乏明确的法律框架和规定，现代产业学院和各利益相关方在资产产权归属问题上无法得到明确的法律支持和保护。现代产业学院治理中缺乏健全的制度机制来规范资产产权的归属和保护。缺乏明确的资产产权界定程序和制度安排，导致资产产权归属的界定过程容易受到个别利益影响，缺乏公正和公平性。即使资产产权界定得到了明确，但由于缺乏有效的资产保护手段，现代产业学院和利益相关方的权益仍面临风险。缺乏有效的资产产权保护机制，可能导致违约行为的发生和权益受损。

2. 现代产业学院资产产权价值评估难

现代产业学院作为一种新兴的组织形式，其资产产权价值评估面临着诸多挑战和困难。资产产权价值评估的难题意味着对现代产业学院资产的价值确定和衡量存在不确定性和争议。这种评估难题导致资产交易的不公平、资产负债表的不准确以及投资决策的困难。

一是多元资产类型与价值评估难题。现代产业学院的资产类型多样化，包括物质资产和非物质资产。不同类型的资产在价值评估上存在不同的挑战和困难。现代产业学院的物质资产包括土地、建筑、设备等。由于土地用途变更、建筑折旧、设备磨损等物质资产的特殊性和复杂性，物质资产的价值评估难度增加。现代产业学院的非物质资产包括知识产权、品牌价值、创新能力等。但是，非物质资产的价值评估更加复杂，包含知识产权的价值衡量、品牌价值的估算等问题，这往往需要借助专业评估机构和方法。二是多方利益相关者与评估结果争议。现代产业学院的资产产权涉及多个利益相关方，包括现代产业学院内部的各方利益相关者以及外部合作伙伴。不同利益相关方对于资产的价值评估可能存在不同的观点和诉求，它们往往具有不同的立场和关注点，导致评估结果的争议。现代产业学院的发展和运营通常涉及高等院校、企业、政府机构等外部的合作伙伴，这些合作伙伴会对现代产业学院资产的价值评估结果产生影响，因为它们对于现代产业学院资产的使用和投资存在不同的预期和期望。三是评估方法和模型的不确定性。资产产权价值评估的困难还源于评估方法和模型的不确定性。评估方法和模型的选择对于评估结果的准确性和可靠性具有重要影响。资产价值评估采用市场比较法、收益法、成本法等多种方法。然而，不同方法的适用性和局限性可能导致评估结果的差异和争议。资产价值评估依赖于市场数据、财务数据、行业数据等大量的数据和信息，但数据的不确定性会影响评估结果的准确性和可信度。评估模型通常基于假设和简化，以简化复杂的资产产权价值评估过程。

（三）现代产业学院治理体系和治理结构不健全

现代产业学院治理体系和治理结构的不健全是指现代产业学院在组织架构、决策流程、权力分配、监督机制等方面存在缺陷和不完善，导致治理效能低下，难以实现有效的治理和运营。现代产业学院治理体系存在结构不合理的问题。治理体系应建立清晰的组织架构，明确各个职能部门的职责和权责关系。由于缺乏清晰的法律地位和明确的组织规定，现代产业学院的组织架构模糊不清，职能部门之间的协调和沟通不畅。这可能导致决策难以迅速实施，部门之间存在信息孤岛和责任推诿的问题，影响现代产业学院的整体运营和发展。

1. 治理体系不完善

完善的现代产业学院治理体系对于现代产业学院的可持续发展和有效运行至关重要。在实践中，现代产业学院的治理体系常常存在不完善的情况，表现在组织结构模糊、决策机制不科学、权力分配不合理、监督机制不健全等方面。

第一，法律地位模糊。现代产业学院作为新兴的教育组织形态，其法律地位和治理框架常常没有明确的法律依据。这使得现代产业学院在组织结构、权力运行和决策机制等方面缺乏明确的规范，导致治理体系的建立和运行困难。缺乏法律地位的明确性也会影响现代产业学院在与政府、企业等相关方进行合作和资源配置时的谈判地位和权益保障。第二，决策机制的不科学和权力分配的不合理。在一些现代产业学院中，决策过程常常缺乏透明度和广泛参与度，导致决策结果不够科学和公正。决策的权力可能过于集中在个别人员或特定部门，缺乏权力的有效制衡和分散。这种不合理的决策机制和权力分配会导致决策效率低下、资源配置不合理，甚至可能引发权力滥用和腐败问题。第三，监

**企业参与治理**
**——现代产业学院建设的必由之路**

督机制的缺失和不健全。有效的监督机制对于现代产业学院的良好治理至关重要，它能够防止权力滥用行为、违规行为和腐败现象的发生。然而，许多现代产业学院的监督机制存在监督主体不明确、监督手段不完备、监督效果不显著等问题。缺乏有效的监督机制会导致现代产业学院内部的行为不受制约，治理失去有效的监管和约束，增加现代产业学院运行风险。

现代产业学院治理体系不完善会带来一系列的负面影响。首先，治理体系不完善会导致现代产业学院内部决策的低效和不公正，影响现代产业学院的运营效率和质量。现代产业学院可能无法及时做出准确的决策，导致资源浪费和错失机遇。其次，治理体系不完善还会增加现代产业学院内部的风险和不确定性。缺乏明确的权责分工和监督机制，可能导致权力滥用、腐败等问题的产生，损害现代产业学院的声誉和利益。治理体系不完善还会影响现代产业学院与外部合作伙伴的合作关系，使得现代产业学院在与政府、企业等相关方进行合作时的谈判地位受损。

2. 治理结构不健全

现代产业学院是培养专业技能人才的重要教育机构，在实际运行中，代产业学院的治理结构存在着一系列不健全的问题，这些问题严重影响了现代产业学院的发展和教育质量。

第一，决策过程不透明。现代产业学院治理结构的问题之一是决策过程不透明。在一些现代产业学院中，决策的理由、依据和结果往往缺乏公开和透明，现代产业学院师生和其他利益相关者难以了解决策的背后逻辑，也无法有效评估决策的合理性和科学性。这种不透明的决策过程会导致师生对现代产业学院决策的信任度下降，甚至引发不满和抵制情绪，阻碍现代产业学院的发展。决策过程不透明的原因主要包括以下方面。一是缺乏信息公开机制，现代产业学院管理层在决策过程中未能充分公开决策所依据的信息、数据和研究成果，师生和其他利益相关者无法获得充分的决策依据。二是决策信息不对称，现代产业学院管理层与师生和其他利益相关者之间存在信息不对称的问题，决策者掌握着更多的信息，而师生和其他利益相关者则处于信息的被动接收状态，难以全面了解决策的全貌。三是缺乏民主参与机制，现代产业学院决策过程中，师生和其他利益相关者的参与度较低，无法有效表达自己的意见和建议，导致决策结果容易偏离公众利益。

第二，权力过于集中。现代产业学院治理结构的问题之二是权力过于集中。在一些现代产业学院建设中，决策权和管理权往往集中在少数人手中，缺乏有效的监督和制衡机制。这种权力集中使得决策者容易陷入权力滥用的困境，决策结果往往偏向个人或小团体的利益，而不是整个现代产业学院和师生的利益。权力过于集中的原因主要包括以下几点。一是个人垄断决策权。现代产业学院管理层中存在个别人士或少数群体垄断决策权的现象，导致决策过程中缺乏多元化的声音和意见，容易产生片面和偏颇的决策结果。二是缺乏监督机制。现代产业学院治理结构中缺乏有效的监督机制，决策者缺乏外部的监督和制衡，容易出现权力滥用的行为。三是组织文化问题。一些现代产业学院存在着封闭的组织文化，不鼓励师生参与决策和管理，导致权力过于集中，决策结果不够民主和公正。

第三，参与度低下。现代产业学院治理结构的问题之三是师生和其他利益相关者的参与度低下。一些现代产业学院师生和其他利益相关者参与现代产业学院事务的机会和渠道有限，无法真正发挥自身的主体作用。这种参与度低下不仅限制了现代产业学院治理结构的健全发展，也削弱了师生的归属感和主人翁意识。参与度低下的原因主要涵盖以下方面。一是缺乏信息公开和传递，现代产业学院管理层未能及时、全面地向师生和其他利益相关者传递现代产业学院的信息，导致他们对现代产业学院事务的了解程度不足，参与度低下。二是参与渠道有限，现代产业学院管理层未能建立开放、透明的参与机制，没有为师生和其他利益相关者提供充分的参与渠道，限制了他们表达意见和建议的机会。三是缺乏意识和动力，一些师生和其他利益相关者对现代产业学院事务的参与意识和动力不足，对现代产业学院的发展缺乏积极的投入和参与。

（四）企业进入与退出机制不完善

1. 企业参与现代产业学院治理的激励力度不足

在现代产业学院的治理结构中，企业的参与具有重要意义，它能促进现代产业学院与实际产业的对接，提高教育质量和就业竞争力。在实际操作中，企业参与现代产业学院治理的进入与退出机制存在一系列不完善的问题，这影响了参与的有效性和治理结构的健全性。

第一，利益关系不明确。现代产业学院治理结构中的企业参与往往需要投入时间、精力和资源，但他们往往无法清楚地了解到参与治理能够带来怎样的利益回报。这种不明确的利益关系使得企业对参与治理的积极性不高，影响了他们的投入和参与度。利益关系不明确的原因主要包括以下方面。一是缺乏明确的权益保障机制。现代产业学院治理结构中缺乏明确的权益保障机制，企业参与治理往往无法确保自身利益得到有效保护，这限制了它们对参与治理的积极性。二是激励机制不完善。现代产业学院治理结构中的激励机制不完善，企业无法从参与治理中获得明显的经济和非经济回报，这使得他们参与的动力不足。三是利益分配不公平。在一些情况下，现代产业学院治理结构中的利益分配不公平，企业无法公平分享参与治理所带来的成果，这降低了他们参与的积极性。

第二，沟通交流不畅。良好的沟通交流是企业参与治理的基础，它能够促进信息共享、合作协调和问题解决。在现实中，企业与现代产业学院之间的沟通交流往往存在以下问题。一是信息不对称。企业缺乏对现代产业学院治理结构的全面了解，而现代产业学院也未能充分传递治理信息和决策内容给企业，造成信息不对称的情况。二是沟通渠道不畅。缺乏畅通的沟通渠道是导致企业参与治理动力不足的一个重要因素。现代产业学院未能提供有效的沟通平台和机制，限制了企业与现代产业学院之间的交流和合作。三是沟通方式狭窄。仅依靠会议和文件传递等传统方式进行沟通，难以满足企业多样化的需求和交流方式，限制了沟通的效果。

第三，参与决策的影响力不足。企业参与现代产业学院治理激励力度不足的另一个深层次原因是参与决策的影响力不足。企业参与治理往往希望能够对现代产业学院的决策和规划产生实质性的影响，但在实际操作中，它们的影响力往往受限，这降低了它们参与治理的积极性。参与决策影响力不足的原因如下。一是决策权集中。现代产业学院治理结构中的决策权往往集中在少数人手中，企业的意见和建议无法得到充分考虑，限制了它们对决策的影响力。二是企业代表人选不合理。企业参与治理的代表往往缺乏代表性，无法真正代表行业的共同意见和诉求，使得它们对决策的影响力受限。三是决策程序不透明。决策过程缺乏透明度，企业无法充分了解决策的背景、理由和影响，限制了它们对决策的参与和影响力。

2. 企业参与现代产业学院治理的退出机制不完善

在现代产业学院的治理结构中，企业参与的退出机制是保证治理的灵活性和可持续性的重要组成部分。目前存在着企业参与现代产业学院治理的退出机制不完善的问题，这一问题限制了企业自主选择和灵活调整，导致现代产业学院治理结构僵化和效率下降。

第一，缺乏明确的退出程序。在治理结构中，很少明确规定企业如何退出治理，包括退出的程序、时机和条件等。这导致企业在需要退出时面临困惑和不确定性，影响它们的决策和参与意愿。缺乏明确的退出程序主要表现在以下几个方面。一是退出条件不明确。现代产业学院治理结构中往往没有明确规定企业退出的条件，包括治理目标的实现、合作期限的届满、变化的行业需求等。缺乏明确的退出条件使得企业无法准确判断退出时机。二是退出程序不规范。目前治理结构中缺乏规范的退出程序，企业在决定退出时需要面对程序上的不确定性，可能导致退出的过程复杂和困难。三是退出后责任不明确。现有治理结构中对于企业退出后的责任分担和权益保护缺乏明确规定，这给企业带来了不确定性和风险，可能影响它们的退出决策。

第二，缺乏退出机制灵活性。治理结构中往往缺乏对企业退出的灵活调整机制，因此无法应对企业因各种原因需要退出治理的情况。在现有治理结构中，企业要退出治理往往面临较大的困难，包括程序复杂、时间延长等，这使得企业对退出治理望而却步。合作期限较长，使得企业难以灵活调整和退出，限制了它们的选择和决策权。部分企业与现代产业学院之间存在过于僵硬的合同约束，难以根据实际情况进行灵活调整，影响了企业的参与意愿。

第三，缺乏退出机制的信息透明性。企业参与现代产业学院治理的退出机制不完善的另一个重要原因是缺乏退出机制的信息透明性。缺乏对退出机制的明确公示和传达，使得企业对退出机制的了解程度有限，无法充分掌握与退出相关的规定和程序。现有治理结构缺乏公开的退出政策和相关文件，企业难以获取退出相关的规定和要求，限制了对退出机制的了解。现代产业学院与企业之间的信息传递不及时，退出机制相关的信息无法及时传达给企业，影响它们对退出机制的了解和运用。如果治理结构中的退出机制发生变更，企业往往难以及时获得相关信息，无法做出相应的调整和决策。

（五）现代产业学院校企组织文化融合不足

现代产业学院作为校企合作的重要形式，其校企组织文化融合不足是一个值得深入探讨的问题。在校企合作中，组织文化的融合与协调对于实现合作的目标和提升合作效能具有重要意义。然而，现实中存在着校企组织文化融合不足的情况，这不仅影响了合作的顺利进行，还限制了双方潜力的发挥和创新的实现。

1. 不同组织文化的碰撞与冲突

企业参与现代产业学院治理中，不同组织文化之间的碰撞与冲突是一个普遍存在的问题。组织文化是指在组织内形成的共同信念、价值观和行为规范，它对于组织成员的行为和决策具有重要的影响。

第一，价值观的差异。现代产业学院和企业在价值观上往往存在差异。现代产业学院注重学术研究、人才培养和社会责任，强调知识的传承和创新。而企业更加关注利润，强调效益和经济利益的最大化。这种差异导致了二者在合作中出现目标不一致、决策难以达成共识等问题。如现代产业学院将培养学生的学术能力和综合素质放在首位，强调学术自由和独立思考，而企业则更关注员工的实际工作能力和市场适应性，追求效率和效益。这种差异在合作中可能导致现代产业学院与企业在人才培养目标、职业规划等方面存在冲突和不协调。

第二，决策方式的差异。现代产业学院通常采用民主决策或专家决策的方式，尊重师生的意见和参与，注重多元化的讨论和辩论。而企业往往采用权威决策或市场决策的方式，依靠领导层决策和市场反馈。这种差异导致了在合作中决策难以协调和执行的不顺利。现代产业学院和企业在决策方式上的差异可能导致在合作中难以达成共识和一致意见。现代产业学院希望通过广泛的讨论和意见征集来决策，而企业则更倾向于迅速做出决策并快速实施。这种差异导致决策过程的拖延和合作项目的推迟。

第三，沟通方式不匹配。现代产业学院通常注重学术交流和内部沟通，重视文字表达和论述，注重思辨和深入的讨论。而企业更注重市场信息和外部沟通，注重口头表达和简洁明了的信息传递。这种差异导致了信息的不对称和沟通的不顺畅，限制了合作的深入和协同效应的发挥。现代产业学院倾向于通过研究报告、学术论文等方式进行信息传递，而企业则更希望通过会议、电话、简洁明了的报告等方式进行沟通。这种不匹配的沟通方式可能导致信息传递的困难和理解的偏差，影响了双方的合作效果。

第四，组织文化的历史传承。现代产业学院和企业作为不同类型的组织，其组织文化往往有着不同的历史传承和背景。现代产业学院注重学术传统和知识积累，强调学术自由和思想创新。而企业作为商业机构，注重市场竞争和经济利益的追求。这种历史传承和背景的不同使得现代产业学院和企业在组织文化上存在较大的差异。现代产业学院会沿袭长期的学术传统和教育理念，企业则更注重商业模式和市场策略。这种历史传承和背景的差异导致了组织文化之间的碰撞和冲突。

## 2. 文化认知和适应能力的不足

企业参与现代产业学院治理中，文化认知和适应能力的不足是另一个重要的问题。文化认知是指对不同组织文化的了解和理解，而适应能力是指在跨组织合作中适应和融入对方文化的能力。

第一，文化认知的不足。现代产业学院和企业往往对彼此的组织文化了解不够深入。现代产业学院缺乏对企业文化的理解，而企业也会对现代产业学院的学术文化和组织特点缺乏认知。这种不足导致了在合作中理解和沟通的困难。一是现代产业学院与企业对彼此的核心价值观和信念缺乏清晰的认知。现代产业学院更关注学术自由和知识传承，而企业则更注重市场竞争和经济效益。这种差异导致了二者在合作中难以达成一致意见和共同目标。二是现代产业学院和企业对彼此的工作方式和决策方式缺乏认知。现代产业学院倾向于民主决策和集体讨论，而企业则更注重权威决策和迅速行动。这种差异导致了合作中决策的难以协调和执行的不顺利。三是现代产业学院和企业的沟通方式与语言风格也存在差异，而缺乏对彼此沟通方式的认知会增加信息传递的困难。现代产业学院更注重文字表达和学术论述，而企业则更注重口头交流和简洁明了的信息传递。这种差异限制了双方在合作中的有效沟通和理解。

第二，适应能力的不足。现代产业学院和企业在校企合作中需要具备适应对方文化的能力，现实中存在着适应能力不足的问题。现代产业学院和企业在合作中可能过于依赖自身的文化和方式，缺乏对对方文化的适应和融合。一是现代产业学院与企业在合作中面临文化冲突和认同困境。现代产业学院难以适应企业的利益导向和市场竞争的要求，而企业也对现代产业学院的学术自由和理论导向持怀疑态度。这种冲突和认同困境限制了双方的合作效果和协同创新的发展。二是现代产业学院与企业在合作中存在角色和权力的不平衡。现代产业学院作习惯于担任知识传授和教育培训的角色，而企业则更习惯于担任经济主体和市场竞争的角色。这种角色和权力的不平衡使得现代产业学院难以在合作中发挥自身优势，同时也限制了企业对现代产业学院的认同和支持。三是现代产业学院与企业的合作往往涉及到不同的制度和规范，需要双方具备对方制度的理解和适应能力。现代产业学院和企业在制度适应方面存在不足。现代产业学院在市场竞争和商业运作方面缺乏经验，而企业则对现代产业学院的教育管理和学术评价体系不够了解。这种不足导致了合作模式和机制的难以协调与融合。

企业参与治理
——现代产业学院建设的必由之路

## 二、企业参与现代产业学院治理模式的应对

（一）法律层面：明确现代产业学院的法律性质与地位

现代产业学院的法律性质和地位可从宏观层面进行阐述。在法律性质方面，现代产业学院通常是依法设立并合法注册的。它们在国家的法律框架下遵循教育法规和相关法律法规的规定。这些现代产业学院通常需要获得政府的批准和监管，以保证它们的教学质量、管理运作和学生权益都得到有效保障。法律性质的确立使得现代产业学院有法定的办学权限和责任，并为其提供了法律依据和指导，以便其正常运作和发展。

现代产业学院在教育体系中有其特殊的地位，它们通常是职业教育体系中的一个组成部分，与传统职业院校或研究机构相互补充。现代产业学院的主要目标是培养适应现代产业发展需求的高素质技能人才，以满足社会和产业对专业技能的需求。与传统职业院校相比，现代产业学院更加注重实践技能的培养，与行业企业联系更为紧密。它们通常与企业、行业协会等合作，提供实践教学和实习机会，以便学生能够接触真实的工作环境，并具备所需的实践技能。在地位上，现代产业学院承担着培养技术技能人才、职业培训和支持产业发展的重要责任。通过提供实际的职业教育和培训，现代产业学院弥补了产业技能需求和就业市场之间的鸿沟。它们的地位也体现在其与政府、企业和社会各界的合作关系上，共同推动产业的发展，建立人才培养的目标。

1. 赋予现代产业学院相对独立的法人地位

赋予现代产业学院相对独立的法人地位是一项重要的举措，旨在确保其有效运作和发展。这种法人地位赋予了现代产业学院一定的自治权和法律责任，使其能够更好地适应现代教育的需求，推动产业发展和人才培养目标的达成。

一是相对独立的法人地位赋予了现代产业学院决策和管理的自主权。作为一个实体，现代产业学院根据自身的发展目标和教育使命制定和执行教学计划、课程设置以及教育政策。这样的自治权使得现代产业学院能够更加灵活地适应不断变化的产业需求和教育环境，并及时作出相应的调整和改进。二是独立的法人地位为现代产业学院提供了一定的财务自主权。现代产业学院自主筹措经费，进行预算编制和财务管理，为教学、研究和发展提供充足的资源支持。这种财务自主权使得现代产业学院能够更好地将资源投入到师资队伍建设、教学设施改善、实践教学基地建设等方面，提高教学质量和学生培养效果。三是现代产业学院的

相对独立法人地位赋予了现代产业学院在与外部机构和组织进行合作和协商时的独立性和话语权。现代产业学院自主与企业、行业协会、研究机构等进行合作，开展产学研合作、实习就业安排、技术转移等合作项目。通过这样的合作，现代产业学院能够更好地与产业界对接，紧密结合实际需求，为学生提供更具实践性和职业化的教育培训。四是独立的法人地位为现代产业学院提供了法律责任和保障。现代产业学院在独立法人地位下，需遵守国家法律法规和教育行业的相关规定，承担起合法合规的办学责任。现代产业学院的教学质量、学生权益保障、资金使用等方面都要受到法律的监督和保护。这种法律责任和保障确保了现代产业学院的规范运作，有效防范和解决可能出现的问题和纠纷，维护了现代产业学院和教育体系的声誉和形象。五是赋予现代产业学院相对独立的法人地位能够促进现代产业学院的创新和发展。现代产业学院更加积极地开展教学研究和科研活动，推动学术进步和教学方法的创新。此外，现代产业学院也能够自主招收和培养教师，吸引更多优秀的师资力量加入，提升教学质量和水平。

2. 加快完善现代产业学院治理的相关法律法规

加快完善企业参与现代产业学院治理的法律法规是推动产业教育与产业发展深度融合的重要举措。建立健全相应的法律法规能促进企业深度参与现代产业学院治理，提高教育质量，推动技术创新和人才培养，进一步推动产业的发展和升级。

第一，建立企业参与现代产业学院治理的法律法规，明确参与方式和合作机制。法律法规规定了企业参与现代产业学院治理模式和治理范围，明确参与方的权责义务，确保治理的顺利进行。法规规定了企业参与现代产业学院治理的方式，如设立现代产业学院董事会或顾问委员会，以行业专家和企业代表为成员，参与现代产业学院决策和发展规划的制定。

第二，法律法规规定企业参与现代产业学院治理的权力和义务。这些法规明确企业在现代产业学院治理中的角色和责任，鼓励其积极参与现代产业学院的决策和管理，推动教育与产业的有效对接。同时，法规也应规定企业对现代产业学院提供的支持和资源的义务，确保合作的公平。

第三，法律法规应明确企业参与现代产业学院治理的监督和约束机制。这些法规规定监督机构的设立和职责，加强对企业参与现代产业学院治理行为的监管和评估。同时，法规还规定企业在治理中的行为准则和道德规范，保障合作的诚信和规范性。

第四，法律法规的完善应重点关注以下几个方面。一是法律法规应明确企业与现代产业学院之间的利益分配机制，包括资源共享、科研成果转化和人才培养等方面的合作利益分配，确保各方的合法权益得到保障，激励企业积极参与现代产业学院治理。二是法律法规应规范企业参与现代产业学院教学和科研的方式和标准，包括企业提供实践教学基地、开展实习实训、共同开设课程等方面的合作方式。同时，法规还应规定合作的质量标准和评估机制，确保合作的有效性和教育质量的提升。三是法律法规应加强企业对现代产业学院师资队伍建设的支持，包括企业提供教师培训、引进行业专家、建立联合研究机构等方面的合作举措，以提高教师队伍的专业水平和教学能力。四是法律法规应加强知识产权保护和科技成果转化的支持，包括企业与现代产业学院共同开展科研项目、加强科研成果的产业化转化、促进技术创新等方面的合作。法规还应规定双方在知识产权保护和合作成果分享方面的权益分配机制。

(二) 制度层面：构建企业参与现代产业学院治理建构与治理体系

构建企业参与现代产业学院治理建构与治理体系是推动产业教育与产业发展深度融合的重要举措。这一体系的构建旨在实现企业能够深度参与现代产业学院治理与发展的目标，推动人才培养、技术创新和产业升级。构建企业参与现代产业学院治理的建构体系需要建立明确的参与机制和合作模式，包括设立现代产业学院董事会、顾问委员会等机构，由企业代表和专家参与现代产业学院的决策和管理，保证企业在现代产业学院治理中发挥重要作用。建立定期沟通与协商机制，促进现代产业学院与企业的信息共享和合作对接，形成双向互动的合作关系。构建企业参与现代产业学院治理的治理体系需要明确各方的权责义务。现代产业学院应制定相关规章制度，明确企业在治理中的角色和职责，企业应积极参与现代产业学院的决策和治理，为现代产业学院提供专业指导和资源支持。双方应共同制定合作协议，明确合作的目标、内容、时间和责任，保证合作的顺利进行。构建企业参与现代产业学院治理的建构与治理体系需要加强信息共享和合作交流。现代产业学院和企业应建立稳定的沟通渠道，定期交流合作需求和进展情况，及时解决合作中出现的问题和难题，还可通过企业的专家讲座、实践教学基地设立等方式，促进现代产业学院与企业之间的交流与互动，提升教学质量和学生的实践能力。此外，构建企业参与现代产业学院治理的建构与治理体系还应注重知识产权保护和科技成果转化。企业参与现代产业学院研发项目的知识产权管理，明确双方在知识产权保护和成果分享方面的权益。同时应加强技术转移和产业化合作，促进科研成果的转化和应用，推动技术创新和产业发展。

构建企业参与现代产业学院治理的建构与治理体系需要建立监督和评估机制。相关部门应加强对现代产业学院与企业合作的监督和评估，确保合作的合法合规和效果，也可通过建立第三方评估机构对合作项目进行评估，为现代产业学院和企业提供参考和改进意见。

1. 参照法人治理结构，建立健全企业参与治理的理事会制度

参照法人治理结构，建立健全企业参与治理的理事会制度是推动产业教育与产业发展深度融合的重要举措。建立理事会制度能实现企业与现代产业学院之间的有效合作与协同发展，促进人才培养、技术创新和产业升级。

第一，理事会制度的概念与特点。理事会制度是一种参照法人治理结构建立的治理机制，通过成立理事会来统筹决策和管理事务。理事会由现代产业学院代表、企业代表以及其他相关利益相关方组成，是多方利益主体的协商与决策机构。理事会制度具有以下特点。一是多元化利益代表。理事会由现代产业学院代表、企业代表以及其他相关利益相关方组成，各方代表在理事会中平等参与，能够确保各方利益得到充分考虑。二是统筹协调决策。理事会作为一个协商与决策机构，能够统筹协调现代产业学院的发展战略、课程设置、师资队伍建设、科研方向等重要决策事项，保证现代产业学院与企业的合作方向和目标一致。三是分权与监督机制。理事会制度赋予理事会一定的决策权和管理权，但同时也需要建立相应的监督机制，保证理事会的决策和行为符合法律法规和治理原则。

第二，企业参与治理的理事会制度设计。一是理事会成员的组成。理事会成员应包括院校代表、企业代表以及其他相关利益相关方代表。院校代表由院校领导和教职员工组成，企业代表由相关行业的企业高管或代表担任，其他相关利益相关方代表包括政府代表、校友代表等。二是理事会的职责与权力。理事会应负责制定现代产业学院的发展战略、决策重要事项、审议预算和财务报告等，还应监督现代产业学院的运营和治理，确保现代产业学院的发展与合作目标的实现。三是理事会的运作机制。理事会应按照一定的会议制度召开定期或不定期的会议，讨论重要议题，进行决策和协商。会议由理事会主席或秘书处负责召集、制定议程和会议纪要。四是理事会主席与秘书处。理事会应设立主席和秘书处，主席负责主持理事会会议和协调理事会工作，秘书处负责协助

企业参与治理
——现代产业学院建设的必由之路

主席履行职责,并负责会议记录和文件管理等工作。五是理事会的决策机制。理事会的决策应遵循一定的程序和原则,包括议题提出、讨论、表决和决策结果的通知等。重要决策可能需要经过多数或特定比例的成员同意方可通过。六是理事会的监督机制。为了确保理事会的决策和行为符合法律法规和治理原则,应设立监事会或独立监督机构,对理事会的决策和运作进行监督和评估。

第三,企业参与治理的理事会制度的优势和意义。一是实现利益共享与协同发展。企业参与治理的理事会制度能够促进企业深度参与现代产业学院建设与治理,实现资源共享、技术创新和产学研紧密结合,推动产业发展与人才培养的协同发展。二是提升治理效能与透明度。理事会制度能够将现代产业学院的决策和管理置于多方利益主体的协商与决策之下,提高决策的科学性和合理性,增加决策的透明度和公正性。三是加强社会责任与担当。企业作为理事会的成员,参与现代产业学院治理,能够更好地履行社会责任,推动产业的可持续发展,培养符合行业需求的高素质人才。四是优化资源配置与整合。理事会制度能够整合现代产业学院和企业的资源,优化资源的配置和利用,提高教学与科研的质量和效果,推动产学研深度融合。五是提升现代产业学院治理水平与发展动力。企业参与治理的理事会制度能够引入行业专家和企业代表的智慧和经验,提升现代产业学院的治理水平,激发现代产业学院的创新活力和发展动力。

2. 精准界定主体权责利,完善企业参与现代产业学院治理体系

精准界定主体权责利,完善企业参与现代产业学院治理体系,是推动产业教育与产业发展深度融合的重要举措。通过明确主体的权力、责任和利益,建立科学有效的治理机制,促进企业深度参与现代产业学院治理,实现协同发展。

第一,精准界定企业与现代产业学院的权责利。一是企业的权力:企业作为参与治理的主体,应享有参与现代产业学院决策的权力,包括参与战略规划、课程设计、师资培养等重要决策的制定过程。企业还应享有知识产权、技术转化和成果分享的权力,以及对现代产业学院相关项目和研究成果的评估和认可权。二是企业的责任。企业作为参与治理的主体,应承担与其权力相对应的责任。企业应积极参与现代产业学院的决策和管理,为现代产业学院提供专业指导和资源支持。企业还应履行社会责任,推动产业发展和人才培养,为现代产业学院的发展提供有力支持。三是现代产业学院的权力。现代产业学院应

享有独立自主的办学权力,包括制定教育教学计划、招生和培养学生的权力。现代产业学院还应享有与企业合作的权力,包括科研合作、技术转移和产学研项目的开展等。四是现代产业学院的责任。现代产业学院应承担培养高素质人才的责任,应按照行业需求和社会发展的要求,开展专业化、应用型的教育教学活动,还应加强与企业的合作,将行业需求与教育教学紧密结合,培养适应产业发展需要的人才。

第二,完善企业参与现代产业学院治理体系。一是建立协商机制。完善企业参与现代产业学院治理的体系,需要建立企业与现代产业学院之间的协商机制,定期召开会议,就重要事项进行协商和沟通。通过协商机制,双方能够共同制定发展目标和合作计划,解决存在的问题和难题。二是设立专门工作组。为了更好地协调企业与现代产业学院之间的合作,应设立专门的工作组或委员会。该工作组由院校代表、企业代表和相关专家组成,负责具体项目的策划、实施和评估。三是加强信息共享。企业与现代产业学院之间的合作需要充分的信息共享。现代产业学院应向企业提供有关现代产业学院发展、课程设置、教学质量等方面的信息,以便企业更好地参与现代产业学院的决策和管理。同时,企业也应主动向现代产业学院提供行业发展趋势、技术需求等信息,为现代产业学院的教学和科研提供参考依据。四是健全评估机制。为了保证企业参与现代产业学院治理的有效性和效果,应建立健全的评估机制。评估机制定期评估企业参与的项目和合作成果,评估参与的企业的投入和贡献,以及评估现代产业学院与企业合作的效果和影响。五是加强人才交流与培训。企业参与现代产业学院治理需要具备一定的专业知识和管理能力,因此需要加强企业与现代产业学院之间的人才交流与培训。企业派遣优秀员工到现代产业学院任教或担任顾问,现代产业学院也可派遣教师到企业进行实践和培训,实现人才的双向流动和互补。六是加强法律保障。为了确保企业参与现代产业学院治理的合法性和稳定性,需要加强相关法律法规的制定和落实。相关法律应明确企业参与治理的权力和责任,规范合作的方式和程序,保障各方的合法权益。

精准界定主体权责利,完善企业参与现代产业学院治理体系,能够促进现代产业学院与企业之间的合作与协同发展,推动人才培养、技术创新和产业升级。同时它也能够提升治理效能和透明度,增强社会责任与担当,优化资源配置与整合,提升现代产业学院治理水平和发展动力。

企业参与治理
——现代产业学院建设的必由之路

（三）机制层面：完善企业参与治理的激励机制，建立适当让渡企业利益的退出机制

完善企业参与治理的激励机制和建立适当让渡企业利益的退出机制，对于促进现代产业学院与企业的深度合作和可持续发展具有重要意义。完善激励机制能激发企业参与治理的积极性和主动性，它通过给予企业在治理过程中的一定权益和收益，如提供现代产业学院项目合作的优先权、技术转化和成果共享的权益等，吸引企业更积极地参与现代产业学院的决策和管理，共同推动职业教育与产业发展融合。激励机制还能提高企业的投入和支持。政府相关部门制定激励政策，如给予企业参与治理的贡献者一定的荣誉称号、奖励或补贴等，鼓励企业积极参与治理并提供资源支持，进一步增强合作的动力和效果。同时，建立适当的让渡企业利益的退出机制也是必要的。企业参与治理会存在不同阶段的利益关系和发展需求，因此在合作过程中应设立退出机制，允许企业在一定条件下适当让渡利益或退出治理，这样可保障各方的合法权益，确保合作的公平性和可持续性。在建立退出机制时，应明确退出的条件、程序和责任分担等，如企业提前通知现代产业学院关于退出的意愿，并按照合同或协议约定的方式和程序进行退出，以确保合作的平稳过渡，不影响现代产业学院的正常运营。

1. 完善企业参与现代产业学院治理的激励机制

完善企业参与现代产业学院治理的激励机制，是推动产业教育与产业发展深度融合的重要手段之一。有效的激励措施能激发企业的积极性和主动性，提高它们参与现代产业学院治理的意愿和投入，从而促进合作的深入发展和共同成长。

第一，设立经济激励措施。一是奖励和补贴。现代产业学院设立奖励制度，给予在治理中作出重要贡献的企业一定的奖励。奖励可以是经济奖励，如资金、合作项目优先承接权等，也可以是荣誉奖励，如荣誉称号、奖章等。此外，对于参与治理的企业，现代产业学院还可提供一定的补贴，用于支持它们的投入和参与。二是利益共享机制。现代产业学院与企业建立利益共享机制，通过合作项目的开展和成果的转化，让企业分享相应的利益。如企业在知识产权方面的权益可得到保护和共享，现代产业学院与企业合作的科研项目和技术转化项目的收益按照一定比例进行分配。这样能激励企业积极参与现代产业学院治理，投入更多资源和精力。三是资金支持。通过政府支持或行业基金等途

径，现代产业学院为参与治理的企业提供资金支持，这样能够降低企业参与治理的经济负担，提高它们的积极性和参与度。

第二，建立荣誉激励机制。现代产业学院与相关行业协会或机构合作，设立行业评优机制，评选出在产业教育和产业发展方面做出杰出贡献的企业。通过荣誉的授予，可以鼓励企业更加积极地参与现代产业学院治理，树立典范和榜样。还可以根据企业在治理中的贡献和业绩授予相关的名誉职称，这些名誉职称既是现代产业学院内设立的专门职称，也是企业协会或组织共同认可的荣誉称号。这会提高企业参与治理的社会声誉和影响力。

第三，加强信息共享和技术支持。现代产业学院应主动向企业提供有关现代产业学院发展、课程设置、教学质量等方面的信息。企业通过了解现代产业学院的发展方向和需求，更好地参与治理并提供相应的支持。现代产业学院与企业进行技术合作，提供技术支持和服务。企业为现代产业学院的教学和科研提供先进的技术设备、技术培训等支持，促进教育和产业的深度融合。

第四，建立交流合作平台。现代产业学院与企业定期举行沟通会议，交流治理经验和发展方向，解决合作中的问题和难题。这样能够增进双方的互信和合作，推动治理工作的顺利进行。现代产业学院与企业共同开展研讨会和培训班，深入探讨治理的理论和实践问题，提升双方的管理能力和专业水平。

完善企业参与现代产业学院治理的激励机制能激发企业的积极性，增加企业投入，增强与现代产业学院的合作意愿和动力。同时激励机制也可以提高合作的效果和质量，推动产业教育与产业发展的有机结合，实现共同发展和繁荣。

2. 建立适当让渡企业利益的退出机制

建立适当的让渡企业利益的退出机制是现代产业学院治理中的重要环节。这一机制旨在确保合作的公平性、稳定性和可持续性，为企业提供退出的合理途径，同时保障现代产业学院的正常运营和发展。

第一，制定退出条件与程序。建立适当的让渡企业利益的退出机制需要明确退出的条件和程序，规定在合作期限届满或合作目标达成之后，企业有权选择是否退出合作。此外，还可规定在合作过程中出现重大矛盾、合作目标无法实现等情况下，双方通过协商解除合作关系。

第二，确定退出责任和义务。在建立退出机制时，需要明确双方的退出责任和义务。现代产业学院和企业应共同承担退出所带来的影响和后续责任。企业应按照合同或协议约定的方式和程序进行退出，并履行相应的解约义务；现代产业学院则需要妥善处理合作项目的转移和交接工作，确保现代产业学院的正常运营不受影响。

第三，保障权益的让渡方式。在退出机制中，还需要明确企业让渡权益的方式，这可以通过协商、协议或者其他法律形式来实现。让渡的权益包括知识产权、技术成果、合作项目等，企业需要按照规定的程序和条件进行让渡，并保障现代产业学院的合法权益。

第四，确保平稳过渡和补偿机制。为了保障合作的平稳过渡，应设立相应的补偿机制，在企业退出合作时获得一定的补偿，以弥补其在合作过程中的投入和损失。补偿机制的设立能够增加企业参与治理的信心，减少其退出合作的风险。

第五，评估和总结经验教训。退出机制的建立还应包括对合作项目的评估和总结，以吸取经验教训。通过对合作过程的评估，双方发现合作中存在的问题和不足，为今后的合作提供借鉴和改进的方向。

第六，法律保障和风险控制。退出机制需要在法律框架下运行，以确保合作的合法性和稳定性。相关法律法规应明确企业退出合作的权利和义务，并提供相应的纠纷解决机制。对退出机制中的风险进行充分的评估和控制，能确保双方的合法权益不受损害。

（四）经济层面：明确现代产业学院产权划分，促进校企合作共赢

明确现代产业学院产权划分，促进校企合作共赢是推动产业教育与产业发展深度融合的关键之一。明确产权划分，能确定各方在合作中的权益和责任，提高校企合作的效果和质量，实现双方的共赢发展。

现代产业学院与企业之间的合作往往涉及到知识产权、技术成果和商业机密等重要资产。产权划分可明确双方对这些资产的所有权和使用权，保护知识产权的合法性，防止侵权行为的发生，同时鼓励创新和技术转化。校企合作往往需要共享资源和共同投入，而这些资源和投入往往涉及到产权关系。通过明确产权划分，双方建立起相应的合作机制，确保资源的合理配置和利益的公平分享。双方在合作中形成互利共赢的合作模式，激发合作的积极性和创造力，推动校企合作不断深化和拓展。通过产权划分，各方明确权益和责任，减少合作中的不确定性和纠纷风险，建立起互信和稳定的合作关系。这样能够增加双方的合作意愿和动力，推动校企合作向更高水平发展。通过明确产权划分，现

代产业学院更好地利用企业的资源和经验,提供更贴近实际需求的教学和培训,培养符合产业发展需求的人才。企业也能够通过深度参与现代产业学院治理,获取先进的教学方法和研究成果,提升自身的竞争力和创新能力。

1. 出台企业参与现代产业学院建设的产权界定管理办法

国家应尽快出台企业参与现代产业学院建设的产权界定管理办法,以推动校企合作的发展,规范企业在现代产业学院中的参与。这一办法对于明确产权划分、保障各方合法权益、促进校企合作具有重要意义。

第一,企业参与现代产业学院治理涉及到知识产权、技术成果、商业机密等重要资源和资产。国家出台产权界定管理办法,明确企业在参与过程中对这些资产的所有权和使用权。明确产权划分能保护知识产权的合法性,防止侵权行为的发生,鼓励创新和技术转化。同时,该办法还应规定企业在参与现代产业学院建设中的权益和责任,确保其合法权益不受侵害。

第二,产权界定管理办法可促进校企合作的发展和规范。参与过程中,现代产业学院和企业需要共享资源和共同投入,而这些资源和投入往往涉及到产权关系。通过出台产权界定管理办法,双方建立起相应的合作机制,确保资源的合理配置和利益的公平分享。这有助于形成互利共赢的合作模式,激发合作的积极性和创造力,推动校企合作不断深化和拓展。

第三,产权界定管理办法可加强校企之间的信任和合作关系。明确产权划分能够减少合作中的不确定性和纠纷风险,建立起互信和稳定的合作关系。通过规范企业参与现代产业学院治理,各方的权益和责任得以明确,增加了双方的合作意愿和动力,推动校企合作向更高水平发展。

第四,产权界定管理办法应明确产权划分的程序和要求,确保规范的实施。这包括明确产权划分的申请、审批和备案程序,要求各方在合作协议中明确产权划分的具体内容和方式。同时,办法还应设立相应的监督机制,确保产权界定的公正性和合法性。产权界定管理办法还应关注产权纠纷的解决机制。校企合作中可能出现产权纠纷或争议,这就需要有相应的解决机制来协调和处理。该办法规定相应的纠纷解决途径,鼓励各方通过协商、调解、仲裁等方式解决纠纷,确保合作的顺利进行。

第五,国家出台企业参与现代产业学院建设的产权界定管理办法应重视政策的灵活性和时效性。随着科技和产业的发展,合作模式和合作领域不断变化,产权界定也需要根据实际情况进行相应的调整和优化。因此,办法应具备一定的灵活性，以适应不断变化的产业需求和合作模式。

2. 制定企业参与现代产业学院资产价值评估的国家标准

国家应尽快建立企业参与现代产业学院资产价值评估的国家标准，以推动校企合作的规范化和有效运作。这一标准对于明确资产价值评估的方法和标准、保障各方的权益、提升校企合作的质量具有重要意义。

第一，建立资产价值评估的国家标准并提供统一的方法和标准，确保评估结果的准确性和可比性。现代产业学院与企业合作涉及到大量的资产，包括土地、厂房设施、知识产权、技术成果等。明确资产价值评估的方法和标准，能使评估结果更加客观和公正，减少主观因素的影响，提高评估结果的可信度。统一的评估标准还方便不同现代产业学院和企业之间做比较和参考，促进经验分享和合作学习。

第二，建立资产价值评估的国家标准并保障各方合法权益。企业参与涉及到资产的所有权和使用权等重要权益。建立评估标准能明确资产权益的界定和归属，保护各方的合法权益。如在合作终止或纠纷解决时，评估标准作为参考依据，明确资产归属和权益分配。这有助于减少纠纷和争议的发生，保障各方的合法权益。

第三，建立资产价值评估的国家标准可以提升企业参与的质量和效益。企业参与中的资产价值评估帮助各方全面了解和把握合作项目的价值和风险，做出明智的决策。评估标准确定资产的市场价值、未来预期收益等关键指标，为双方提供科学依据。这有助于优化合作项目的设计和运营，提高合作的质量和效益。

第四，建立资产价值评估的国家标准能促进校企合作的融资和投资。资产价值评估是融资和投资过程中的重要环节。建立评估标准可以提供独立、权威的资产估值报告，为融资方和投资方提供可靠的依据。这有助于吸引更多的融资和投资资源，推动企业参与的资本化和市场化。评估标准也能为风险管理和保险提供参考依据，增加企业参与的可持续性和稳定性。

第五，资产价值评估的国家标准应关注标准的制定程序和权威性。制定标准应充分考虑各方的需求和利益，征求相关专家和行业的意见，并经过科学的论证和实践的验证。同时，标准的权威性也很重要，应确保标准的制定机构具备专业的背景和权威性，能够提供独立、公正的评估服务。

（五）文化层面：推动校企文化融合，提升现代产业学院治理效能

推动校企文化融合，提升现代产业学院治理效能是实现良好校企合作的关键要素。校企文化融合是指现代产业学院和企业在合作中相互理解、尊重和融合彼此的价值观念、工作方式和组织文化。深化文化融合能够增强双方的合作意愿和认同感，提高治理效能和合作成果。

现代产业学院和企业往往有不同的文化背景和工作方式，这可能导致沟通和理解上的障碍。推动文化融合能促进双方的相互理解和沟通，消除隔阂和误解。双方通过共同的价值观和工作方式建立起更加密切的合作关系，提升沟通的效率和质量。合作中的文化融合能够加强现代产业学院和企业之间的协同作用，形成合作的共同体。通过共享价值观念和工作理念，双方建立起相互信任和支持的关系，形成团结一致的合作团队。这有助于提升合作的效能，取得良好成果，实现优势互补和协同创新。治理是现代产业学院建设中的重要环节，涉及到合作规则、权益保护、决策机制等方面。通过文化融合，现代产业学院和企业在治理方面达成一致，建立起共同的治理理念和机制。双方相互借鉴和学习，将优秀的治理经验和做法应用到合作中，提高治理的效能和透明度。合作中的文化融合帮助现代产业学院和企业树立共同的企业形象和品牌，形成共同的核心价值观。这有助于吸引更多的合作伙伴和人才，提升现代产业学院和企业的声誉和影响力。共同的企业文化也有助于员工形成凝聚力和认同感，促进团队的稳定和发展。

1. 树立兼容并包理念，打造更具包容性的现代产业学院文化

树立兼容并包理念，打造更具包容性的现代产业学院文化，是校企合作和现代产业学院发展的重要方向。兼容并包理念强调多元、包容和融合，通过尊重多样性和不同观点，促进现代产业学院内外各方的参与和合作，构建一个开放、包容的现代产业学院文化。

第一，树立兼容并包理念有助于提高现代产业学院的吸引力和影响力。现代产业学院作为一个开放的平台，需要吸引各类企业、机构和个人的参与和支持。通过树立兼容并包理念，现代产业学院吸引更多的合作伙伴和人才，搭建更广泛的合作网络。不同背景和经验的人才会带来不同的创新思维和观点，推动现代产业学院的发展和进步。

第二，兼容并包理念有助于提升现代产业学院的创新能力和竞争力。在现代产业中，创新是推动发展的核心驱动力。通过树立兼容并包的文化，现代产

业学院吸收不同行业、领域和文化背景的知识和经验，融合多样性的观点和思维方式，培养创新思维和跨学科合作的能力。这有助于提升现代产业学院的创新能力和解决复杂问题的能力，提升现代产业学院的竞争力。

第三，兼容并包理念有助于构建良好的合作关系和合作文化。现代产业学院与企业的合作需要建立在相互理解、尊重和信任的基础上。通过树立兼容并包的文化，现代产业学院尊重和包容不同企业的价值观念、工作方式和文化特点，建立起良好的合作关系。这有助于促进双方的共同发展和长期合作，营造合作共赢的文化氛围。

第四，兼容并包理念有助于推动现代产业学院的社会责任履行和可持续发展。现代产业学院在与企业合作的过程中，承担着培养人才、推动创新和促进社会发展的重要责任。通过树立兼容并包的文化，现代产业学院关注社会多样性和公平正义，推动社会包容性的发展。现代产业学院通过开展社会公益活动、支持弱势群体和推动可持续发展等方式，践行社会责任，促进社会的和谐与进步。

为了树立兼容并包的理念，现代产业学院可采取以下措施。一是建立包容性的现代产业学院文化。现代产业学院制定并倡导包容性的政策和多元文化价值观，鼓励师生员工尊重和包容不同的观点和文化背景。开展文化交流和座谈会等活动能促进不同文化间的相互理解和融合。二是提供平等机会和资源。现代产业学院应确保师生员工都能享有平等的机会和资源，无论其性别、种族、年龄、背景等。它通过制定公平的招聘和晋升机制、提供平等的培训和发展机会等方式，营造公正的环境，激发每个人的潜力。三是建立开放的合作平台。现代产业学院创建开放的合作平台，吸引各类企业、机构和个人的参与。建立合作项目、举办合作论坛和研讨会等活动为不同利益相关方提供交流和合作的机会，促进多方共赢。四是强调跨学科合作和创新。现代产业学院鼓励师生员工进行跨学科的合作和创新，通过开设跨学科的课程和项目、设立创新基金和实验室等方式，促进不同学科和领域的交流与融合，培养跨学科合作的能力和创新思维。

2. 建立校企文化培训机制

建立校企文化培训机制是为了帮助师生员工适应新型的校企合作文化，提升他们的合作能力和适应能力。随着企业参与现代产业学院治理的不断深化，校企合作文化也在不断发展和演变，师生员工需要具备与之相匹配的素质和技能。通过建立校企文化培训机制，现代产业学院为师生员工提供必要的培训和指导，帮助他们理解和适应新型的校企合作文化，提升整体的合作效能和现代产业学院的竞争力。

一是校企文化培训机制应重点强调合作意识和合作技巧的培养。合作是校企合作的核心要素，而合作意识和合作技巧的培养对于合作的顺利进行至关重要。培训包括团队合作的原则、沟通技巧、协作能力等方面的内容，它能帮助师生员工建立起积极的合作意识，掌握有效的合作技巧，提高师生员工在校企合作中的协同效应，增强团队的凝聚力和执行力。二是校企文化培训机制应关注文化差异的理解和融合。现代产业学院和企业有不同的文化背景和工作方式，存在一定的文化差异。培训能够帮助师生员工了解和尊重不同文化背景下的价值观念、工作方式和沟通习惯，促进不同文化之间的融合和理解。这样可以减少文化冲突和误解，建立双方良好的合作关系，为校企合作提供更加稳定和有效的基础。三是校企文化培训机制应注重跨学科合作和创新思维的培养。现代产业学院的合作往往涉及多个学科和领域的交叉，需要师生员工具备跨学科合作的能力和创新思维。培训包括跨学科合作的方法和技巧、创新思维的培养和应用等方面的内容，它能帮助师生员工拓展视野、跨越学科壁垒，促进不同学科之间的融合和协同创新，提高现代产业学院的创新能力和解决复杂问题的能力，提升现代产业学院的竞争力。四是校企文化培训机制应关注领导力和管理技能的培养。在校企合作中，领导力和管理技能对于有效推动合作和协调资源至关重要。培训涵盖领导力的培养、团队管理、项目管理等方面的内容，它能帮助师生员工掌握有效的领导和管理技能，提高现代产业学院师生员工在校企合作中的管理能力和协调能力，推动合作项目的顺利进行，取得良好的成果。五是校企文化培训机制应注重实践和反馈。培训不仅要注重理论知识的传授，更要通过实践活动和案例分析等方式，让师生员工将所学知识应用到实际的校企合作中。同时，培训机制还应设立反馈机制，收集师生员工的意见和建议，不断优化培训内容和方式，达到培训效果。

企业参与治理
——现代产业学院建设的必由之路

## 第三节　企业参与现代产业学院治理模式的成功案例

通过企业参与治理，现代产业学院获得了行业领先的专业知识、技术资源和资金支持，提升了科研水平和创新能力。同时，企业参与也为学生提供了与企业合作的机会，提升了他们的实践能力和就业竞争力。校企合作的成功离不开双方的互信和合作精神，二者建立长期稳定的合作关系，共同追求创新和发展的目标。

### 一、三个成功案例简介

（一）广州开发区科学城产业学院案例

对接粤港澳大湾区，围绕装备制造、汽车、石化、家用电器、电子信息等优势产业，以及生物技术、5G和移动互联、3D打印、智能机器人等产业项目，广州科技贸易职业学院按照专业群对接产业链方式，由开发区政府、产业园区管委会、支柱行业企业和市属高职院校共建"广州开发区科学城产业学院"，从2018年仅有11个专业700余名学生起步，到2020年有24个专业2700余名学生进驻。学校产业学院的探索实践形成了以产教融合问题为导向、理事会治理章程为依据、运行制度为关键、建设方案为基本的治理模式，构建了做实产教融合生态环境、夯实治理结构、抓实治理机制和落实治理能力的"四实"治理体系的目标。为了实现提高人才培养质量和提升学校服务产业能力的目标，政府积极参与和推动相关政策的落实，以政策落实者的角色推动相关措施的实施。行业企业需要高素质的技术技能人才来满足其发展需求，因此它们应该参与并共同制定产业学院的发展策略和计划。学校应以培养符合产业需求的人才为核心目标，积极主动地融入当地的智能装备产业园区建设。在实现治理和协调的过程中，双方需要以实际问题为导向，以产教融合作为核心。产业学院与行业企业密切合作，共同开展实践教学、科研合作等活动，通过应用型课程的设计和实施以及实习就业机会的提供，为学生创建与产业需求匹配的培养方案和平台。另外，现代产业学院还制定并落实了规范管理制度，确保实施过程的高效和有序。

整个治理过程强调"四实"治理机制，即导向实际问题、夯实治理结构、抓实制度关键、落实基本方案。这种治理机制有助于建立校企治理共同体，实现各方的紧密合作和协同发展。通过这种模式，政府、产业园区、行业企业和高职院校形成良性互动的关系，共同推动现代产业学院的发展，提高人才培养的质量和学校对产业的服务能力。

(二) 阿里巴巴与新加坡国立大学（NUS）合作案例

阿里巴巴与新加坡国立大学（NUS）合作成立的研究中心是一项成功的校企合作案例。该研究中心专注于物联网、大数据和人工智能领域的研究，由阿里巴巴和 NUS 的教授与研究人员共同组成，共同开展项目研究和技术创新。合作中，阿里巴巴为研究中心提供了资金支持和技术资源，还有实验设备和数据集。这种支持使得研究中心能够拥有良好的实验条件和丰富的数据资源，以及更好的研究环境和工具。阿里巴巴作为全球知名的科技公司，积累了丰富的物联网、大数据和人工智能方面的专业知识和技术经验。NUS 作为一所优秀的高等教育机构，拥有卓越的研究团队和学术资源。通过合作，双方可以共享知识和资源，相互补充，推动研究和技术创新的进展。该合作不仅对产业学院的研究和创新起到推动作用，也加强了产业学院与行业的紧密联系。阿里巴巴作为行业领先的企业，与 NUS 的合作使得研究中心的研究成果更加符合实际应用需求，具有更强的商业化潜力。合作中，双方可以共同探索物联网、大数据和人工智能领域的前沿问题，并将研究成果转化为实际应用，推动行业的发展和创新。此外，合作中也包括共同培养学生和开展项目。学生通过参与研究中心的项目，与阿里巴巴的专业团队合作，获得实践经验和与行业合作的机会。这种实践经验对学生的职业发展非常有益，提高了他们在物联网、大数据和人工智能领域的就业竞争力。

阿里巴巴与 NUS 合作成立的研究中心是一项成功的校企合作案例。合作中，阿里巴巴提供了资金支持、技术资源和实验设备，为产业学院提供了更好的研究条件和工具。合作不仅推动了产业学院在物联网、大数据和人工智能领域的研究和创新，也加强了产业学院与行业的紧密联系，为学生提供了与行业合作的机会和实践经验。这种校企合作模式有助于促进学术与实践的结合，推动产学研合作的深入发展。

(三) 腾讯与清华大学合作案例

腾讯与清华大学合作成立的创新创业教育平台是一项成功的校企合作案

企业参与治理
——现代产业学院建设的必由之路

例。该平台的目标是培养创新创业人才并推动科技成果的转化。双方合作建立了实验室和孵化器，提供导师支持和项目孵化服务，同时举办创业大赛和创新讲座等活动。清华大学作为中国顶尖的高等教育学府拥有丰富的学术资源和优秀的学生群体。腾讯作为中国领先的科技公司，具有丰富的行业经验和先进的科技能力。双方合作共建的实验室和孵化器为学生提供了一个实践创新创业理念的平台。学生参与各种项目和活动，与腾讯的专业团队合作，接触实际的创业环境，并通过导师的指导和项目孵化服务，将他们的创意和科技成果转化为商业价值。这种合作对清华大学的学生来说是一个难得的机会，他们与腾讯这样的科技巨头紧密合作，深入了解行业的最新趋势和发展动态，并获得实践创新创业的经验。通过与腾讯的合作，学生能够学习到实际应用的技能，培养创新思维和团队合作能力，提高他们在创业领域的竞争力。同时，腾讯也通过与清华大学的合作获得了许多好处。清华大学拥有一流的科研资源和优秀的研究团队，为腾讯提供技术支持和创新方向。通过与清华大学的合作，腾讯能够更好地获取科研成果和人才支持，推动公司的创新发展。双方合作共建的实验室和孵化器也为腾讯提供了一个创新的生态系统，促进内部的创新能力和创业文化的培养。

腾讯与清华大学合作成立的创新创业教育平台是一项成功的校企合作案例。通过合作共建实验室和孵化器，提供导师支持和项目孵化服务，双方共同培养了一批优秀的创新创业人才，并推动科技成果的转化。这种合作模式不仅为学生提供了与腾讯合作的机会，帮助他们实践创新创业的理念，也为腾讯提供了更多的科研资源和人才支持，推动了公司的创新发展。这样的校企合作模式对于促进产学研结合、推动创新创业生态的建设具有重要意义。

二、价值与启示

（一）价值

这些成功案例充分展示了企业参与现代产业学院治理的诸多价值。当企业积极参与现代产业学院治理时，双方可以实现优势互补，共同促进产学研合作的发展。

1. 为现代产业学院带来行业领先的专业知识和技术资源

企业在日常经营中积累了丰富的行业经验和先进的应用技术，通过参与现代产业学院治理，将这些知识和资源共享给现代产业学院，帮助现代产业学院在教学和科研方面保持与行业的紧密联系。现代产业学院从中获得前沿的研究方向、实际的案例和应用场景,有助于提升科研水平和教学质量。

2. 为现代产业学院提供资金支持

企业往往具备较强的资金实力,通过合作与投资,为现代产业学院提供必要的经费支持。这些资金可以用于设备购置、研究项目的资助、人才培养等方面,有助于现代产业学院加强科研实力和提升创新能力。

3. 为学生提供了与行业合作的机会

学生通过实习、项目合作、校企联合培养等形式,与企业紧密接触,了解行业的最新发展动态和实际工作要求。与行业专业人士的互动交流,能够拓宽学生的视野,培养实践能力和创新思维,提升他们的就业竞争力。

4. 校企合作的成功离不开双方的互信和合作精神

建立长期稳定的合作关系是确保合作取得成果的关键。现代产业学院和企业应该建立良好的沟通机制和合作平台,加强信息交流与共享,共同制定发展目标和规划,推动合作的深入发展。双方需要在合作过程中保持互信、相互支持,积极解决合作中的问题和挑战,共同追求创新和发展的目标。

(二) 启示

上述几个国内外成功案例为企业参与现代产业学院治理带来了有益的启示。

1. 建立战略合作伙伴关系

这些合作案例展示了企业与现代产业学院之间建立紧密的战略合作伙伴关系的重要性。双方共同确定目标,并在实践中合作,推动产业发展和现代产业学院教育质量的提升。建立战略合作伙伴关系是企业参与现代产业学院治理的关键因素之一。这种合作关系的重要性在微软和卡内基梅隆大学(CMU)合作、阿里巴巴与新加坡国立大学(NUS)合作以及腾讯与清华大学合作等成功案例中得到了充分展示。

第一,共同确定目标。建立战略合作伙伴关系的第一步是双方共同确定目标。企业与现代产业学院之间的合作应以明确的目标和共识为基础,这能够保证双方在合作过程中朝着相同的方向努力。如微软和CMU的合作旨在推动人工智能领域的研究和应用,而阿里巴巴与NUS的合作着眼于数字经济和创新领域的研究。共同确定目标为双方的合作提供明确的指引和动力。

第二,实践中的合作。建立战略合作伙伴关系不能仅停留在口头承诺上,

企业参与治理
——现代产业学院建设的必由之路

更重要的是在实践中进行合作。企业与现代产业学院共同开展项目、研究和创新实践，将学术理论与实际应用相结合。这种实践中的合作帮助现代产业学院更好地了解行业需求和趋势，为学生提供与行业接轨的教育和培训，同时也为企业提供创新解决方案和人才支持。

第三，产学研结合的模式。战略合作伙伴关系应该强调产学研结合的模式，促进知识和技术的转移和共享。企业作为实际应用的代表，具有丰富的实践经验和先进的技术知识，而现代产业学院则拥有学术研究和教育的优势。通过产学研结合的模式，双方共同开展研究项目、技术转移和人才培养等活动，促进双方的互补和合作。这种模式有效地促进现代产业学院的教学和研究水平的提升，并推动行业的发展和创新。

第四，资源共享和互惠互利。建立战略合作伙伴关系还涉及到资源共享和互惠互利的原则。企业为现代产业学院提供实践经验、技术支持、资金和设备等资源，帮助现代产业学院提升教学质量和研究能力。与此同时，现代产业学院为企业提供人才培养、创新研究和专业知识等资源支持。通过资源的共享和互惠，双方共同实现更大的价值和利益追求。

第五，持续的合作和沟通。建立战略合作伙伴关系是一个长期的过程，需要双方保持持续的合作和沟通。合作伙伴关系应建立在相互信任、理解和尊重的基础上，并通过定期的会议、工作坊和项目评估等方式进行有效的沟通和反馈。这种持续的合作和沟通帮助双方不断优化合作模式，解决问题和挑战，共同推动产业和现代产业学院高质量发展。

2. 产学研结合的模式

企业参与现代产业学院治理应该强调产学研结合的模式，通过将学术研究与实际应用相结合，促进技术转移和创新，这有助于培养符合行业企业需求的高素质人才，并提升现代产业学院的教学和研究水平。产学研结合是企业参与现代产业学院治理的关键模式之一，它强调将学术研究与实际应用相结合，促进技术转移和创新，培养符合行业需求的高素质人才，并提升现代产业学院的教学和研究水平。

第一，技术转移与创新。产学研结合的模式有助于促进技术转移和创新。现代产业学院作为知识产权的创造者和传承者，通过与企业的合作将学术研究成果转化为实际应用，推动科技成果的产业化和商业化。企业作为技术应用的主要承担者，为现代产业学院提供实际问题和挑战，促进现代产业学院的研究重心与行业需求相结合。通过技术转移与创新的互动，产学研结合的模式为产业发展注入新的动力。

第二，人才培养与行业需求。产学研结合的模式有助于培养符合行业需求的高素质人才。通过与企业的合作，现代产业学院能够更好地了解行业的需求和趋势，及时调整课程设置和教学方法，使教育更加贴近实际应用。企业参与治理为学生提供实习机会、职业导向项目和实践项目等实践机会，帮助学生培养实际工作所需的技能和经验。这种与行业实践的紧密结合有助于提高学生的就业竞争力，并满足行业对高素质人才的需求。

第三，教学与研究水平的提升。产学研结合的模式提升现代产业学院的教学和研究水平。企业参与治理为现代产业学院提供了最新的实践案例和行业动态，使教学内容更加丰富和实用。现代产业学院邀请行业专家担任客座教授或讲师，为学生传授最新的行业知识和经验。同时，现代产业学院与企业合作开展共同的研究项目，共享实验设备和研究资源，提高研究水平和科研成果的质量。这种教学与研究水平的提升有助于提高现代产业学院的声誉和竞争力。

第四，创新能力的培养。产学研结合的模式有助于培养学生的创新能力。现代产业学院与企业的合作为学生提供创新实践的机会，鼓励他们在解决实际问题和挑战中进行创新思考。现代产业学院设置创新创业教育课程或实验室，培养学生的创新意识、团队合作能力和实践技能。通过创新能力的培养，学生能够更好地适应快速变化的产业环境，为产业发展和创新注入新的活力。

3. 人才培养和实践机会

企业参与现代产业学院治理应该关注人才培养和实践机会的提供。通过提供实习机会、职业导向项目和实践项目，现代产业学院能够使学生与行业紧密联系起来，并帮助他们提升就业竞争力。人才培养和提供实践机会是企业参与现代产业学院治理的重要方面。通过提供实习机会、职业导向项目和实践项目，现代产业学院能够将学生与行业紧密联系起来，有效提升他们的就业竞争力。

第一，实践机会的重要性。实践机会是学生将理论知识转化为实际技能和经验的重要途径。在现代产业学院与企业合作的框架下，学生获得实习项目、职业导向项目和实践项目等实践机会。通过与行业企业实际工作环境的接触，学生了解行业的操作流程、工作要求和职业规划，进而提高他们的职业素养和实际应用能力。实践机会能够帮助学生更好地适应工作环境，并为他们未来的

企业参与治理
——现代产业学院建设的必由之路

职业发展奠定坚实的基础。

第二,职业竞争力的提升。通过与企业的合作,现代产业学院能够帮助学生提升就业竞争力。实践使学生有机会将所学知识应用到实际工作中,掌握行业所需的技能和经验,这使得学生在就业市场上具备更强的竞争力,能够更好地满足行业的需求。企业的参与还为学生提供了与业界专业人士互动的机会,学生通过与业界人士的交流和合作,拓展人脉关系,增加就业机会。

第三,行业对人才的需求。企业参与现代产业学院治理能够更好地了解行业对人才的需求,并将这些需求反馈给现代产业学院。通过与行业企业合作,现代产业学院及时调整课程设置和教学方法,培养符合行业要求的专业人才。现代产业学院邀请行业专家担任客座教授或讲师,为学生提供最新的行业知识和实践经验。这种与行业实践的紧密结合有助于提高学生的职业素养和实际应用能力,增加他们的就业机会。

第四,双赢的合作机会。人才培养和实践机会的提供不仅有利于学生个体的发展,也有助于产业的发展。通过参与治理,企业为学生提供实践机会,它评估学生的潜力和能力,并招聘适合的人才。这种合作机会为企业提供了更好的人才储备和创新能力,促进企业的持续发展。通过企业参与,现代产业学院了解行业的最新趋势和发展方向,更新教学内容和方法,提高教学质量和研究水平。

4. 资源共享和互惠互利

企业参与治理应该与资源共享和互惠互利的原则相契合。企业共享实验设备、专业知识和实际案例等资源,现代产业学院则为企业提供人才培养和创新研究等方面的支持。这种互利合作有助于提升双方的竞争力和创新能力。资源共享和互惠互利是企业参与现代产业学院治理的重要原则之一。

第一,资源共享的意义。资源共享带来多方面的好处。企业共享现代产业学院的实验设备和研究设施,以满足其创新研发和实验需求,这有助于提高企业的研发效率和技术水平。现代产业学院通过与企业共享实际案例和行业数据,丰富教学内容,使学生更好地了解行业实践和应用。资源共享使双方能够互相补充和利用资源,提升各自的竞争力。

第二,专业知识的互通。企业与现代产业学院合作为双方提供了专业知识的互通机会。企业拥有丰富的行业经验和实践案例,可以向现代产业学院教师和学生分享实际应用中的挑战和解决方案。现代产业学院教师和研究人员则可以分享学术研究成果和最新的理论知识,为企业提供创新思路和技术支持。这种专业知识的互通有助于双方深入了解行业发展趋势,促进技术创新和实践应用。

第三,人才培养和创新支持。现代产业学院为企业提供人才培养和创新支持。通过与现代产业学院合作,企业参与学生的实习项目和实践项目,培养适应行业需求的专业人才。现代产业学院根据企业的需求调整课程设置和教学方法,提供符合行业要求的教育培训。此外,现代产业学院的研究人员与企业合作开展创新研究项目,解决实际问题并面对挑战,为行业提供创新思路和解决方案。通过人才培养和创新支持的互惠互利,双方都能够获得长期发展的动力。

第四,竞争力和创新能力的提升。资源共享和互惠互利的合作有助于提升双方的竞争力和创新能力。企业通过与现代产业学院合作,获得现代产业学院的专业知识、人才和研究成果的支持,提高自身的创新能力和市场竞争力。通过企业参与,现代产业学院了解行业的最新趋势和需求,调整教学内容和方法,培养符合行业要求的高素质人才。双方的合作共赢可以实现资源的最优配置和创新能力的提升。

5. 行业导向的课程设计

企业参与应保证现代产业学院的课程设置与行业需求相匹配。行业专家的参与提供了行业企业最新的知识和技能要求,从而使学生毕业后能更好地适应行业的发展和变化。行业导向的课程设计是企业参与现代产业学院治理的重要方面,它保证现代产业学院的课程设置与行业需求相匹配,以培养符合行业要求的高素质人才。

第一,紧密结合行业需求。行业导向的课程设计旨在保证现代产业学院的教育和培养方案与行业需求相匹配。企业作为行业的代表,对行业的需求和趋势有着更深入的了解。它们提供行业最新的知识、技能要求和就业前景,为现代产业学院提供重要的参考依据。通过企业参与,现代产业学院能够及时了解行业的变化和趋势,调整课程内容和设置,以适应行业的发展需求。这样,学生在学习过程中将获得与实际工作相关的知识和技能,提升他们的就业竞争力。

第二,行业专家的参与。行业专家的参与在课程设计中起着重要的作用。他们提供实际案例、行业经验和专业知识,为课程设置和教学方法提供指导。

企业参与治理
——现代产业学院建设的必由之路

行业专家的参与保证课程的实践性和针对性，使学生能够了解和掌握当前行业的最新动态和技能要求。他们还可以提供实习、项目合作和实践机会，使学生能够在真实的工作环境中应用所学知识，培养实际工作能力。行业专家参与将架起现代产业学院与行业之间的桥梁，促进知识与实践的结合，为学生的职业发展奠定坚实基础。

第三，教学与研究的结合。行业导向的课程设计不仅关注教学，还强调与研究的结合。通过与企业的合作，现代产业学院可开展与行业相关的研究项目，解决实际问题并迎接挑战。这些研究项目不仅提供企业所需的创新思路和解决方案，还能够为现代产业学院的教学提供最新的研究成果和实践案例。教学与研究的结合使学生能够接触到前沿的知识和技术，培养研究能力和创新意识，为未来的职业发展做好准备。

第四，持续的合作与反馈。行业企业导向的课程设计需要建立起现代产业学院与企业之间的持续合作和反馈机制。通过与企业合作项目、实习和校企合作等形式，现代产业学院能够不断获得来自行业的反馈和建议，及时调整和改进课程设置。企业也可通过参与现代产业学院治理，培养符合自身需求的人才，实现人才供给与需求的匹配。持续的合作与反馈机制可保持课程的及时更新和适应性，提高教育质量，达成培养效果。

# 第六章　企业参与现代产业学院治理体系与评价

## 第一节　企业参与现代产业学院治理体系

### 一、治理体系

现代产业学院治理体系包括董事会、院长、院班子以及相关管理部门。董事会由政府、企业代表等构成，负责制定战略规划和监督现代产业学院运营。院长作为执行者，领导现代产业学院日常管理和运营，与各利益相关方建立良好合作关系。院班子由院长下设的相关部门领导组成，负责具体的部门工作和决策执行。通过董事会的监督和院长的领导，治理体系能够确保现代产业学院发展与社会需求相适应，提高教学水平和产学研一体化的能力。

（一）"学校（含二级学院）＋董事会"的内主外辅体系

在以现代产业学院为主、政企社关键点参与的治理形态中，采用董（理）事会领导下的院长负责制的做法已经成为一种常见的实践。在这种治理结构中，董（理）事会及其内设的相关委员会起到了决策和监督的作用，院长及其院班子和下设的相关办公室则负责具体的现代产业学院运营和管理工作。这种治理框架实际上是在现代产业学院治理中引入了科层制的概念，科层制和理事会结合，提供了一个相对稳定和高效的决策和管理机制。董（理）事会作为最高决策机构，由现代产业学院的重要利益相关方组成，包括政府代表、企业代表、社会专家等。董（理）事会的成员具有丰富的行业经验和专业背景，能够就学校的战略规划、财务决策等重要事项提供指导和监督。董（理）事会通过设立相关委员会，如招聘委员会、财务委员会等，对现代产业学院的各项工作进行细分和专业化，提高了决策的针对性和执行效率。院长作为董（理）事会

企业参与治理
——现代产业学院建设的必由之路

的执行者,负责将董(理)事会的决策转化为具体的行动方案,并组建自己的院班子来推动现代产业学院的日常运营和管理。院长具有丰富的教育管理经验和领导能力,能够有效地与教职工、学生和家长等各方建立良好的协作关系,推动现代产业学院的各项工作顺利进行。院长下设的相关办公室则负责具体的部门运作和日常管理,如人力资源办公室、学生事务办公室等,使得现代产业学院的管理更加科学和专业。这种董(理)事会领导下的院长负责制结合了多方利益,实现了政企社关键点的治理参与。政府代表能够参与现代产业学院的决策和监督,保证现代产业学院的运作符合政策和法规的要求;企业代表能够帮助现代产业学院与产业对接,提供实践教育和就业创业的机会;社会专家能够为现代产业学院提供专业指导和咨询,提高现代产业学院的教学和科研水平。现代产业学院科层制框架能够使各个部门的工作更加专业和高效,提高管理的精细化和绩效化水平。

然而,董(理)事会领导下的院长负责制也存在一些挑战和问题。一是由于董(理)事会成员来自不同的利益相关方,因此在决策过程中可能会存在不同的意见和利益冲突,需要通过有效的沟通和协商解决。二是现代产业学院院长需要兼顾管理和教学两方面的工作,对于一些重要的决策和管理问题需要保持敏锐的判断和决断能力。

(二)董(理)事会全线贯通内外兼顾体系

在校政企多元共治的治理形态中,有几种常见的实践模式。一种是采用董(理)事会领导下的院长负责制+监督部门或机构的模式。在这种模式中,董(理)事会作为治理的最高决策机构,负责制定现代产业学院发展战略和政策。院长作为执行者,负责将决策转化为具体的行动方案,并领导现代产业学院的日常管理和运营。为了保证现代产业学院的决策和运营符合规范和效果,还需设置相应的监督部门或机构,对现代产业学院的各项工作进行监督和评估。另一种是校企融合治理形态中的(董)理事会及其管理和运行体系架构。在这种模式中,现代产业学院与企业进行深度融合,共同组成理事会,由现代产业学院和企业的代表共同参与现代产业学院的决策和管理。理事会负责制定现代产业学院的发展战略、指导教学科研和提供资源支持。理事会建立了相应的管理和运行体系架构,确保现代产业学院的运营和管理能够高效、有序地进行。第三种是校企融合治理形态中的多点交互兼职的科层制或绩效制框架。在这种模式中,企业全程深度参与现代产业学院管理,或者现代产业学院全程深度进入

（协助）企业管理。现代产业学院与企业之间建立紧密的合作关系，并在管理层级上进行多点交互兼职，这样的模式促进知识和资源的共享，提高教学的实践性和就业的对接度。设立科层制或绩效制的框架能提高现代产业学院和企业的管理效率，激发教职员工的工作积极性和创新能力。这些治理模式的实践旨在实现现代产业学院与政企社关键点的多元共治，促进校企合作的深入发展。它们强调现代产业学院与企业的互惠互利关系，共同推动教育教学改革和发展。通过采用董（理）事会领导下的院长负责制＋监督部门或机构的模式，现代产业学院能够在专业化的管理和监督下，灵活应对各种挑战，提高决策的针对性和执行效率。通过校企融合治理形态中的（董）理事会及其管理和运行体系架构，现代产业学院和企业能够在战略规划和资源整合上形成合力，实现共同发展。通过科层制或绩效制框架，现代产业学院和企业能够深入合作，共同推动教育和产业的有机结合。

当然，在校政企多元共治的治理模式中，也面临着一些挑战和问题。首先，不同利益相关方之间可能存在利益冲突和合作难度，需要通过有效的沟通和协商解决。其次，现代产业学院与企业之间的合作需要建立稳定的伙伴关系，保证长期合作的可行性和可持续发展。再次，治理体系的建设和运行需要明确的政策和制度，以及专业化的管理团队来支持和推动。校政企多元共治的模式也需要注重教育教学的质量与价值的平衡，不能过度商业化或强调利润导向，而应着重提升学生的综合素质和职业能力。

（三）单一主体或同类属性组织全程治理体系

企业联合治理是一种将现代产业学院与企业深度融合的治理形态，其在内部管理和运作上借鉴企业制运行框架。企业联合治理模式下的现代产业学院治理体系不同于传统的职业院校行政架构，而更接近于企业的管理层次和组织结构。在这种模式下，现代产业学院按照企业的管理制度，设立总经理、厂长、车间主任、班组长等管理层次，以保证学校整体的协调与高效。总经理或院长作为现代产业学院的最高管理者，负责制定学校的发展战略和决策，担任现代产业学院与政企社关键点之间的沟通桥梁。厂长、车间主任、班组长等负责学校内部的运营管理和教育教学工作的落地执行。为了更好地满足现代产业学院发展所需的专业化需求，现代产业学院设立了相应的部门，如市场部、技术部、研发部等。市场部负责现代产业学院的市场推广和招生工作，技术部负责技术开发和教育教学工具的研发，研发部则致力于教育教学研究和创新。通过

企业参与治理
——现代产业学院建设的必由之路

这些部门的协同合作，现代产业学院更好地满足学生和社会的需求，提升了教育教学的水平和质量。

在现代产业学院治理形态中，一种纯粹由现代产业学院或二级学院负责全程治理的现代产业学院的内部治理体系结构也是可行的。职业院校拥有完全的治理权力，内部设立行政管理部门、教务部门、科研部门等，以实现现代产业学院的内部管理和运营。行政管理部门负责现代产业学院日常的行政事务和管理工作，教务部门负责教学的规划和管理，科研部门负责现代产业学院科研项目的申报和管理。现代产业学院还可设立与行业紧密相关的专业委员会或顾问团队，拥有外部专家的指导和建议。这些专业委员会或顾问团队为现代产业学院提供产业发展趋势分析、人才培养方向建议等。通过与外部专家的交流与合作，现代产业学院能够更好地贴合实际需求，提高学生的就业竞争力。

无论是企业联合治理模式还是现代产业学院独立内部治理模式，都需要注重治理体系的建立和运行。首先，要明确各级管理人员的职责与权力，明确现代产业学院治理的目标和战略定位。要保证现代产业学院管理层次的协调与沟通，以实现现代产业学院各部门之间的良好协作和合作。其次，现代产业学院还需积极建立与企业之间的合作伙伴关系，通过合作项目、人员交流等方式实现相互融合与互利共赢。这样能更好地满足职业教育的需求，提高学生的就业能力和竞争力。最后，现代产业学院治理需注重质量与价值的平衡，在追求经济效益的同时，不忘教育教学的核心价值。现代产业学院治理要关注教育教学的质量，不仅要注重培养学生的知识技能，还要培养学生的创新能力、人文素养和社会责任感。

在企业联合治理体系下，企业参与现代产业学院治理需要建立在平等和互利的基础上。现代产业学院应积极参与到企业发展中，与企业共同研究创新、技术转移和人才培养等方面的问题。现代产业学院还需保证教育过程的独立性和公正性，不被企业的利益所左右。现代产业学院治理需要建立有效的监督和评估机制，通过对现代产业学院管理层和教师的绩效进行评估，提高现代产业学院治理的透明度和责任性。现代产业学院还应建立学生和家长的反馈机制，及时了解和解决他们的问题和需求。

**二、现代产业学院治理体系适应性问题**

现代产业学院作为一种校企深度合作的载体，其治理体系结构的适应性问题是亟待优化的前提。治理体系结构的适应性关乎整个现代产业学院是否能够有效地实现自身目标，充分发挥各个要素的优化组合与协同作用，并与外界保持顺畅的联系和交流。但是，实践表明，现代产业学院治理体系结构往往存在不足，影响了其良性运行和功能的充分发挥。一个适应性的治理体系结构应该能够支撑现代产业学院的良性运行和发展。首先，它需要有一个合理的组织结构，明确内部各个部门和职能的分工与协作关系。对于现代产业学院来说，除了教学部门，还应该设立与产业紧密相关的研究部门、产业联络部门等，以便更好地与企业和社会保持联系，实现产教融合。治理体系结构还需要明确权力与责任的分配，保证各个层次和部门的权力机制协调合理，避免权力结构失衡导致的治理机制低效。其次，治理体系结构还应该有一个明确的决策机制和监督机制，保证决策的合理性和有效性。现代产业学院的决策应该注重专业性和科学性，依托专家的意见和研究成果做出决策。对于决策的监督和评估也是重要的一环，它通过内部审计、外部评估等手段来确保决策的质量和效果。再次，现代产业学院治理体系结构还需要具备相应的沟通与协调机制。因为现代产业学院是一个开放的教育载体，需要与企业、政府和社会各界进行广泛的交流与合作。治理体系结构应该能够促进内外部各个要素的无障碍协同，为现代产业学院提供更多的资源和机会，同时也让现代产业学院能够更好地回馈社会。

然而，现代产业学院的治理体系结构往往存在一些问题。现代产业学院的组织结构不合理，部门职能不明确，导致决策困难和协同效率低下；权力分散和责权不清，造成决策的滞后和权力滥用的问题；治理目标分散，缺乏整体规划和统一指导，导致资源浪费和目标冲突等。改善现代产业学院的治理体系结构适应性需要从多个方面入手。第一，加强内部的组织结构优化。通过减少冗余岗位、合理安排部门职能和责任，优化决策层次和流程，提高治理效率和协同效果。第二，健全权力机制和决策机制。加强权力的分配和制衡，确保决策的科学性和公正性。引入专家评审、多方参与等机制，增加决策的公信力和可行性。第三，建立有效的监督和评估机制。追踪决策效果，及时进行调整和改进，加强内外部的沟通与协调。现代产业学院建立与企业、政府和社会各界的合作机制，促进产教融合和产学研合作，通过与企业和社会进行广泛的沟通，了解各方的需求和期望，及时调整教学和研究方向，提供符合社会需求的人才。第四，现代产业学院治理体系结构的适应性需要注重教师和学生的参与和

**企业参与治理**
——现代产业学院建设的必由之路

反馈。教师是现代产业学院教育教学的核心力量，他们应该参与到现代产业学院的决策和治理过程中。学生是现代产业学院的主体和受益者，他们的意见和反馈对于改善现代产业学院的治理体系结构至关重要。因此，现代产业学院让教师代表和学生代表参与现代产业学院决策和治理的机制，增加教师和学生的参与度和获得感。第五，现代产业学院治理体系结构的适应性需要政府的支持和监督。政府出台相应的政策和法规，规范现代产业学院治理行为，加强对现代产业学院的监督和评估，保证现代产业学院的运行符合教育法规和质量标准。

现代产业学院的治理体系结构存在一些特定情形，这些情形对现代产业学院的发展和建设具有重要的影响，因此需要进一步探讨和优化治理模式。一种情形是"学校（含二级学院）＋董事会"的内主外辅结构。这种结构常见于一些传统学校，将现代产业学院作为独立的现代产业学院或学部来管理。但是，这种治理结构在某种程度上仍然是单一主体的治理，或者是单一主体内部各要素之间的治理关系体。虽然董事会某种程度上提供了一种外部监督和决策参与的机制，但它往往只是一个形式上的点缀，只在现代产业学院运行遇到问题时才会行使相应职能，因此无法真正实现多元主体之间的深度融合和合作，难以促进产教融合的发展格局。由于缺少必要的机制与途径，现代产业学院对外部信息的快速反应和处理能力也会受到影响。另一种情形是董（理）事会全线贯通内外兼顾结构。这种治理结构更注重多元主体的全程共同治理。不论是董（理）事会、管理层和监督部门，还是（董）理事会及其管理和运行体系，或者多点交互兼职，都较好地安排了多元主体在整个现代产业学院运行中的实质性共治。这种结构在较大程度上确保了产教之间的较长周期深度融合，形成了"产中有教、教中有产"的校企命运共同体状态。董（理）事会的设立和有效运作提供大量的外部资源和专业知识，推动现代产业学院的产教融合和科技创新。同时由于多元主体的积极参与和协同作用，现代产业学院在内部管理、外部合作和对外开放等方面都能取得更好的效果。

在实际操作中，并非所有现代产业学院都能够实现理想的董（理）事会全线贯通内外兼顾的治理结构。这可能受到多种因素的制约，如学校历史沿革、组织架构、治理文化等。因此，在优化现代产业学院的治理体系结构时，需要综合考虑实际情况，根据现代产业学院的特点和需求进行相应的调整和改进。要实现更好的治理体系结构，首先需要建立良好的治理机制，明确各个主体的职责和权力分配，保证多元主体之间的有效协调和合作。其次，要推动多元主体之间的深度融合，建立长期稳定的合作关系，促进产学研相互渗透与协同创新。再次，需要加强现代产业学院与产业、政府和社会的沟通和合作，提高现代产业学院对外部信息的敏感性和应对能力。最后，要加强对治理效果的评估和监督，及时调整和完善治理体系结构，保证其不断适应现代产业学院和社会的需求。

在优化治理体系结构的过程中，有以下几个方面问题需要关注。一是建立有效的治理机制。治理机制是指现代产业学院内部各个主体之间的协作和决策机制，它包括明确的职责分工、权力分配和信息流通渠道等。现代产业学院制定详细的治理规定和决策流程，明确各个主体的权限和责任，确保决策的透明性和公正性，并建立有效的沟通机制和反馈渠道，使各方能够及时交流和解决问题。二是推动多元主体之间的深度融合。现代产业学院成功与否取决于学校、企业和社会各界的合作程度，因此现代产业学院应积极主动与企业、政府和社会建立长期稳定的合作关系，促进产教融合和产学研合作，通过共建实训基地、开展联合研究项目、共享教师和学生资源等方式，加强合作与交流，实现资源共享和优势互补。三是注重专业教师和学生的参与和反馈。教师是现代产业学院教育教学的核心力量，他们应该参与到现代产业学院的决策和治理过程中，因此要设立教师代表机制，使教师能够表达自己的意见和建议。学生是现代产业学院的主体和受益者，他们的意见和反馈对于改善现代产业学院治理体系结构至关重要，因此要设立学生代表机制，使学生能够参与现代产业学院的决策和治理过程。四是需要加强政府的支持和监督，出台相关的政策和法规，引导现代产业学院合理优化治理体系结构。政府还应加强对现代产业学院的监督和评估，保证现代产业学院的运行符合质量标准和教育法规。五是不断完善治理体系结构。治理体系结构不是一成不变的，需要根据现代产业学院的发展和变化进行不断调整和完善。这需要现代产业学院持续关注治理效果，收集各方的反馈意见，并及时进行改进和调整。现代产业学院还需借鉴其他成功案例和经验，不断提高治理体系结构的适应性和有效性。

现代产业学院面临着治理体系结构改革的挑战，在实践中尚未实现董（理）事会全线贯通内外兼顾的目标。现代产业学院尽管在传统育人机制上仍然专注于人才培养，却未能在双主体或多主体协同育人、科技协同创新和社会服务中取得划时代的突破性进展，根本原因在于既往的实践未能形成董（理）

**企业参与治理**
**——现代产业学院建设的必由之路**

事会全线贯通内外兼顾的结构,且内部治理体系结构的适应性问题缺乏足够的重视。要解决这一问题,需要做到以下方在一是现代产业学院应积极转变传统育人模式,注重培养学生的实践能力和创新精神。通过与企业、社会组织和政府部门的紧密合作,现代产业学院能提供更多实践机会,为学生搭建与实际产业紧密结合的平台,让学生能够在实际工作中培养技能和解决问题的能力,从而更好地适应现代产业发展的需求。二是现代产业学院应加强与企业和社会的联动,建立长期稳定的合作关系。通过与企业、社会组织合作开展项目研究、资源共享和知识学习等活动,现代产业学院能够更好地跟进行业发展动态,了解市场需求,为学生提供与时俱进的教育资源,培养适应市场需求的创新型人才。三是现代产业学院应注重多主体协同育人和科技协同创新的实践。建立产学研合作的平台,能够促进现代产业学院与企业、科研机构和社会组织之间的合作与交流,形成协同创新的良好氛围,推动科技成果的转化和应用,实现现代产业学院和产业界的双赢。四是现代产业学院应加强对内部治理体系结构的调整和完善。现代产业学院建立有效的沟通机制,包括设立董(理)事会或类似的决策机构,吸引各方利益相关者的参与,实现内外部资源的共享与整合。这将促进产学研合作、教学研究一体化的发展,打破学科、部门间的壁垒,形成协同育人和科技创新的良好氛围。

### 三、现代产业学院治理体系优化的逻辑系统

治理体系优化并非简单的结构调整或权力分配,而是一个多维度、多层次的动态过程。其核心逻辑在于如何通过制度设计、机制创新与文化重构的有机结合,提升治理效能,保证各参与主体能够在现代产业学院的治理结构中各司其职、协同作用。根据詹姆斯·G.马奇的"组织理论",有效的治理体系应具备两大基本特征:一是保证治理结构的透明度和公正性,二是通过合理的激励机制促进组织内部的自我调节与持续创新。治理体系优化的第一步是重新审视和构建参与者的权责关系,特别是在企业与职业教育之间的合作框架中,企业参与不仅应为现代产业学院提供资源支持,还应当参与现代产业学院治理中的决策过程、战略规划和人才培养方向的制定。这样,企业能够根据行业发展的前沿需求,对现代产业学院的培养模式、课程设置等提出具有实践性的指导意见,从而实现产学研深度融合。

治理体系优化需要将信息流、资源流与权力流的有序整合作为关键目标。

正如约翰·凯恩斯所言："管理不仅仅是权力的分配，更是信息的流动。"在现代产业学院治理中，信息流的畅通无阻是实现资源有效配置的基础。信息技术的引入，尤其是大数据和人工智能的应用，为现代产业学院提供了强有力的支撑，使得治理主体能够实时监控教育资源的使用效率，快速响应市场和行业的变化需求。在此基础上，优化后的治理体系应强化协同合作，推动校企间的信息共享、资源共建与利益共赢，建立起更加灵活且动态调整的治理机制。这种机制的构建，不仅能提高现代产业学院的应变能力，还推动了其治理体系向更加高效、开放的方向发展。优化后的治理体系应成为一个适应不断变化环境的自我调节系统，通过合理的激励和监督机制，促使各方协同作战，形成合力，作用于社会需求和产业发展的高效教育服务系统。

综合来看，现代产业治理体系结构优化的逻辑系统是由三个方面构成的连续递进的关系体。一是为什么要优化。治理体系优化需要针对各类主体的多样化需求进行评估，保证主体的权益得到充分尊重和满足。同时，还需要保证治理体系内部的结构体系具有良好的匹配性，能够有效地协调和整合各类主体的利益和资源，以提升整体运作效率。体系结构合理性也是重要的因素，需要根据现代产业学院的定位和目标，构建具有合理层级、明确职责和高效决策的体系结构。治理结构中存在的问题也需要纳入优化考虑，如结构健全性和均衡性的问题，要确保各部门和职能之间的协调与平衡，避免权力过于集中或分散不均。另外，结构对功能发挥的支撑也必须得到重视，要保证结构能够为各项功能提供良好的支持和保障，促进现代产业学院的全面发展。二是优化什么。在治理体系的优化中，结构优化和要素优化是两个重要的方面。结构优化涉及到不同类型结构的优化，通过合理的组织架构设计、决策流程的优化、资源分配的合理化等方式，提升治理体系的效能和协同效应。要素优化则关注着各种影响因素的优化，如教学方法、评估方式、教学资源和师资队伍等的优化，通过优化这些要素来提升现代产业学院教育质量和研究能力。治理体系的优化还需考虑体制机制的横向和纵向优化。横向优化是指不同组织部门之间的协调和合作，建立高效的横向沟通机制、加强部门间的协同合作，能使得整个治理体系更加协调一致。纵向优化则是关注中央与地方之间的关系，通过优化权力分配机制、加强地方治理能力等方式，实现中央与地方之间的有机衔接和合作，提升治理的整体效能和社会发展的协同效果。除了结构和体制机制的优化，还需对治理主体、政治改革方式等进行结构优化。关注治理主体的结构优化是为了

企业参与治理
—— 现代产业学院建设的必由之路

建立具有合理权责分配、高效运作的治理主体,提升决策效能和执行力。而政治改革方式的结构优化则是为了建立和完善适应时代需求的治理方式,包括透明度、民主参与、法治化等方面的优化。三是如何优化。治理体系优化包括多个方面的考虑。首先,需要研究和分析影响结构变迁的问题,即了解目前存在的问题和障碍,针对性地制定优化策略。其次,了解结构如何影响某一功能运行以及不同功能之间的差异性,通过深入研究结构和功能的关系,找到最佳的结构配置,从而提升功能发挥的效果。参照物比较是优化过程中的重要步骤,它与其他产业学院或组织的结构进行比较,学习借鉴其成功经验,找到适用于自身的优化方向。还需考虑优化对象所处系统的演变,即考虑结构优化的长期影响和可持续性,以适应不断变化的环境。再次,在优化过程中,要考虑到优化对象的多样化需求,保证照顾到各类主体的权益和利益,以实现治理主体与发展主体的一体化。优化还应考虑治理结构的内部和外部两个维度,即考虑到内部的结构优化和外部环境对治理体系的影响。优化的目的和原则是指导优化过程的依据,如提升现代产业学院的整体运作效能和教育质量,培养具有创新精神和实际应用能力的人才等。优化中应遵循科学、公正、公平、可持续发展等原则,确保优化方案的有效性和可行性。最后,优化的设计涉及优化方向和具体方案的制定。现代产业学院通过综合考虑影响结构变迁的问题、结构与功能的影响及差异性、参照物比较等因素,明确优化目标和方向。实施中需注重效果评估和反馈,及时调整和改进优化方案。

现代产业学院内部治理体系结构优化的逻辑系统涵盖满足度、匹配性、合理性、均衡性和支撑性等方面。其中,满足度和匹配性关注的是组织成员对治理体系的满意度以及治理结构与现代产业学院需求的匹配程度。合理性关注的是治理结构的合理性、透明度和有效性。均衡性关注的是权力和资源的合理分配,以保证各方利益得到平衡和公平对待。支撑性则强调了治理体系的有效支撑能力和协调能力。优化的缘由是适应性问题,即治理体系需要适应不断变化的内外环境和需求。优化能提升治理体系的适应性和灵活性,以应对新的挑战和机遇。优化的内容涉及要素构成及其关系、结构框架及运行机理等。要素构成包括各项组成部分和它们之间的相互关系,通过合理的配置和优化,提升整体效能和协同效果。结构框架涉及治理体系的组织结构、决策机制、权责清晰度等方面,通过优化提升治理体系的运转效率和决策效果。运行机理关注的是治理体系的运作方式、沟通协调机制、监督制衡机制等,通过优化提升治理体系的运行效率和有效性。针对现代产业学院内部治理体系结构优化的实践策略，现代产业学院应根据具体情况采取多种措施。如建立多层次、分权化的组织结构，形成更灵活的决策和响应机制；优化信息流动和沟通渠道，加强内外部合作，提高治理体系的透明度和有效性；设立有效的监督制约机制，确保权力的合理行使和公正分配；注重培养和发展治理体系中的人才，提升治理能力和素质。

## 第二节 企业参与现代产业学院治理的评价

### 一、搭建企业参与治理的评价框架

#### （一）搭建评价框架

搭建企业参与现代产业学院治理的评价框架是为了系统化地评估和监测企业在现代产业学院治理中的参与情况，并为改进和提升治理效果提供指导。在搭建评价框架的过程中，应充分考虑现代产业学院和企业的特点和需求，保证评价框架的实用性和可操作性，同时也要注重与企业和现代产业学院的沟通与合作，听取它们的意见和建议，共同推进评价框架的建设和应用。评价框架的建立是一个持续改进的过程，需要不断进行调整和优化，以适应现代产业学院和企业的发展需求。

第一，确定评价框架的目标和原则。一是目标。明确评价框架的目标，如促进企业深度参与现代产业学院治理以及提升治理的质量和效果等。二是原则。确定评价框架的基本原则，如客观公正、科学合理、可操作性等。

第二，确定评价维度和指标。一是评价维度。确定评价框架的主要维度，如合作项目、人才培养、技术创新、资金支持、双向交流与合作等。二是指标体系。为每个评价维度设计相应的指标，确保能全面反映企业在该维度上的参与情况。

第三，制定评价指标权重。为各个评价指标设定合理的权重，反映其在整体评价中的重要程度，可以通过专家咨询、现代产业学院和行业的意见调查等方法来确定权重。

第四，收集数据和信息。一是数据来源。确定数据收集的来源，如现代产

**企业参与治理**
**——现代产业学院建设的必由之路**

业学院和企业的内部数据、参与项目的文件和报告、调查问卷等。二是数据采集。制定数据采集的方法和流程，确保数据的准确性和可靠性。

第五，进行评价与分析。一是数据分析。对收集到的数据进行统计和分析，得出评价结果。二是综合评价。将各个评价维度的指标综合计算，得出企业在整体评价中的得分。

第六，反馈与改进。一是将评价结果以透明、客观的方式反馈给相关企业和现代产业学院管理层，共同讨论并制定改进措施。二是建立反馈机制，确保评价结果得到及时回应和处理，促进企业持续参与和改进现代产业学院治理。

第七，定期评估和监测。一是定期评估。设定评价框架的评估周期，定期对企业的参与情况进行评估，追踪治理效果的变化和改进措施的实施情况。二是监测机制。建立有效的监测机制，及时发现问题和不足，并进行纠正和改进。

### （二）明确评价主体职责

在现代产业学院治理的评价体系中，政府、学校、行业和企业是重要的评价主体，各自承担着特定的职责和角色。明确这些评价主体的职责有助于确保评价工作的科学性、客观性和有效性，促进现代产业学院治理的改善和提升。

1. 政府职责

一是政策制定和指导。政府应制定相关政策和指导方针，明确评价的目标、原则、标准和程序，为评价工作提供指导和支持。二是资金支持和投入。政府应提供资金支持和投入，促进现代产业学院治理评价工作的开展，包括评价指标的设计、数据采集和评估工作的组织等方面。三是监督和评估。政府应对评价工作进行监督和评估，确保评价过程的公正、透明和科学，设立专门机构或委托第三方机构进行监督和评估。四是促进信息共享和交流。政府应促进评价信息的共享和交流，建立信息平台，发布评价结果和相关数据，组织学术研讨会、经验交流等活动，推动现代产业学院和企业之间的交流与合作。

2. 学校职责

一是提供数据和信息。学校应提供评价所需的数据和信息，包括治理结构、教学质量、科研成果、师资队伍等方面的数据，保证评价的数据来源准确可靠。二是参与指标设计和权重确定。学校应参与评价指标的设计和权重的确定，基于现代产业学院发展目标和特点，提供专业和实际的意见，确保评价指标的科学性和实用性。三是接受评价结果的反馈和改进。学校应接受评价结果的反馈，发现现代产业学院治理的不足和问题，制定改进措施，提高治理水平和教学质量。

3. 行业职责

一是提供行业需求和指导。行业应提供对企业参与现代产业学院治理的需求和指导，参与评价指标的设计，确保评价体系与企业发展紧密相连，培养符合行业需求的人才。二是参与合作和支持。企业应积极参与现代产业学院治理评价工作，提供合作机会和资源支持，促进校企合作，推动产学研结合，实现优质教育和行业需求的对接。

4. 企业职责

一是参与评价数据提供。企业应提供与现代产业学院治理相关的数据和信息，包括毕业生就业情况、行业需求等，为评价工作提供实践基础和实际数据支持。二是参与评价过程和意见反馈。企业参与评价过程，提供对现代产业学院治理的意见和建议，为评价工作提供企业视角和经验。三是提供实践机会和职业发展支持。企业应提供现代产业学院学生实习机会、就业机会和职业发展支持，与现代产业学院密切合作，培养适应行业需求的高素质人才。

通过明确政府、学校、行业和企业在现代产业学院治理评价中的职责，各方建立一个协同合作的评价体系，充分利用专业知识和资源，确保评价工作的科学性和实效性，促进现代产业学院治理的改进和发展。各方应积极履行自身的职责，加强沟通与合作，共同推动现代产业学院治理评价的可持续发展。

## 二、构建企业参与现代产业学院治理的评价体系

（一）构建企业参与治理的评价维度

1. 政府维度：现代产业学院治理的社会价值

现代产业学院治理是一个复杂而关键的领域，其中政府作为重要的参与主体扮演着重要的角色。政府在现代产业学院治理中发挥着宏观管理和指导的作用，承担政策供给和资源配置职能，同时提供公共服务和监督职能，帮助院校和企业进行制度建设，优化内外部环境，推动现代产业学院的规范化发展。

第一，政府的宏观管理和指导作用。一是政策供给和资源配置。政府在企业参与现代产业学院治理中通过出台相关政策，提供政策支持和资源保障。政

企业参与治理
——现代产业学院建设的必由之路

府通过制定产业发展规划和教育政策，为企业参与现代产业学院治理提供发展方向和政策支持。政府还负责资源的配置，包括财政资金、土地资源、科研项目等，为企业参与现代产业学院治理和发展提供必要的支持。二是规范和监管。政府在企业参与现代产业学院治理中担负着规范和监管的职责。政府通过相关法律法规和政策要求，对现代产业学院办学行为、教学质量、用地规划等方面进行监督和管理。政府监管作用有助于保证企业参与现代产业学院治理的合法合规，提高教育质量和管理水平。三是统筹协调和资源整合。政府在企业参与现代产业学院治理中具有统筹协调和资源整合的作用。政府协调相关部门和利益相关方，建立跨部门合作机制，促进产业界、教育界和政府之间的有效合作。政府还可以整合资金、专业人才、科研成果等各方资源，为现代产业学院发展提供更为全面和综合的支持。

第二，政府的公共服务和监督作用。一是公共服务。政府在企业参与现代产业学院治理中承担着为现代产业学院和企业提供公共服务的职责。政府提供相关信息和咨询服务，协助现代产业学院和企业了解市场需求和政策动态。政府推动产学研合作，促进科研成果的转化和应用，为现代产业学院提供科技支撑和技术服务。二是制度建设和环境优化。政府在企业参与现代产业学院治理中帮助院校和企业进行制度建设，优化内外部环境。政府加强法治建设，完善相关法律法规，为企业参与现代产业学院治理提供法律保障和制度支持。政府还可以改善投资环境，简化办事流程，提供便利和支持，吸引更多企业参与现代产业学院的建设和治理。三是监督和评估。政府在企业参与现代产业学院治理中承担着监督和评估的职责。政府对现代产业学院的运行情况、教学质量、科研成果等方面进行监督和评估。政府监督和评估有助于发现问题和提出改进意见，推动现代产业学院的持续进步和发展。

2. 院校维度：现代产业学院的育人价值

企业参与现代产业学院治理评价体系是为了更好地发挥院校作为关键参与主体的作用，以及强调现代产业学院在培养高素质技术技能人才方面的价值作用。现代产业学院作为我国培养高素质技术技能人才的核心主体，承担着培养人才、推动产业发展和社会进步的重要责任。

第一，院校作为关键参与主体的地位。一是教育和培养职责。院校是现代产业学院治理中的核心组成部分，承担着培养高素质技术技能人才的教育和培养职责。通过开展专业课程教学、实践教学、实习实训等方式，院校为学生提供系统的专业知识和技能培养，使他们具备适应产业发展需要的实际能力和素质。二是产教融合和科研创新。现代产业学院与企业的合作是实现产教融合的重要途径，而院校在其中起到了关键的桥梁和纽带作用。通过企业参与治理，院校能够了解行业的需求和趋势，调整教学内容和方法，提高教学质量和实践能力。院校也承担着科研创新的任务，推动学术研究和技术创新，为企业发展提供技术支撑和创新动力。三是社会服务和文化传承。院校不仅仅是教育和培养人才的场所，还承担着社会服务和文化传承的使命。院校通过开展社会实践、技术咨询、社区服务等活动，积极回应社会需求，为社会发展做出贡献。院校还承担着传承和弘扬优秀文化的责任，通过开设人文社科课程、举办文化活动等方式，培养学生的人文素养和社会责任感。

第二，彰显育人价值。一是知识与技能培养。企业参与现代产业学院治理的评价体系应重视对学生知识和技能的培养，通过对课程设置、教学方法、实践教学等方面的评估，评价现代产业学院在知识传授和技能培养方面的质量和效果。这有助于促进教学改革和教育创新，提高学生的综合素质和职业能力。二是创新与实践能力。企业参与现代产业学院治理的评价体系应关注学生的创新能力和实践能力的培养，通过对创新项目、科研成果、实践实习等方面的评估，评价现代产业学院在培养学生创新思维和实践能力方面的成效。这有助于激发学生的创新潜力，提高他们解决实际问题的能力，培养创新创业人才。三是人文素养与社会责任。企业参与现代产业学院治理的评价体系应关注学生的人文素养和社会责任感的培养，通过对人文社科课程、社会实践、志愿服务等方面的评估，评价现代产业学院在培养学生的人文关怀和社会责任感方面的表现。这有助于培养学生的综合素养和社会意识，引导他们做有社会价值的贡献。

3. 行业维度：现代产业学院的资源整合价值

在企业参与现代产业学院治理过程中，行业组织扮演着关键的角色，承担着多重服务职能，如调查研究、组织协调、决策咨询、制度建设和监督评价等。行业组织的参与不仅有助于整合行业资源，还能够促进产教融合、推动现代产业学院的规范化发展。因此，在构建企业参与现代产业学院治理的评价体系中，重要的一环就是引导行业组织充分发挥资源整合的价值作用。

第一，行业组织的服务职能。一是调查研究。行业组织具备深入了解行业发展趋势、市场需求和技术创新的能力。通过开展调查研究工作，行业组织为现代产业学院提供相关数据和信息，帮助现代产业学院了解行业的需求和动态，为现代产业学院的课程设置、教学内容和实践环节提供有针对性的建议和指导。二是组织协调。行业组织具有整合行业内各方力量的能力，促进产学研合作、校企合作等多方合作机制的建立和发展。通过组织协调的工作，行业组织促进现代产业学院与企业之间的合作与交流，推动双方在资源共享、人才培养、科技创新等方面的合作项目。三是决策咨询。行业组织具备丰富的行业知识和经验，为现代产业学院提供决策咨询服务。通过与现代产业学院的合作和交流，行业组织就人才需求、技术发展、市场走向等方面提供专业的建议和意见，帮助现代产业学院优化课程设置、教学模式和人才培养计划。四是制度建设。行业组织在现代产业学院的治理中扮演着制度建设者的角色。行业组织协助现代产业学院建立健全的管理体制和规章制度，制定行业标准和职业要求，推动现代产业学院的规范化建设。共同制定行业准则和规范可以保障现代产业学院教学质量、人才培养的水平和行业的可持续发展。五是监督评价。行业组织对现代产业学院的发展进行监督和评价，有助于提高现代产业学院的质量和竞争力。行业组织建立评价指标体系，对现代产业学院的教学质量、科研成果、人才培养效果等方面进行评估，为现代产业学院的发展提供客观的反馈和改进建议。

第二，行业组织的资源整合价值。一是资源整合。行业组织具有整合行业内技术资源、人才资源、实践基地等各类资源能力。通过与现代产业学院的合作，行业组织将行业内的资源与现代产业学院的教学和科研需求进行对接，实现资源的优化配置和共享，提高现代产业学院的教学和科研水平。二是人才培养。行业组织作为行业内的权威机构，具备对人才需求的深入了解。通过与现代产业学院的合作，行业组织为现代产业学院提供人才培养的方向和目标，为其课程设置和人才培养方案提供指导。行业组织还可提供实践基地、实习机会等资源，帮助现代产业学院培养适应行业需求的高素质人才。三是技术创新。行业组织通常拥有丰富的技术创新资源和经验，为现代产业学院的科研和创新提供支持。行业组织与现代产业学院开展科研合作项目，共同解决行业面临的技术难题，推动科技成果的转化和应用，加强现代产业学院与行业的技术交流和合作。四是市场导向。行业组织对市场需求的了解更加深入，能为现代产业学院提供市场导向的指导和支持。行业组织根据市场需求，为现代产业学院提供行业前沿信息、市场趋势分析等，帮助现代产业学院调整专业设置、更新教学内容，提高学生的就业竞争力。

4. 企业维度：现代产业学院的人才供给价值

现代产业学院治理中，企业作为核心参与主体发挥着重要的作用。在这一进程中，企业不仅仅提供资金和资源支持，更是积极参与现代产业学院的教学、培训和人才培养工作。企业参与治理不仅有助于现代产业学院的发展，也对企业自身发展和创新能力提出了更高的要求。

第一，企业帮助健全实践教学体系。现代产业学院注重将理论与实践相结合，培养学生成为具备实际操作能力和创新能力的高素质人才。企业作为现实生产和创新的主体，对于提供实践机会和资源具有独特优势。企业与现代产业学院共同建设实习实训基地，为学生提供实际操作的场所和机会。通过参与实践教学，学生能够接触到真实的工作环境和问题，更好地理解和应用所学知识。第二，企业能接纳教师挂职锻炼和学生顶岗实习。教师挂职锻炼增进现代产业学院教师与企业的密切联系，让教师更深入地了解行业需求和最新发展趋势，提高教学水平和实践能力。学生顶岗实习则是将学生置身于真实工作环境中，让他们在实践中提升专业技能和实际操作能力。通过企业的指导和培训，学生能够更好地适应未来的职业发展，成为高素质人才。第三，企业参与人才培养方案制订、教材编制和日常教学等育人工作。企业作为行业的代表，了解行业需求和人才培养的核心能力，通过参与现代产业学院治理，保证学生培养的方向与企业需求相匹配。同时，企业参与教材编制工作，提供最新的企业知识和实践案例，使教材更贴近实际应用。在日常教学中，企业派遣专业人士担任客座教授或行业导师，为学生提供实践经验和指导。第四，企业扮演着核心参与主体的重要角色。企业不仅要帮助现代产业学院健全实践教学体系，共同建设实习实训基地，接纳教师挂职锻炼和学生顶岗实习，还要参与人才培养方案制订、教材编制和日常教学等育人工作。这种合作关系对于现代产业学院和企业来说都具有重要的价值，能推动双方的发展和创新，保障高素质技术技能人才的供给，促进现代产业的繁荣和进步。

（二）建立评价体系

1. 明确战略主题

现代产业学院作为校企合作的深化和升华，承担着为区域经济发展培养高技能应用型人才的重要任务。为了实现其职能发挥与价值实现的目标，校企双方需要紧密合作，制定远景规划并优化实施策略与方案。评价体系在这一过程中起着重要的指导和监督作用。评价体系首先需要明确战略主题，即明确现代

企业参与治理
——现代产业学院建设的必由之路

产业学院发展的整体战略方向与目标。它通过招录程序一体化、法制化、体系建设标准化、完善化、团队建设科学化、资源建设丰富化、培养模式多元化、管理机制健全化等方面来检视模式运行过程中的问题和难点，通过分析与评估，发现存在的障碍与问题，并为进一步优化提供参考。评价体系的目标应锁定在增加资金与人才投入、提升校企效益与教育效率、提高学生满意度与社会认可度、加强政府监督及合作机制、夯实培养方案、完善资源建设等内容上。这些目标意味着现代产业学院要不断加大资金与人才投入，提高与企业的合作效益和教育效果，增强学生满意度与社会认可度，同时也需要加强与政府的监督与合作机制，夯实培养方案，完善资源建设。评价体系设计应注重定量与定性指标的综合运用，既要量化现代产业学院和企业的合作成果和学生的发展情况，又要考虑教学质量、企业合作满意度和社会影响力等非直接产出的影响因素。同时，评价体系应具备科学的数据采集和分析能力，以确保评价过程的客观性、准确性和可靠性。

2. 细化战略目标

第一，确定财务目标。现代产业学院作为一个非盈利性组织，其战略目标制定需考虑经营目的、使命，并结合环境进行分析。现代产业学院的特殊性在于将高职院校与企业、政府部门与行业协会等多个组织形式结合起来，这使得其对充分、稳定、长期的资金来源有着迫切需求。随着经济和科技的不断发展，社会对高质量人才的需求不断增长，现代产业学院在人才培养方面面临着日益迫切的挑战。为了满足改善办学条件、更新仪器设备、提升科研设施等方面的需求，现代产业学院需要争取到充足的资金投入、技术投入和人才投入，以提高职业教育的质量和效率。与此同时，企业作为追求盈利的组织，参与现代产业学院治理能达到多重目标。首先，提升企业的影响力和社会公信力，为企业树立良好的形象和品牌价值。其次，企业可降低用工成本，因为现代产业学院培养出的人才更符合企业的需求。再次，有助于增加科研成果的转化率，从而提高企业的成本利润率。因此，在战略层面，现代产业学院需要积极争取资金投入、技术投入和人才投入，以提高职业教育的质量和效率。追求盈利的企业也要通过参与现代产业学院治理来提升自身的影响力和社会公信力，降低用工成本，增加科研转化率，提高成本利润率。这样既能满足现代产业学院发展的需要，又能满足企业营运的需求，实现双方共赢的局面，不仅能够解决现代产业学院经费不足、设施老旧等问题，又能促进产学研合作的深入发展，推动经济和科技的进步。

　　第二，定位客户价值。在现代产业学院多元协同整体治理模式下，现代产业学院客户群体是一个包括学生、教师、学校、合作企业、政府和用人单位等社会客户代表等庞大而具有差异化的群体。每个客户群体都有着不同的价值定位，这在整个培养模式的运行和发展中具有重要的影响。其中，学生是现代产业学院最直接的客户，他们对培养模式的认可度是评估其价值的重要指标。学生的报到率、留用率和满意度等方面的数据可以反映出他们对这种培养形式的认可程度。如果学生对模式的认可度较高，他们会积极参与并较大概率选择继续留用，同时对培养模式的满意度也会提高。教师、学校、政府和合作企业作为培养模式的运行者、参与者和监督者，也是教育服务社会的代表。他们的满意度在某种程度上反映了现代产业学院人才培养模式的社会价值。如果教师和学校对模式有较高的满意度，他们能够更好地发挥自身的作用，积极推动模式的运行和发展。政府和合作企业的满意度则体现了它们对这种培养模式的支持和认可，这种认可度会对现代产业学院的发展产生积极的影响。用人单位作为高职教育的直接服务对象，关注点主要在人才质量与企业需求的契合度方面。用人单位的满意度体现了现代产业学院培养出的人才是否符合其需求，对学生的专业素质和就业能力给予评判如果用人单位对现代产业学院培养出的人才较为满意，他们更愿意与现代产业学院合作，会提供更多的实习和就业机会。

　　第三，流程优化。现代产业学院综合系统中各关联子系统相互协调、合作、实现协同增效的过程，是优化人才培养流程的关键环节。在这个过程中，治理的效果体现在关键智力产品的打造，它需要不断革新技术，优化管理流程，提升质量和效率。在现代产业学院综合系统的治理中，强化制度支持系统是必不可少的，要健全政府、企业与学校三方的管理制度，从源头上保证人才培养活动实施有规可依、有据可循。制度的建立和执行能够确保各个子系统间的协调和顺畅，使得整个人才培养过程能够有序运行。政府、企业和学校三方的合作与协调将为人才培养提供更加稳定和可持续的支持。同时，在现代产业学院的人才培养流程中，规范实施过程是关键。夯实培养方案、强化校企对接、优化授课结构、跟踪课程质量、完善资源建设等多个方面都彰显了现代产业学院人才培养模式的特色，可以确保管理流程的科学高效。夯实培养方案可以保证学生能力的全面性和适应性培养，校企对接的加强将为学生提供更多实践机会，优化授课结构可以提高教学效果，跟踪课程质量能够及时发现并解决问题，完善资源建设可以提供更好的学习和实践环境。通过强化制度支持系统和规范实施过程，现代产业学院不断优化人才培养流程，提升质量和效率。通过持续的技术革新和管理流程的优化，现代产业学院能够打造具有竞争力的关键智力产品，为社会和经济发展提供有力的支持。这种协同增效的过程将推动现代产业学院的可持续发展，同时也为人才培养流程的不断改进和优化提供了新的思路和方法。

第四，学习成长。人才资源是现代产业学院发展的强大驱动力。为了充分发挥人才资源的作用，现代产业学院应根据业务提升路径与服务定位，分析创新和人力资本等无形资源在创造价值中的作用。在现代产业学院共同体内，教师是关键的人才资源，可以通过组织培训、调研、参观、挂职锻炼等多种手段，提升教师的业务能力、科研能力和综合素质，从而打造优秀的师资团队。教师的专业知识和教学能力直接影响学生的学习效果，因此教师的能力提升是非常重要的。通过不断提高教师的专业素养和教学能力，现代产业学院能够提供更优质的教育服务，培养出更符合行业需求的人才。另一方面，学生是现代产业学院的主要客户，可以通过兴趣引导、团队搭建、专项训练等多种途径，提高学生的职业能力、职业素养，提升各类证书考试的通过率和技能比赛奖次等。在现代产业学院的人才培养中，注重学生的实践能力和创新能力的培养是非常重要的。现代产业学院利用激发学生的兴趣和潜能的方法来组建团队进行合作学习和项目实践，开展专项训练，提升技能水平，使学生能够更好地适应社会需求并具备竞争力。

## 三、优化与完善企业参与治理的评价路径

（一）丰富企业参与现代产业学院治理绩效评价理念

更新现代产业学院绩效评价的理念是提高实效的首要前提。通过更新现代产业学院绩效评价的理念，多方形成广泛的共识，能够使评价结果更加科学准确地反映现代产业学院的实际表现，推动现代产业学院在产教融合和产业服务方面的持续改进和创新。

1. 强化产业属性理念是推动现代产业学院发展的重要手段

当前我国高职院校积极构建现代产业学院，并与相关企业合作，但在实际绩效评价过程中，产业属性的表现不够明显，需要加强对现代产业学院绩效评价中的产业属性考虑。为此，可采取以下措施来提升现代产业学院绩效评价中

的产业属性。一是衡量产业对现代产业学院发展的影响，将服务区域经济产业发展的经济效益、社会效益、人才效益等指标纳入绩效评价方案。这种衡量体现现代产业学院在支持当地产业发展、促进经济增长、满足社会需求以及培养人才等方面的实际贡献。二是量化现代产业学院的实际价值，细化绩效评价的内容，确保评价指标能够量化现代产业学院的贡献和影响。如通过对现代产业学院与企业合作项目的数量、规模和效益进行评估，衡量现代产业学院在产业创新、技术转化和市场应用等方面的表现。三是强调科学健康发展，将现代产业学院长远发展和可持续性纳入绩效评价考虑。除了短期成果，还应关注现代产业学院在人才培养、科学研究、社会服务等方面的长期贡献，以确保现代产业学院的持续发展和稳健成长。四是建立多维度评价体系。绩效评价应综合考虑现代产业学院在不同领域的贡献，包括教学质量、科研成果、社会服务和产业合作等方面，这样能够全面地展现现代产业学院的综合实力和影响力。五是鼓励产业导向的激励机制。制定激励政策，奖励那些在产业发展中取得显著成效的产业学院，这样可以激发现代产业学院积极主动地与产业对接，增强产业属性的发展动力。

2. 强化现代产业学院绩效评价中的实体运营理念是保证其有效管理和发展的重要措施

鉴于现代产业学院具有混合所有制的特点，实体化考核能够解决其身份认同的问题，并促进其科学化、健康化、实体化的运营管理。强化现代产业学院绩效评价中实体运营理念的相关措施包括以下方面。一是实体化运营状态考核，将实体化运营状态作为绩效评价的重要指标之一。通过对现代产业学院的实体化程度、与企业的合作稳定性、组织结构的合理性等方面进行考核，保证现代产业学院有明确的法律地位和运营模式。二是优化组织结构和内部管理。通过绩效评价结果，督促现代产业学院优化组织结构和内部管理，保证运营管理的高效性和灵活性，包括建立科学决策机制、健全内部管理流程、提高资源配置和决策的透明度与效率。三是明确运营发展方向。绩效评价应促使现代产业学院明确其发展方向和定位。根据评价结果，现代产业学院应调整和优化运营策略，保证其发展与产业需求和社会需求相匹配，增强其核心竞争力。四是权责利对等原则。明确现代产业学院的创建主体在运营管理中的责任划分和利益分配，保障各方权益平衡，避免出现模糊地带和真空区域，保证现代产业学院的实体化运营有明确的主体依托和管理机制。五是完善管理制度。根据实体化运营的需要，完善相关管理制度，包括治理结构、财务管理、人事管理等方面。这样可以为现代产业学院提供规范化、标准化的管理保障，确保其运营的稳健和可持续发展。

（二）优化企业参与现代产业学院治理评价

1. 完善评价指标

完善企业参与现代产业学院治理的评价指标是保证评价的全面性和准确性的重要环节。评价指标设计应考虑到企业参与现代产业学院治理的不同方面和层面的影响，以及对现代产业学院整体发展和质量提升的贡献。

第一，参与项目数量和质量评价指标。一是参与项目数量。衡量企业参与现代产业学院项目的数量，包括科研合作项目、实训项目、创新创业项目等。该指标反映出企业参与现代产业学院治理的广度和深度。二是参与项目质量。评估参与项目的质量和成果，包括科研成果的创新性、实践效果的可行性和社会影响力等。该指标反映出合作项目的实际效果和质量。

第二，人才培养与就业质量评价指标。一是就业率和就业质量。评估企业对学生就业的支持和帮助，包括就业率、就业岗位的质量、薪酬水平和职业发展空间等。该指标判断企业对人才培养的实际支持程度。二是校企合作人才培养计划。评价企业参与现代产业学院人才培养计划的设计和实施情况，包括计划的可行性、培养目标的实现程度和学生的受益情况等。该指标判断企业对现代产业学院人才培养的参与和贡献度。

第三，技术创新与转化评价指标。一是科研成果转化率。评估企业对现代产业学院科研成果的转化和应用情况，包括科技成果转化的数量和质量。该指标判断企业对现代产业学院科研创新的实际支持和应用效果。二是技术转让与合作。评估企业与现代产业学院之间的技术转让和合作项目，包括技术转让的数量和质量、参与项目的创新性和实施情况等。该指标判断企业对现代产业学院技术创新的参与和推动程度。

第四，行业专业认可与声誉评价指标。一是行业认可度。评估企业在行业内的声誉和认可程度，包括企业的知名度、品牌影响力和行业地位等。该指标判断企业对现代产业学院治理的实际认可和支持程度。二是行业影响力。评估企业在发展规范方面的影响力，包括行业标准的制定、行业组织的参与和行业发展的贡献等。该指标判断企业对现代产业学院治理的行业影响力和推动作用。

第五，资金支持与投入评价指标。一是资金支持情况。评估企业对现代产业学院的资金支持和投入情况，包括资助项目的数量和金额、设立奖学金和基金等。该指标判断企业对现代产业学院治理的实际资金支持程度。二是设备和资源共享。评估企业提供给现代产业学院的设备和资源共享程度，包括实验室设备的提供、技术资源的共享和行业数据的支持等。该指标判断企业对现代产业学院治理的实际支持和合作程度。

第六，双向交流与合作评价指标。一是专家和教师互访。评估企业与现代产业学院之间的专家和教师互访活动，包括行业专家的学术讲座、企业人员的教学交流等。该指标判断企业与现代产业学院之间的交流的频率和深度。二是学生实习与毕业设计。评估企业提供给学生的实习机会和毕业设计项目，包括实习岗位的数量和质量、毕业设计的实践性和创新性等。该指标判断企业对学生实践能力培养的实际参与和支持程度。

2. 优化企业参与现代产业学院治理评价机制

相较于传统职业院校的院系和校企合作平台，现代产业学院的先天优势在于拥有学校和企业两大稳定的资源，这为其提供了坚实的物质基础。为了充分发挥这些资源优势，优化盘活现代产业学院的各种物力、人力等资源尤为关键，而其中最重要的是建立科学的投资和利益分配机制。现代产业学院可借鉴国内外现代大学治理结构和公司管理的先进经验，其中一个关键举措是组建现代产业学院董事会，并在董事会的领导下制定较为先进、符合实际情况的管理制度。董事会机制对现代产业学院所需资金、资源的筹集、使用及分配等方面进行科学而明确的规定，这有助于确保资源的合理配置和高效利用，促进产学研合作，进而实现现代产业学院共建主体的权限责任和利益的合理确定。因此，构建科学的投资和利益分配机制是企业参与现代产业学院治理的关键因素，它有助于实现资源的优化整合，提升教学、科研和社会服务水平，推动现代产业学院的健康发展和核心竞争力的提升。

基于现代产业学院共建主体的特色优势，建立校企院师资共享共育机制是一种创新的教师培养模式。它可以充分发挥院校技能培训培育的特点，提升现代产业学院"双师型"教师的理论水平；利用企业的一线生产优势，提高"双师型"教师素质；通过发挥企业专业人员的技术引领作用，提升专业教师的实践教学水平，打造技艺精湛的"双师双能型"师资队伍。依托现代产业学院多主体的优势，实现高校资源、企业资源和社会资源的优化整合，这有助于打通

企业参与治理
——现代产业学院建设的必由之路

社会资源进入职业教育领域的渠道，消除社会资源向现代产业学院流动中的障碍和顾虑，确保优质的社会资源流向最能提升现代产业学院核心竞争力的方向和领域。这一机制能够促进现代产业学院与企业、产业界和社会更紧密的合作，提升现代产业学院的教学、科研和社会服务水平，进而提升其核心竞争力和创新能力。校企院师资共享共育机制使得现代产业学院更好地发挥学校和企业两大稳定资源的优势，推动产学研合作，提升教师队伍素质，进而促进现代产业学院的健康发展和综合实力的提升。

（三）完善企业参与现代产业学院治理绩效评价

1. 丰富企业参与现代产业学院治理绩效评价内容

通过拓展现代产业学院绩效评价研究的视角广度，聚焦现代产业学院绩效评价的内涵外延、指标维度等内容，旨在激励国内学者深入探究现代产业学院绩效评价相关理论，这将推动校企合作和产教融合发展新模式的形成，并为促进职业教育理论的纵深发展以及产学研深度融合提供理论支持。该研究将拓宽现代产业学院绩效评价研究的视角，涵盖评价内容的内在含义和外部拓展，以及评价指标的多维度构建。这一探索深化学者对企业参与现代产业学院治理绩效评价的认知，使其理论框架更加完善和全面。它聚焦现代产业学院绩效评价的内涵和外延，揭示现代产业学院在教学、科研和社会服务等方面全面表现，从而实现绩效评价的全面性和准确性。此外，该研究强调关注评价指标的维度，意在构建更加全面、客观和科学的绩效评价体系，通过聚焦关键指标，探寻企业参与现代产业学院治理绩效评价的多元性，为学者提供深入研究和理论探讨的空间，推动企业参与现代产业学院治理绩效评价研究的深入拓展。

2. 构建企业参与现代产业学院治理绩效智能化评价模型

构建企业参与现代产业学院治理绩效智能化评价模型是符合现代产业转型升级的时代趋势，是推进职业教育高质量发展的重要举措。借鉴国外经验，结合产教融合范式，该模型在现代产业学院绩效评价体系基础上运用人工智能信息化技术，开发智能化评价系统，构建智能化评价标准模型。这一模型采用"定性＋定量"的方式，收集多元主体的信息数据，展现标准化、智慧化评价流程，为实现精准、智能的企业参与现代产业学院治理绩效测评提供信息化工具。以绩效评价为契机，以评价结果为导向，智能化评价模型将聚焦现代产业学院发展目标、发展逻辑、发展方向和发展策略等方面，其主要目的是提出优化现代产业学院建设运营体系的策略，适应职业教育高质量发展的需求。这种智能化评价模型有望推动现代产业学院绩效评价的科学性与有效性，为现代产业学院提供全面、准确的发展指引。同时，该模型注重发展目标的落实、逻辑的合理性、方向的前瞻性以及策略的切实可行性，为现代产业学院的发展注入更加稳健和可持续的动力。

3. 推进现代产业学院绩效评价的智能化应用

企业参与现代产业学院治理绩效评价的结果应用对利益相关方的办学体制机制和模式效益优化具有至关重要的作用。为实现全过程、全要素自动化评价和结果生成，基于企业参与现代产业学院治理绩效评价模型，各方需开发和完善智能化绩效评价系统，用来为政府、企业、院校等利益相关方的决策提供参考，从而推进现代产业学院高质量发展，并进一步提升产教学研深层次合作水平。该智能化绩效评价系统将结合企业参与现代产业学院治理绩效评价模型的理论框架，借助先进信息技术，实现对现代产业学院绩效评价全面、自动化的分析与测评。通过多元数据的收集和处理，该系统能够客观准确地评估产业学院的教学、科研、社会服务等各个方面的绩效表现。由于该系统的智能化特点，评价结果更具可操作性，为利益相关方提供了科学决策依据。这种绩效评价结果的应用有助于优化企业参与现代产业学院的办学体制机制与模式效益，推动其在教学质量、科研创新、产业合作等方面不断提升。对政府而言，这些评价结果将为政策制定和资源投入提供重要参考，促进现代产业学院发展与国家职业教育战略的有效对接。对企业和院校而言，评价结果将帮助其更好地了解自身的优势和不足，推动优势资源互为利用。

# 趋势篇

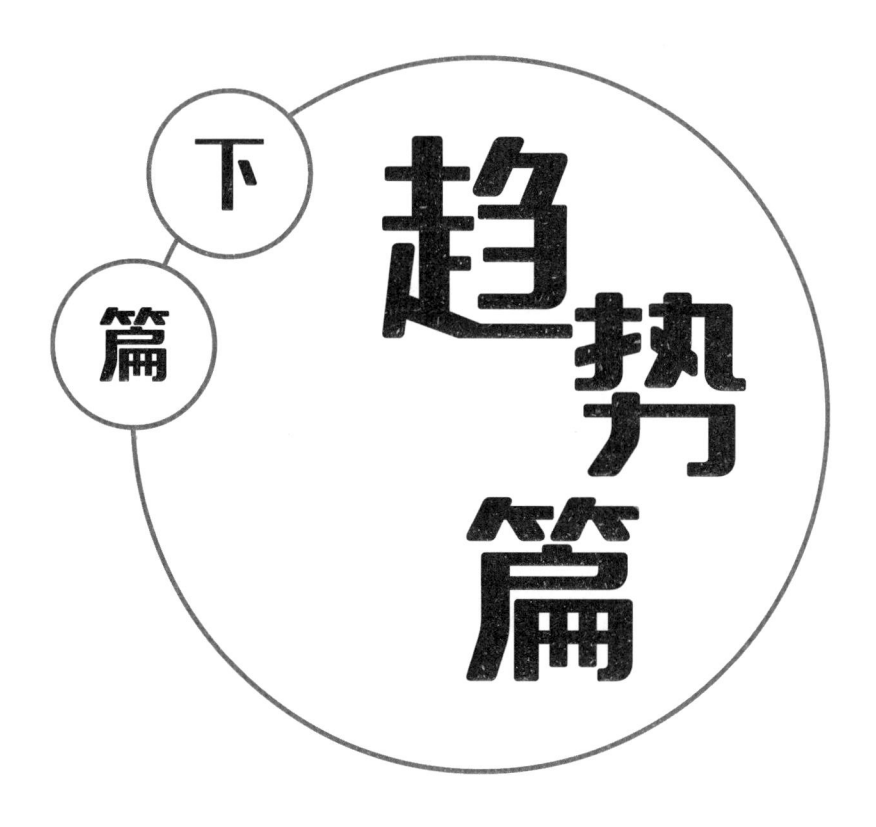

下篇

# 第七章　企业参与现代产业学院治理的挑战与应对

## 第一节　企业参与现代产业学院治理的发展趋势

企业参与现代产业学院治理的发展趋势将推动产业学院与企业之间的密切合作，实现优势互补、共同发展，为培养符合行业需求的高素质专业人才和推动产业发展做出积极贡献。

**一、治理专业化**

随着现代产业的快速发展和创新技术的不断涌现，企业参与现代产业学院治理将越来越趋向专业化。在未来，企业将在特定领域拥有更丰富的专业知识和经验，为现代产业学院提供前沿的行业趋势、技术创新和市场需求的观察力，推动现代产业学院的教学水平和科研能力提升。

首先，企业对于特定领域的专业知识和经验具有独特的优势。它们深入了解企业内部的运作机制、市场需求以及技术创新的最新动态。通过企业参与治理，现代产业学院从中获取宝贵的专业知识，了解企业趋势，并将这些知识应用到教学和科研中。企业为现代产业学院提供准确的市场需求信息，指导现代产业学院开设与企业需求紧密相关的专业课程，培养与市场需求相匹配的高素质人才。其次，企业参与现代产业学院治理促进创新技术的传播和应用。企业通常在技术创新方面投入巨大，并拥有丰富的研发资源和实践经验。通过企业参与，现代产业学院与企业合作开展研究项目，共同解决现实问题，推动科学研究的创新。企业为现代产业学院提供最新的技术成果和实践案例，与现代产业学院共同开展技术交流和合作研究，促进科研成果的转化和应用。这种合作有助于现代产业学院教师和学生将理论知识与实践经验相结合，提升科研水平

企业参与治理
——现代产业学院建设的必由之路

和实践能力。再次，企业参与现代产业学院治理为学生提供实践机会和行业导师支持。企业通常拥有先进的设备、资源和实际项目，为学生提供实践机会，让他们在真实的工作环境中学习和实践。企业参与现代产业学院各类项目，如共同开设实习项目、实践课程或校企联合实验室等，让学生与企业的专业人员密切接触，学习专业技能和解决实际问题的能力。同时，企业专业人员担任现代产业学院行业导师，与教师共同指导学生的学习和职业发展，提供实践经验和专业指导，帮助学生更好地适应行业需求和就业市场。最后，现代产业学院还应加强师资队伍建设，引进具有行业背景和实践经验的教师，提升教师的专业水平和教学能力。企业参与教师培训和学术交流，与现代产业学院教师共同研究和探索行业发展的前沿问题，共同提高教师的专业素养和教学质量。

**二、治理创新化**

随着科技的快速进步和市场的不断变化，创新成为推动现代产业发展和现代产业学院发展的重要驱动力。企业作为创新的主要推动者，在创新领域拥有丰富的经验和资源，为现代产业学院带来前沿的技术创新和商业模式的思路。现代产业学院将与企业共同建立创新创业教育平台、孵化器和科研中心，通过合作开展创新研究项目、培养创新创业人才，推动科技成果的转化和商业化。

首先，企业参与现代产业学院治理将强调创新思维和创新能力的培养。创新是推动社会进步和经济发展的关键要素，企业作为创新的源头，拥有丰富的创新经验和资源。通过企业参与治理，现代产业学院引入创新的思维方式和方法论，培养学生的创新思维能力和解决问题的能力。企业提供创新案例和实践机会，让学生在实际项目中锻炼创新能力，了解市场需求和行业趋势，为未来的创新创业做好准备。其次，企业参与现代产业学院治理将促进技术创新的转化和商业化。企业通常在技术研发和商业化方面具有丰富的经验和资源。通过企业参与，现代产业学院与行业合作开展创新研究项目，将学术研究成果转化为实际应用。企业为现代产业学院提供商业化的指导和支持，帮助现代产业学院将科技成果转化为商业价值，推动创新创业项目的孵化和发展。这种合作模式不仅有助于现代产业学院的科研水平提升，也能够培养学生的创新创业意识和能力，促进产学研结合。再次，创新创业教育将成为企业参与现代产业学院治理的重要内容。创新创业是现代产业发展的重要动力，需要具备创新创业精神和实践能力的人才。企业深度参与现代产业学院治理，共同建立创新创业教育平台、孵化器和科研中心，提供创新创业教育的资源和支持。通过创新创业教育，现代产业学院培养学生的创新创业能力，激发他们的创新潜力和创业意识。企业提供实践机会和创业导师的支持，帮助学生将创新创业理念转化为实际行动，提升他们在创新创业领域的竞争力，积累实践经验。最后，创新化的企业参与现代产业学院治理还将强调跨学科的合作与交流。创新往往需要不同学科领域的知识和专业技能的交叉融合。企业作为多领域创新的主要参与者，为现代产业学院提供跨学科的合作机会和资源。现代产业学院与企业共同开展跨学科的研究项目和创新实践，促进不同学科之间的交流与合作。通过跨学科的合作，学生获得更广泛的知识和技能，培养解决复杂问题的能力，为创新创业做好全面准备。

### 三、治理数据化

随着数字化时代的到来，企业拥有海量的数据资源和先进的数据分析技术，这为现代产业学院提供了数据驱动的决策支持。企业参与现代产业学院治理，双方共享数据资源、开展数据分析项目和人工智能应用项目，推动数据科学和人工智能在教学和研究中的应用，培养数据科学人才。

首先，数据化是企业参与现代产业学院治理的重要趋势之一。在各个行业中，企业收集和储存了大量的数据，这些数据蕴含着宝贵的信息，体现了敏锐的洞察力。通过企业深度参与治理，现代产业学院获取行业内部的数据资源，结合自身的专业知识和研究能力，开展数据分析项目和研究，挖掘数据中的价值和趋势。这样会使现代产业学院的教学和研究更加贴近实际，提高现代产业学院在行业中的影响力和竞争力。其次，数据化合作也为学生提供了更多的学习和实践机会。通过企业参与治理，学生接触到真实的业务数据和分析工具，学习如何从数据中提取有用的信息，培养数据分析的能力。这样的实践经验将使学生在就业市场上更具竞争力，能够应对数据驱动决策的需求。再次，在数据化发展中，现代产业学院和企业需要共同解决数据隐私和安全的问题。数据的使用和共享必须符合相关的法律法规和伦理准则，保护个人隐私和商业机密。现代产业学院需要建立健全的数据治理机制，确保数据的安全性和合法性，同时通过数据匿名化等手段保护个人隐私。最后，企业参与现代产业学院数据分析实验室和研究中心建设，共享数据资源和分析工具。现代产业学院还可以开设相关的课程和培训项目，培养学生和教师的数据分析能力。通过这些

### 企业参与治理
—— 现代产业学院建设的必由之路

举措,现代产业学院将更好地利用数据资源,实现教学和研究的创新,为企业提供具有实际价值的解决方案。

#### 四、治理跨界化

随着科技的快速发展和产业的不断优化,传统的行业边界逐渐模糊,不同领域的企业之间开始寻求合作与交流,以实现资源共享和优势互补。在这种背景下,企业与现代产业学院的跨界合作将成为推动创新、研究和人才培养的重要驱动力。

首先,跨界合作核心在于打破学科壁垒,促进跨学科的研究和创新。现代产业学院通常按照学科分类组织,但现代社会的复杂问题往往需要跨越学科界限来进行综合研究并提供解决方案。企业作为实际应用的重要参与者,具有行业知识和经验,能够为现代产业学院带来不同领域的视角和解决问题的能力。通过企业参与,现代产业学院可开展跨学科的研究项目,结合不同领域的专业知识和技术,探索新的创新方向和解决方案。其次,跨界合作能培养具备跨领域综合素养的人才。在当今社会,越来越多企业需要具备跨学科能力的人才,能在不同领域之间进行沟通、合作和创新。企业参与现代产业学院治理,为学生提供了跨领域的学习和实践机会,培养他们的综合素养和创新能力。企业参与现代产业的跨界课程、提供跨领域实习机会,让学生在实际问题中应用不同学科的知识和技能,培养其解决复杂问题的能力。再次,跨界合作还能够推动产学研结合,促进科技成果的转化和商业化。企业作为市场的参与者,能够为现代产业学院提供市场需求和商业化的视角,帮助现代产业学院的科研成果更好地转化为实际应用和商业价值。企业与现代产业学院共同开展技术转移项目、创新创业教育平台和孵化器,为学生和教师提供创新创业的支持和资源,推动科技成果的商业化和产业化。最后,实施跨界合作时需要建立起良好的合作机制和沟通渠道。企业在参与现代产业学院治理时,需要建立稳定的合作关系,加强信息共享和资源整合,形成互利共赢的合作模式,同时还需要加强人才培养和交流机制,促进学生和教师与企业之间的互动与合作。

#### 五、治理可持续化

随着全球对可持续发展的重视和环境挑战的增加,企业和现代产业学院将共同探索可持续发展的领域和项目,培养具有社会责任感和可持续发展意识的人才。现代产业学院将积极倡导可持续发展理念，与企业合作推动可持续发展的研究、实践和教育，共同为社会经济发展做出贡献。

首先，双方开展联合研究项目，共同研究可持续发展的领域和技术，寻找解决方案。企业提供实际案例和数据支持，现代产业学院提供专业知识和研究能力，共同解决资源利用等方面的问题。其次，现代产业学院与企业开展可持续发展实践项目，推动绿色技术和可持续模式的应用和创新，通过参与、合作，共同开发和推广产品和服务。现代产业学院将这些实践项目纳入教学计划，让学生在实践中学习可持续发展的理念和方法，培养具有可持续发展意识和创新能力的人才。再次，现代产业学院与企业合作开展社会公益项目，回馈社会，解决社会问题。双方共同开展教育支持计划、社区发展项目等，提供教育资源和技术支持，促进社会公平和发展。这样的合作不仅有助于现代产业学院树立良好的社会形象，也能够培养学生的社会责任感和公民意识。最后，在可持续化发展的过程中，现代产业学院应积极倡导可持续发展理念，培养学生的可持续发展意识和行动能力。现代产业学院将可持续发展纳入课程体系，开设相关的专业课程，引导学生了解可持续发展的理论和实践，同时组织学生参与可持续发展的实践活动，如志愿者服务、社会调研等，培养学生的社会责任感和可持续发展的行动能力。

## 第二节 企业参与现代产业学院建设的未来：数字化治理

### 一、数字化治理

#### （一）数字化

数字化是将信息转换为数字形式的过程，以便计算机和其他电子设备能够读取、储存、传输和处理。这种转换通常涉及将连续变化的数据，如声音、图像和视频等，转化为由二进制数字序列组成的离散形式。数字化不仅仅是简单地将信息从一种形式转换为另一种形式，它还涉及对业务或场景进行系统性和整体性的改造。数字化的范畴已经扩展到涵盖了战略、架构、运营和管理等层面，利用数字技术推动各个领域的深度变革。在战略层面，数字化要求组织重

**企业参与治理**
**——现代产业学院建设的必由之路**

新思考业务模式和目标。通过数字技术的应用，组织寻找创新的商业模式，提供更加个性化、定制化的产品和服务，如通过大数据分析和人工智能，企业利用用户数据洞察市场需求，从而调整产品策略和商业模式。在架构层面，数字化需要重新构建和优化组织的技术基础架构。这包括网络和云计算基础设施的建设，以支持大规模数据存储和处理的需求，同时还需要考虑数据安全和隐私保护的问题，确保数字化转型过程中的信息安全。在运营层面，数字化要求组织利用数字技术提高效率和质量，实现业务流程的自动化和优化。通过使用物联网、自动化控制和智能分析工具，企业实现生产过程的数字化，提高生产效率和产品质量。同时，数字技术还可改善供应链管理和客户关系管理等方面，提升整体运营效果。在管理层面，数字化要求组织培养和吸引数字化时代所需的人才，建立相应的管理体系。这包括推动组织文化的创新和变革，提倡数据驱动的决策和开放式的沟通协作。另外数字化还要求组织与外部合作伙伴建立紧密的合作关系，共同推动数字化的发展。

（二）数字化治理

进入 21 世纪以来，数据成为促进社会经济增长的新资源和新资产，也因此成为大国战略竞争的重要内容。与此同时，数字化生存带来了各种无序和混乱，"数字化治理"的概念因此诞生并扩展。数字化治理是随着数字技术在经济、社会、政治生活中日益广泛应用而产生的新型治理方式，它包括"基于数字化的治理"，即利用数字技术作为工具或手段应用于现有治理体系中，以提升治理效能。这种方式借助数字技术和数字分析，对公共事件进行精准研判、提早预警和紧急处置，从而更好地应对突发性重大公共事件。同时，数字化治理也包括"对数字化的治理"，即针对数字世界中各类复杂问题的创新治理。这一角度更加关注数字化对政治、经济和国际关系等领域的影响。数字化技术的快速发展改变了传统的治理方式和模式，需要创新的治理理念和策略来适应数字化时代的挑战和机遇。数字化治理核心是利用数字技术和数据分析来加强决策制定、信息共享和资源配置，通过引入人工智能、大数据分析、云计算和物联网等技术手段，实现数据的实时监测、精确预测和智能驱动，从而提升治理的效率、准确性和可持续性。数字化治理还需要建立相应的法律、政策和规范体系，以保障合法性、公正性和隐私保护。另外，数字化治理也需要促进数字技术的普及和使用，避免数字鸿沟的扩大，确保数字化治理的包容性和可持续性。

数字化生态下的问题分为两大类。第一类是数字生态下的经济、社会和文化发展中所面临的问题和风险。这包括数字霸权、数字垄断、数字鸿沟以及智能化带来的情感、暴力乃至仇恨等。在数字经济中，少数巨头企业通过数据垄断和算法操控获得竞争优势，导致市场不公平、创新受阻，扩大了数字鸿沟。数字社交平台的普及也带来了信息过载、虚假信息扩散以及网络欺凌等问题，这对社会和文化的稳定产生了挑战。第二类是由数字技术及其应用产生的问题和风险。其中包括数据泄露篡改、信息污染、网络病毒、网络黑客等网络安全问题，这些威胁可能导致个人隐私泄露、财产损失以及社会稳定受到威胁。此外，数字化平台的生态系统问题也需要关注，如平台内部的信息过度收集和滥用、算法偏见、用户数据的滥用等，这些容易引发用户权益和公共利益的争议。

数字化治理涵盖了从宏观、中观到微观的全线范畴。在宏观层面上，数字化治理涵盖了全球治理、国家治理以及社会治理等方面。全球治理中，国际组织和多边机制需要合作应对数字化时代的共同挑战，如数据流动、网络安全、数字隐私等。国家治理层面需要通过立法、政策制定和监管来推动数字化的发展，并解决数字化带来的问题和风险。社会治理方面需要加强公共参与和社会组织的合作，确保数字化技术的利益公平分配和社会共享。在中观层面上，数字化治理包括行业治理和产业治理。行业治理涉及政府、企业、协会等各方的合作，通过标准制定、规范管理和监督监管，推动行业的数字化转型和创新发展。产业治理则涉及市场竞争、产业政策和企业合作等方面，通过优化产业结构、培育新兴产业和加强创新能力，推动经济的数字化升级和转型。在微观层面上，数字化治理包括平台治理、企业治理和社群治理。平台治理着重解决数字平台生态系统的问题，包括信息安全、用户权益保护和平台规范等方面。企业治理需要加强数字化技术的应用和管理，确保企业在数字化时代的可持续发展。社群治理强调通过合作共建、透明公正、多元参与等方式，提升社群的治理能力，解决数字化社交平台的问题和挑战。因此，数字化治理和基于数字化的治理密不可分，两者相互支持和推动，共同促进社会的数字化转型和可持续发展。无论是在宏观、中观还是微观层面，数字化治理都需要跨学科、跨部门的合作和共同努力，以应对数字化时代所带来的诸多挑战和机遇。

企业参与治理
——现代产业学院建设的必由之路

## 二、企业参与现代产业学院数字化治理的演变阶段与基本逻辑

（一）企业参与现代产业学院数字化治理的演变阶段

产业学院传统管理方式较为单一、信息孤立，管理效率较低，无法有效支撑产业学院的发展需求。而企业参与现代产业学院数字化治理则是通过信息技术应用、数据共享、智能化决策等手段，实现了现代产业学院管理的数字化升级。这既是数字化赋能现代产业学院的新要求，也是企业参与现代产业学院数字化治理持续创新和发展的必然选择。企业参与现代产业学院数字化治理的演变轨迹可以概括为三个阶段。

1. 初创期：管理方式单一，缺乏清晰规划

现代产业学院在初创期主要采用传统的管理模式，管理方式简单，管理内容较为集中。这一时期的主要特点有四个方面。一是权责不分。因产业学院刚刚成立，机构设置还不够完善，校企之间、产业学院各个职能部门之间的界限不明确，导致权责不分，管理比较混乱，难以做出有效的管理决策。二是管理单一。由于管理机构和管理人员的不足，产业学院管理方式比较单一，主要靠行政管理等传统方式实现，难以适应产业发展所需。三是以教学管理为主。初创期的产业学院重点放在教学方面的建设，主要包括专业建设、教学设施建设等，内部机构设置和管理体系建设等方面还不够完善。四是战略方向不明确。在初创期，产业学院对于自身的定位和战略方向还不太明确，对未来发展方向缺乏清晰规划，导致产业学院的发展难以到达预期目标。

2. 发展期：信息技术引入，产教融合紧密

随着科技发展，教育和产业融合愈加紧密，信息技术开始引入产业学院管理。产业学院开始向现代产业学院转变，信息技术与教育教学融合逐渐成为产业学院发展重要目标。这一时期管理模式相对灵活多样，体现出了较强的信息化管理特色。一是信息技术应用逐渐广泛。随着科技不断进步，数字化治理逐渐成为产业学院发展的重要目标。在这一阶段，产业学院开始注重信息化建设，数字化技术广泛应用于产业学院，学院建立了相应的数字化管理系统和框架。二是教育教学质量稳步提升。在初创期基础上，现代产业学院逐步完善了管理机构和体系，师资队伍也得到了相应的调整和优化，教育教学质量开始稳步提升，现代产业学院建设也受到了国家与省市更多的关注与认可。三是行政管理趋于弱化。随着数字化管理逐渐深入，现代产业学院行政化管理逐渐弱

化,管理决策逐渐向数据分析和科学化管理转型,现代产业学院的管理模式也相对灵活多样,体现了较强的信息化管理特色。四是产教融合愈加紧密。产教融合更加紧密,现代产业学院由单一的教育教学场所转变为产业与社会可持续发展的重要引擎。由此,现代产业学院开始借助数字技术推进产教融合的进程。

3. 转型期:数字技术引领,发展定位明确

科技进一步发展推动了数字技术成为现代产业学院治理现代化的一种重要力量。在数字化时代,数字化治理成为现代产业学院运营的新常态。现代产业学院的治理结构和机制更加灵活化,治理数据的收集和分析更加便捷化,治理决策的灵活性和即时性得到了显著提升。一是现代产业学院定位和发展战略更加清晰。这一时期现代产业学院逐步建立了清晰的定位与发展战略,更加明确了自身的核心业务和产业方向,制定了更加详细的发展规划以适应市场发展需要。二是加速数字化转型。伴随数字化技术的普及,现代产业学院逐步加速数字化转型的进程,继续推进数字化治理,并进一步探索数字技术在教学、科研、创新等领域的应用,提升现代产业学院的综合实力和影响力。三是注重人才培养和团队建设。转型期的现代产业学院注重人才培养和团队建设,加强对师资队伍和员工的培训和引导,营造良好的学术氛围和团队文化,助力现代产业学院向更高质量和更高层次迈进。四是加强资源整合和平台建设。在转型期,现代产业学院借助数字化技术的优势,深度整合学术资源和市场资源,搭建更具价值的产教融合平台,以推动现代产业学院数字化治理。

(二)企业参与现代产业学院数字化治理的基本逻辑

一直以来,数字技术被认为是"因为数据规模巨大以致无法在合理时间内运用常规技术手段和方法进行有效收集、存储、管理和处理的数据集合"。在数字经济时代,作为一种处理和分析海量、复杂、多样化数据的先进技术,数字技术具有高速、大容量、多样性和低密度性等特征。当前,数字技术已广泛运用于教育领域,有学者研究了教育数字化治理问题,目的在于提高决策的有效性。现代产业学院将大数据等最新技术和治理理念融入数字化治理中,主要是为了推动治理工具的转型实践。这为重构新的治理空间提供了新思路和路径。现代产业学院数字化治理的过程符合一般的社会发展规律,并遵循一定的基本逻辑。通过将大数据等技术纳入数字化治理框架,现代产业学院能够更好地利用数据资源,实现治理的现代化和科学化。

## 企业参与治理
### ——现代产业学院建设的必由之路

**1. 技术逻辑：提升现代产业学院治理效能**

企业参与现代产业学院数字化治理中的技术逻辑是指利用现代数字技术进行治理过程的重构和优化，以提高治理效率、决策质量和创新能力。在这一过程中，赫伯特·西蒙的理论思想和大数据技术的发展与应用起到了重要作用。赫伯特·西蒙是计算机科学与认知心理学的先驱之一，他提出了"有限理性决策"和"组织决策"等重要理论。现代产业学院数字化治理会借鉴西蒙的有限理性决策理论，即人在面对复杂的决策问题时，往往采用有限的信息和有限的理性进行决策。数字化治理可以帮助管理者获取更加全面、更为准确的数据信息，为决策提供依据，从而优化组织的决策过程。数字技术在社会经济的各个领域加速交叉融合，为现代产业学院数字化治理提供了强有力的支持。在现代产业学院建设中，数字技术为学生管理、教学评估、科研数据分析等提供精确的数据支持，帮助管理者做出科学决策，优化教学过程，提高教学质量。传统的组织治理模式通常由少数管理者掌握决策权，而数字化治理则赋予了更多的参与者和利益相关者参与决策和治理的机会。数字技术的发展使得数据的收集、分析和共享更加容易和高效，不同角色的人员共同参与数字化治理，从而实现多方共赢。通过技术赋权，现代产业学院建立开放、透明的治理机制，促进信息共享和合作，提升整体的治理效能。

但从技术层面来看，现代产业学院数字化治理还需要解决一系列技术挑战。一是数据收集和存储的问题，如何高效地收集、存储和管理大量的教育数据是一个关键的技术难题；二是数据质量和数据安全问题，保证数据的准确性、完整性和保密性是数字化治理的基础；三是数据分析和挖掘技术也是关键的技术支持，通过对数据的深入分析和挖掘，发现潜在的关联和规律，为决策提供科学依据。

**2. 效用逻辑：推动现代产业学院治理创新**

在大数据的推动下，现代产业学院面临着越来越复杂的治理需求，这就要求现代产业学院的治理行为、治理模式和治理机制能够适应新的形势。在这一背景下，大数据在企业参与现代产业学院治理中扮演着重要的角色，且具有乘数效应。大数据技术对社会发展和社会治理产生了放大、叠加和倍增效应。现代产业学院治理中的大数据技术应用不仅仅是简单的技术应用和工具叠加，而是发挥了乘数效应。现代产业学院通过整合、挖掘和关联分析数据资源，实现治理的多元协同与精准监管，其数字化治理的过程依靠大数据技术重新定义治理职能，重塑数据资源的配置与应用方式，从而使得各个治理主体更加重视数据的获取、保存、共享、传播，这突显了在治理过程中创造数据的价值效能。大数据应用使得现代产业学院的治理变得更加科学和智能，并为其提供了更多的信息和决策支持。通过大数据的功能运用，现代产业学院既能更好地了解学生的学习情况和需求，提供个性化的教育服务，也能对教学过程、管理过程进行分析和优化，提高教学质量，又能实现资源的共享和协同，促进各方面的合作与创新。大数据技术还能帮助发现潜在的问题和风险，提前采取措施进行干预和预防，从而提高治理的效能和效果。

3. 价值逻辑：增强现代产业学院价值创造

企业参与现代产业学院数字化治理的核心是实现价值的创造和提升。数字化治理过程需要进行数据的采集、清洗、整合、分析等一系列操作，以提取有价值的信息。这些数据处理的过程将数据转化为知识和智慧，为现代产业学院的决策和运营提供参考和支持。首先是价值导向。大数据作为一种治理理念，要求现代产业学院治理主体改变以往的数据封闭和数据孤岛现象，逐步迈向数据开放共享和依赖数据科学进行决策的新境界，从而解决现代产业学院治理变革中的价值导向问题。这表明现代产业学院需要打破信息壁垒，促进数据的流动和交流，以便更好地支持决策过程。同时，它还需要借助科学的方法和技术，将数据转化为有意义的决策，以提升治理效果。其次是价值目标。数字文明和数字秩序的核心特征在于建立信任和实现信息共享，社会信任的形成进一步促进了社会秩序的包容性和开放性，这在一定程度上为新时代现代产业学院提供了更加宽广的发展空间。这一趋势进一步拓展了现代产业学院的发展空间，并通过数字化治理文明的力量推动了治理主体和治理结构的变革。同时，数字化治理机制和结构为现代产业学院提供了更好的机会，以实现跨界合作、提供个性化服务，促进现代产业学院与行业企业之间的深度互动。特别是在促进现代产业学院与经济社会高度融合、嵌入和共生的过程中，数字化治理文明为现代产业学院提供了强大的推动力，提升了其治理能力，实现现代产业学院的可持续发展。

4. 规则逻辑：引导现代产业学院治理优化

任何一种治理模式都遵循内在的运行规则，它们都是通过数据—信息—知识的转换模型予以体现的。在现代产业学院数字化治理模式中，数据、信息和知识的转换过程存在内在的契合和匹配，它们共同遵循规则逻辑并形成一致的

企业参与治理
——现代产业学院建设的必由之路

规则逻辑，成为现代产业学院数字化治理的内在推动力。在数字化治理中，一个重要的环节是数据转化为信息再到知识的过程。大数据治理采用全样本的数据，选择合适的方法分析数据，找出数据之间的相关性，并推动数据的去中心化处理，从而提高数据的价值和利用效率。现代产业学院治理强调多主体参与，科学决策，关注整体运行，灵活适应变化，确保现代产业学院的发展和创新。大数据治理为现代产业学院提供了海量数据资源，支持决策和创新。同时，现代产业学院治理需要科学的方法和指标来评估和优化，这时大数据的方法性就发挥了重要作用。多主体参与意味着数据的多源收集，而大数据治理强调的全样本特点则能够满足这一需求。另外，大数据的互联性打破了传统治理模式中主治理者和被治理者之间的界限，促进了多元参与主体协同共治。这一特点与现代产业学院治理强调的多主体和动态性相吻合，共同推动了现代产业学院数字化治理的创新。

基于上述分析，企业参与现代产业学院数字化治理需要建立健全的技术规则与治理体系，审查与监管数字技术应用，制定标准进行安全审查与评估等。在这样的基础上，结合数据—信息—知识转换模型和大数据治理的方法性、相关性、去中心化等特点，以及融合现代产业学院治理的多主体、科学性、整体性、动态性等特征，现代产业学院数字化治理才能发挥最大的效能，推动现代产业学院不断发展和进步。

### 三、企业参与现代产业学院数字化治理的构成要素与推进路径

（一）企业参与现代产业学院数字化治理的构成要素

治理的构成要素是在治理理论的发展和完善过程中必须明确的核心概念，它们对治理对象与治理实践提供了理论解释和指导。治理理论是对管理理论的深化和综合，将其融入现代多学科研究领域，能更好地理解和应对复杂的社会、政治和经济挑战。早年，法国古典管理学派代表 Fayol 在《工业管理和一般管理》中提出了管理流程构成"五要素"，即计划、组织、指挥、协调、控制。在此基础上，英国的 Stoker 提出了"治理五要素"理论，即治理主体、治理责任、治理权利、治理机制和治理手段，其框架主要通过五种要素之间的逻辑关系进行构建。后来，我国学者俞可平提出了"全球治理五要素"，即治理主体、治理价值、治理对象、治理规制、治理效果，各个要素之间相互融合、互为影响。

现代产业学院对治理构成要素进行不断梳理,并在现代产业学院治理现代化要求的指导下,提炼总结出现代产业学院数字化治理的五个要素:治理目标、治理主体、治理对象、治理工具、治理评价。它们为治理理论的进一步发展提供了内生动力。通过明确这些要素及其之间的关系,现代产业学院数字化治理得到了理论指导与现实框架。

1. 治理目标:贯彻现代产业学院过程管理

数字化治理不仅是企业参与现代产业学院治理的手段,更是实现其自身发展的内在推动力。数字化治理的主要目标是为现代产业学院发展需求提供服务,提升其治理水平和能力。治理的核心在于充分挖掘数据的价值,增强现代产业学院决策的科学性和合理性。为实现治理目标,数字化治理应该贯穿现代产业学院的宏观与微观层面。在宏观层面,数字化治理融入政府、院校、行业企业等各个方面,以实现协同重构;在微观层面,提升现代产业学院中教学管理、学生管理等方面的质量与效率,以实现治理目标的达成。数字化治理在现代产业学院数字化建设中发挥着统筹、协调的作用,在构建现代产业学院数字化治理框架方面也发挥着方向性、引导性的作用。通过建立数字化治理框架,现代产业学院能够更好地应对日益复杂的环境,实现治理目标和愿景,推动现代产业学院不断迈向现代化。科学的数据分析和治理手段使现代产业学院更好地适应时代发展的需求,增强自身的竞争力和适应性,同时也促进了现代产业学院的数字化建设,为其长远发展奠定坚实基础。

2. 治理主体:赋能现代产业学院治理能力

数字技术作为一个技术工具,具有非人格化、非情感化、非主观化特征,在治理中能够克服主观性与随意性。伴随数字技术持续嵌入现代产业学院,数字技术的客观理性与治理主体主观感性之间矛盾越来越明显,这可能增加数字化治理过程中的不确定性和摩擦。因此二者需要寻找一个平衡点,保证数字技术的有效应用,并兼顾治理主体的感受,以实现更全面和更有效的现代产业学院数字化治理。由于现代产业学院治理实践的复杂性,数字技术在治理中也面临困境,这种困境又会使得数字技术偏离治理价值目标。为了真正实现现代产业学院数字化治理主体的建设,各类主体的参与热情需要充分释放,这样数字化治理才能发挥出其真正的潜力。传统数字化治理往往依赖于组织结构自上而下的调控方式,但这可能导致自下而上的参与程度逐渐弱化,治理主体的意见和需求未能得到充分反映。为适应现代产业学院治理的复杂性和变化性,数字

**企业参与治理**
**——现代产业学院建设的必由之路**

化治理应更注重赋能治理主体自身。在现代产业学院治理中,尽管数字技术有独立的运行模式和趋势,但其在治理中的应用需要还通过治理主体来进行构建和驾驭。治理主体需要积极融入数字技术,并主动驾驭其运用,以实现治理目标。与此同时,治理主体也需要不断反思和评估数字技术在治理中的效能,以便真正实现多元主体治理。

3. 治理对象:聚焦现代产业学院目标群体

数字化治理的对象是现代产业学院所需管理和规范的数据资产。对数据进行管理,确保数据的正确性、一致性和可信度,为决策和创新提供可靠的数据基础。数字化治理涵盖数据生命周期全流程,包括采集、存储、清洗、分析、应用和销毁等环节,治理重点集中在数据标准、数据质量、数据共享和数据安全等方面,通过确立统一标准、监控数据质量和实施安全保护,实现数据的规范化、优质化、共享化和安全化。现代产业学院的数据标准是对数据进行分级分类、记录格式、转换和编码等规则的集合,它为数字化治理提供了统一的定义和逻辑模型。数据标准既是现代产业学院治理的基础,也是决定其治理成效的主要环节。数据质量是数据资源的灵魂,直接影响着数据的可信度和可用性。高质量的数据能够为现代产业学院治理主体提供准确的信息支持,提升决策的科学性和精准度。数据质量管控不仅仅是简单地清理和修复数据的错误,还需要在数据的整个生命周期中制定规则,并进行审查和调整。数据共享是提高数据利用效率的关键举措,通过数据共享,不同治理主体共同利用数据资源,提高数据的综合利用效率。数据共享打破了信息孤岛的限制,实现了数字化治理主体之间的紧密对接和协同工作,促进了知识的共享和创新。数据安全能确保数据的保密性、完整性,防止未经授权的访问、篡改和数据丢失。加密技术、访问控制、防火墙等手段确保敏感数据不被泄露,保障数字化治理系统的稳定和可信度。只有确保数据安全,现代产业学院才能在数字化时代中得以持续发展。

4. 治理工具:助力现代产业学院管理支持

治理工具既是现代产业学院数字化治理活动的基础,也是其核心组成部分,它包括软硬件设施,涵盖学习客户端、网络化工具、信息基础设施、数据采集存储系统等。治理工具的开发与应用为现代产业学院提供了必要的技术支持和资源支持,推动了数字化治理的有效实施。这些工具的运用促进了现代产业学院的发展与进步,提升了教学和管理效率,创造了更高效、便捷和个性化的治理环境。现代产业学院内部产生的数据一般并非直接用于决策,而是需要结合具体现实情境,并根据治理主体的需求,通过适当的工具进行采集等预处理。这一处理过程发挥了数据在现代产业学院管理决策中的作用,并揭示了数据在服务现代产业学院建设中的深层次价值。治理工具的应用为数据质量提升提供了保障,促进了多元治理主体之间的数据整合和共享,满足了多元治理主体对数字技术和数据价值挖掘的需求,为现代产业学院的管理者提供了科学决策所需的依据。

5. 治理评价:保障现代产业学院有效运行

治理评价是指对现代产业学院数字化治理是否正常运行的监测,以及是否达到预期治理目标的评价,其主要目的是监督和评估数字化治理的运行情况,确保数字化治理的有效性、可持续性。通过监测关键指标和数据,现代产业学院可以评价数字化治理的运行情况,了解是否存在数据质量问题、安全风险或流程瓶颈等。这有助于及时发现潜在的问题,并采取措施加以解决,从而保障数字化治理体系的稳定性和连续性。现代产业学院进行定期的治理评价,评估现代产业学院数字化治理的成果和效果,了解数字化治理活动对现代产业学院的价值贡献情况。由于治理评价是一个持续进行的过程,它具有一定的周期和频率。周期可根据数字化治理的复杂性和变化情况而定,分为季度或年度等;频率可根据评价的指标和重要性确定。对治理评价的结果需要进行综合分析和解读,这样才能获得对数字化治理体系运行状况的全面理解。根据评价结果,现代产业学院制定相应的改进措施和行动计划,解决治理中存在的问题,提升数字化治理的效果。

(二)企业参与现代产业学院数字化治理的推进路径

治理目标、治理主体、治理对象、治理工具和治理评价是企业参与现代产业学院数字化治理中的关键因素,它们之间相互影响、互为制约,共同构成了一个完整的治理体系。治理目标作为五要素的核心,为数字化治理活动的方向和目标提供了明确的导向。治理主体通过参与和合作来实现这些目标。治理对象作为数字化治理的具体对象和范围,需要通过适当的治理工具来收集、分析和处理相关数据和信息,以实现数字化治理目标。治理工具的选择与应用也受到治理目标和治理对象的影响,它们需要适应治理需求和特定的治理对象特征。治理评价作为对治理活动的评估和监督,旨在确保治理目标的达成和持续改进,它反馈给治理主体和利益相关者,为调整和优化现代产业学院数字化治

企业参与治理
——现代产业学院建设的必由之路

理活动提供依据。在现代产业学院数字化治理中,只有通过精准设置数字化治理目标,全面明确数字化治理主体,准确确定数字化治理对象,合理使用数字化治理工具,有效实施数字化治理评价,才能实现数字化治理的目标,提升治理效果,更好地适应和应对不断变化的环境。

1. 准确设置现代产业学院数字化治理目标

合理设置现代产业学院的数字化治理目标,能提升现代产业学院的管理效能、教学质量和服务水平,促进学生和教师的发展和创新。为全面提升现代产业学院的教学质量、管理效率和决策科学性,实现数字化治理目标的有效落地,现代产业学院需做好以下几点：一是建立综合的数字化基础设施。现代产业学院应投资建设完善的数字化基础设施,包括高速网络、云计算平台和数据存储设施等,这能为现代产业学院的数字化治理提供可靠的技术支持和稳定的信息系统基础,确保数据的安全传输和存储。二是推行数字化教育和学习方式。现代产业学院应积极引入在线学习平台、虚拟实验室和远程教育工具,提供灵活的学习资源和个性化学习路径,促进学生与教师之间的互动和合作,提高教学质量和学生满意度。三是强化数据驱动的决策。现代产业学院应重视数据的收集、分析和利用。它可以建立数据收集系统,包括学生学业数据、教学评估数据和就业数据等,通过数据分析和指标监测,及时发现问题和趋势,为优化现代产业学院的管理流程和战略规划提供科学的决策依据。

2. 全面明确现代产业学院数字化治理主体

现代产业学院的数字化治理主体包括管理层、教师、学生等,这些主体在数字化治理活动中承担不同的角色和责任,共同推动现代产业学院数字化治理的实施。现代产业学院管理层作为数字化治理的决策者和推动者,应明确其在制定数字化治理战略、资源配置和政策制定方面的职责。教学部门作为数字化治理的重要角色,负责制定和推动数字化教学和学习策略。IT部门是数字化治理的技术支持主体,它负责设计、实施和维护数字化基础设施,确保数字化工具的稳定运行和安全性。教师作为数字化治理的实施者和用户,应积极参与数字化工具和技术的应用,推动数字化教学方式与手段的创新。学生作为数字化治理的受益者和参与者,应积极利用数字化平台和资源,参与各类学习活动。治理主体之间应建立有效的沟通和合作机制,通过建立跨部门数字化治理团队、开展培训和工作坊、促进信息交流和协作平台等方式,确保信息共享、资源共享以及治理工作协同。同时,治理主体通过提供相关业务培训等方式使自身具备相应的数字化技能、数据分析能力和创新思维等，以便更好地应对数字化治理的挑战和机遇。

3. 精准确定现代产业学院数字化治理对象

现代产业学院的数字化治理对象一般涉及内部各个部门、教学过程、学生数据、教师绩效等方面。精准确定数字化治理对象的范围，能更加准确地确定数字化治理的目标和方向，更加准确地通过数字化工具和方法进行数据收集、分析和应用。数字化治理对象应该关注现代产业学院的核心业务需求和现实挑战，这会涉及提升教学质量、改善教师绩效评估、提升行政管理效能等方面。明确治理对象的关键问题和挑战，能保证数字化治理具有较强的针对性和有效性。确定现代产业数字化治理对象需考虑数字化技术的应用潜力和创新性，利用数字化技术来改善和优化治理对象，如可通过数据分析和挖掘以优化教学流程和课程设计，或通过使用决策支持系统以辅助管理层的决策制定等。同时，要关注数据的可获得性和可应用性。现代产业学院需要评估现有数据的质量、可获得性和数据应用的潜力，也要考虑数据保护和隐私问题，确保数字化治理对象的合规性和合法性。

4. 合理使用现代产业学院数字化治理工具

对数字化治理目标、治理对象和治理过程进行分析，可以确定现代产业学院所需的数字化治理工具，如数据管理系统、学习平台、决策支持系统等。现代产业学院使用合适的数字化治理工具既可优化决策制定和业务流程，也可提高数据处理效率。根据现代产业学院的数字化治理需求和目标，在使用合适的数字化治理工具时，现代产业学院需要考虑工具的适用性及其处理问题的技术能力。数字化治理工具应具备处理和分析大量数据的能力，支持多种数据及其数据源的格式，以满足现代产业学院的数据管理和分析需求。因治理需求不同，数字化治理工具的需求也不同，这些工具应具备良好的扩展性，具备与现有系统和平台整合的能力，以实现数据的流通和共享。同时，现代产业学院提供有关培训和支持措施，帮助治理主体熟悉和掌握数字化治理工具的使用，发挥其最大的效益；提供合规性的管理工具与管理流程，强化信息安全和隐私保护，以防数字化系统因受到网络攻击而面临数据泄露的威胁。

5. 有效实施现代产业学院数字化治理评价

评价旨在衡量数字化治理的成效，提供有针对性的改进建议，以确保数字化治理在现代产业学院内得到有效地贯彻和持续优化，提升现代产业学院的综

企业参与治理
——现代产业学院建设的必由之路

合竞争力和发展水平。评价的前期准备阶段需要明确评价目标和指标体系。这涉及明确数字化治理的整体目标,包括提高教学质量、学生满意度、资源利用效率等方面,并制定可衡量的指标体系,如学生学习数据分析结果、在线学习平台使用率等。在评价过程中,现代产业学院需要收集学生学习行为数据、教师教学效果数据、数字化资源使用数据等各种相关数据,并对这些数据进行整理和加工,以保证数据的准确性和可比性。通过对收集的数据进行统计和分析,学院对数字化治理的执行情况和效果进行客观评估。在分析阶段,它需要认真解释评价结果,找出数字化治理的优势、不足和改进的方向;基于评价结果,针对数字化治理的不足之处,提出合理可行的改进建议。这些建议应具有可操作性和针对性,以促进数字化治理策略在现代产业学院内的进一步优化和推广。

数字技术赋能企业参与现代产业学院治理,是实现现代产业学院治理现代化的现实诉求。数字技术既是以后现代产业学院治理研究的重要内容,也是实现现代产业学院治理能力现代化的重要载体。为此,通过阐释现代产业学院基本逻辑提炼出现代产业学院数字化治理的五个构成要素,剖析它们之间的逻辑关系,提出了现代产业学院数字化治理合理可行的五条实施路径,这有助于推进现代产业学院治理科学化、数字化、智能化进程。

# 参考文献

[1] 石伟平等. 中国教育改革 40 年：职业教育［M］. 北京：科学出版社，2018.

[2] 孙绵涛. 教育政策分析［M］. 重庆大学出版社，2011.

[3] 王峻岩. 中国公司治理结构［M］. 北京：外文出版社，1999.

[4] 尹晓敏. 利益相关者参与逻辑下的大学治理研究［M］. 浙江：浙江大学出版社，2010.

[5] 俞可平. 治理与善治［M］. 北京：社会科学文献出版社，2000.

[6] 陈志强等. 德国双元制职业教育本土化：技术与路径［M］. 苏州：苏州大学出版社，2011.

[7] 菲利克斯·劳耐尔. 国际职业教育科学研究手册（上册）［M］. 赵志群译. 北京：北京师范大学出版社，2014.

[8] 菲利普·葛罗曼，菲利克斯·劳耐尔. 国际视野下的职业教育师资培养［M］. 石伟平译. 北京外语教学与研究出版社，2011.

[9] 李亚昕. 企业参与现代职业教育治理研究［D］. 天津：天津大学，2017.

[10] 贾旻. 行业协会参与现代职业教育治理研究［D］. 天津：天津大学，2016.

[11] 聂梓欣. 高职产业学院内部治理结构与模式研究［D］. 上海：华东师范大学，2022.

[12] 曾雯珍. 企业参与职业教育办学动力机制研究［D］. 广州：广东技术师范大学，2021.

[13] 莫伟华. 企业参与职业教育激励机制建构的研究［D］. 南昌：江西科技师范大学，2016.

[14] 梁姣荣. 我国的行业企业参与职业教育的对策研究［D］. 天津：天

津大学，2011

[15] 陈仙. 行业企业参与职业教育的动力机制研究 [D]. 杭州：浙江工业大学，2008.

[16] 陈正华. 从"控制"走向"治理,一政府职能转视野中我国教师教育管理模式研究 [D]. 北京：北京师范大学，2005.

[17] 李俊俊. 校企合作模式及合作意愿影响因素的分析研究 [D]. 太原：山西财经大学，2011.

[18] 莫家豪. 跨越社会主义和全球资本主义：中国教育治理和社会主义政策范式的变革 [J]. 张若琼，译. 高教发展与评估，2009（9）：9-15.

[19] 曾伟，李四林. 善治与治道变革西方政府治理模式变革中的制度分析和设计 [J]. 理论月刊，2009（34）：131-133.

[20] 陈锡宝，朱剑萍. 探寻校企合作实现机制的有效途径 [J]. 中国高等教育，2010（5）：47-49.

[21] 方桐清. 校企合作中企业动力研究 [J]. 中国高教研究，2009（10）：81-82.

[22] 冯旭芳 李海宗. 德国企业参与职业教育的动因及其对我国的启示 [J]. 教育探索，2009（1）：133-134.

[23] 管庆智等. 试论中国特色的产学合作教育 [J]. 中国高等教育，1993（11）：31-33.

[24] 贺修炎. 构建利益相关者共同治理的高职教育校企合作模式 [J]. 教育理论与实践，2008（33）：18-21.

[25] 李传双. 国外企业参与职业教育激励机制探究与启示 [J]. 中国高教研究，2011（6）：83-85.

[26] 刘敏等. 我国行业、企业参与职业教育的法律思考 [J]. 重庆师范大学学报（哲学社会科学版），2009（6）：17-22.

[27] 曹福凯，高晶，赵建辉. 职业院校产业学院的运行逻辑、现实掣肘与发展进路 [J]. 职教论坛，2021，37（05）：154-159.

[28] 陈俊鹏，朱华兵. 基于混合所有制改革的高职产业学院建设：价值、问题及出路[J]. 中国职业技术教育，2021（25）：28-34.

[29] 段明. 基于产教融合的高职产业学院治理模式、问题与路径 [J]. 教育与职业，2021（16）：28-35.

［30］范琳，邓忠波．新时代高职产业学院建设模式实践探索［J］．职教论坛，2021，37（09）：38-43．

［31］方一鸣，戴世明．高职院校混合所有制产业学院的探索与思考——以南通职业大学为例［J］．继续教育研究，2021（07）：69-74．

［32］郭雪松，李胜祺．混合所有制高职产业学院人才培养共同体建设［J］．教育与职业，2020（01）：20-29．

［33］胡文龙．论产业学院组织制度创新的逻辑：三链融合的视角［J］．高等工程教育研究，2018（03）：13-17．

［34］黄文伟，郭建英，王博．混合所有制产业学院的生成逻辑与制度建设［J］．职业技术教育，2019，40（13）：35-39．

［35］蒋新革．产教融合视域下产业学院治理体系建设研究［J］．职业技术教育，2020，41（24）：30-34．

［36］李宝银，汤凤莲，郑细鸣．产业学院的功能设计与运行模式［J］．教育评论，2015（11）：3-6．

［37］李国杰．多元主体参与办学模式下产业学院内部运作机制研究［J］．教育科学论坛，2020（18）：37-40．

［38］李可欣．基于利益共享的产业学院治理结构优化路径研究［J］．职业教育研究，2022（01）：57-61．

［39］林仕彬，林文锋．产业学院的组织形态及其治理模式研究［J］．高教论坛，2021（03）：71-73．

［40］卢广巨，余莎，胡志敏．利益分析视角下产业学院的发展逻辑与治理策略［J］．职业技术教育，2021，42（07）：49-53．

［41］欧阳育良，林仕彬．产业学院的组织特征和体系设计［J］．职教论坛，2021，37（04）：39-43．

［42］王建平．基于战略联盟理论的高职产业学院共同治理探究［J］．大学教育，2020（06）：182-185．

［43］吴显嵘．基于产教融合的高职产业学院建设机理及路径研究［J］．中国职业技术教育，2018（29）：5-11．

［44］徐伟，蔡瑞林．交易成本：校企共同体产业学院治理的关键［J］．中国职业技术教育，2018（09）：43-47．

［45］许文静．整体性视域下产业学院内部结构的治理逻辑研究［J］．中

国职业技术教育，2018（29）：12-16.

[46] 赵哲，邓丰. 高职院校产业学院研究的逻辑解构与突破向度[J]. 现代教育管理，2020（07）：101-107.

[47] 周继良. 现代产业学院的组织属性与制度创新[J]. 内蒙古社会科学，2021，42（03）：197-204.

[48] 周红利，吴升刚. 高职院校产业学院的演化综述[J]. 中国职业技术教育，2021（18）：65-69.